맥주 인포그래픽

· Michael Larson 저 | 박혜진 역 ·

당신이 알아야 할 맥주의 모든 것!

Ingredients
How Beer is Brewed
Current trends in brewing
Serving and Storing Beer
Glassware
How to store beer
How to pour beer
How to Taste Beer
Beer tastings
Tasting notes
Choosing food for beer

Ales of British or Irish Origin
Ales of Continental European Origin
Lagers of Continental European Origin
Beers of American Origin
Recommended Beers
Color of the beer
Standard Reference Method
Alcohol By Volume
International Bitterness Unit
Pairing Food with Beer
Breweries

YoungJin.com Y.
영진닷컴

맥주 인포그래픽

The Beer Select-O-Pedia by Michael Larson
© Quarto Publishing plc, 2014
All rights reserved.

Korean translation © Youngjin.com Inc, 2019
This Korean edition is arranged with The Quarto Group directly.

이 책의 한국어판 저작권은 The Quarto Group과의 독점계약으로 한국어 판권을 영진닷컴에서 소유합니다.
저작권법에 의하여 한국 내에서 보호를 받는 저작물이므로 무단전재와 복제를 금합니다.

ISBN 978-89-314-5696-7

독자님의 의견을 받습니다.
이 책을 구입한 독자님은 영진닷컴의 가장 중요한 비평가이자 조언가입니다. 저희 책의 장점과 문제점이 무엇인지, 어떤 책이 출판되기를 바라는지, 책을 더욱 알차게 꾸밀 수 있는 아이디어가 있으면 이메일, 또는 우편으로 연락주시기 바랍니다.
의견을 주실 때에는 책 제목 및 독자님의 성함과 연락처(전화번호나 이메일)를 꼭 남겨 주시기 바랍니다. 독자님의 의견에 대해 바로 답변을 드리고, 또 독자님의 의견을 다음 책에 충분히 반영하도록 늘 노력하겠습니다.

주소 : (우)08507 서울시 금천구 가산디지털1로 128 STX-V타워 4층 401호
대표팩스 : (02)867-2207
등록 : 2007. 4. 27. 제16-4189호
이메일 : support@youngjin.com

STAFF
역자 박혜진 | **책임** 김태경 | **진행** 정소현 | **편집** 함세영 | **디자인** 함세영
영업 박준용, 임용수 | **마케팅** 이승희, 김다혜, 김근주, 조민영 | **제작** 황장협 | **인쇄** 예림인쇄

목차

- 4 유래로 분류한 맥주 주기율표
- 6 저자의 말
- 7 이 책을 활용하는 법

맥주에 대한 소개

- 11 맥주란 무엇인가
- 12 맥주의 양조 과정
- 13 맥주의 보관과 서빙
- 15 맥주를 맛보는 법
- 16 맥주와 음식의 궁합

PART 1.
영국 또는 아일랜드에서 유래한 에일 스타일

- 22 잉글리시 골든 English Golden
- 24 오디네리 비터 Ordinary Bitter
- 26 베스트 비터 Best Bitter
- 28 스트롱/엑스트라 스페셜 비터 Strong/Extra Special Bitter
- 30 페일 에일 Pale Ale
- 32 인디아 페일 에일 India Pale Ale
- 34 라이트/페일 마일드 Light/Pale Mild
- 36 아이리시 레드 에일 Irish Red Ale
- 38 스코티시 에일 Scottish Ales
- 40 잉글리시 발리 와인 English Barley Wine
- 42 스트롱 스카치 에일 Strong Scotch Ale
- 44 잉글리시 올드 에일 English Old Ale
- 46 잉글리시 스트롱 올드 에일 English Strong Old Ale
- 48 윈터 워머 Winter Warmer
- 50 다크 마일드 Dark Mild
- 52 잉글리시 브라운 에일 English Brown Ale
- 54 잉글리시 포터 English Porter
- 56 발틱 포터 Baltic Porter
- 58 아이리시 드라이 스타우트 Irish Dry Stout
- 60 스위트 스타우트 Sweet Stout
- 62 오트밀 스타우트 Oatmeal Stout
- 64 엑스트라 스타우트 Foreign/Extra Stout
- 66 임페리얼 러시안 스타우트 Imperial Russian Stout

PART 2.
유럽에서 유래한 에일 스타일

- 72 위트비어 Witbier
- 74 고즈 Gose
- 76 베를리너 바이스 Berliner Weisse
- 78 쾰시 Kölsch
- 80 벨기에 스트롱 페일 에일 Belgian Strong Pale
- 82 비에르 드 샴페인 Bière de Champagne
- 84 크리스탈바이젠 Kristalweizen
- 86 바이스비어 Weissbier
- 88 트리펠 Tripel
- 90 벨기에 페일 에일 Belgian Pale Ale
- 92 람빅 Lambic
- 94 괴즈 Gueuze
- 96 과일 람빅 Fruit Lambic
- 98 벨기에 IPA Belgian IPA
- 100 세종 Saison
- 102 비에르 드 가르드 Bière de Garde
- 104 둔켈바이젠 Dunkelweizen
- 106 플란더스 레드 Flanders Red
- 108 알트비어 Altbier
- 110 로겐비어 Roggenbier
- 112 더벨 Dubbel
- 114 플란더스 브라운 Flanders Brown
- 116 벨기에 스트롱 다크 에일 Belgian Strong Dark Ale
- 118 바이젠바크 Weizenbock
- 120 벨기에 블랙 에일 Belgian Black Ale

PART 3.
유럽에서 유래한 라거 스타일

- 126 독일 필즈너 German Pilsner
- 128 보헤미안 필즈너 Bohemian Pilsner
- 130 헬러스 Helles
- 132 도르트문더 엑스포트 Dortmunder Export
- 134 마이바크 Maibock
- 136 마르젠/옥토버훼스트 Märzen/Oktoberfest
- 138 비엔나 라거 Vienna Lager
- 140 켈러비어 Kellerbier
- 142 라우흐비어 Rauchbier
- 144 기본 바크 Traditional Bock
- 146 뮌헨 둔켈 Munich Dunkel
- 148 도펠바크 Doppelbock
- 150 아이스바크 Eisbock
- 152 슈바츠비어 Schwarzbier

PART 4.
미국에서 유래한 맥주

- 158 아메리칸 라거 American Lager
- 160 페일 라거 Pale Lager
- 162 아메리칸 몰트 리쿼 American Malt Liquor
- 164 프리-프로히비션 라거 Pre-Prohibition Lager
- 166 아메리칸 블론드/골든 에일 American Blonde/Golden Ale
- 168 크림 에일 Cream Ale
- 170 글루텐 프리 Gluten-free
- 172 아메리칸 스타일 위트 American Style Wheat
- 174 라이 비어 Rye Beer
- 176 아메리칸 페일 에일 American Pale Ale
- 178 아메리칸 IPA American IPA
- 180 웨트 홉 Wet Hop
- 182 싱글 홉 IPA Single Hop IPA
- 184 아메리칸 앰버 라거 American Amber Lager
- 186 더블/임페리얼 IPA Double/Imperial IPA
- 188 펌킨 에일 Pumpkin Ale
- 190 아메리칸 앰버 American Amber
- 192 아메리칸 와일드 에일 American Wild Ale
- 194 캘리포니아 커먼 California Common
- 196 프루트 비어 Fruit Beer
- 198 아메리칸 발리 와인 American Barleywine
- 200 아메리칸 스트롱 에일 American Strong Ale
- 202 아메리칸 브라운 에일 American Brown Ale
- 204 아메리칸 포터 American Porter
- 206 블랙 IPA Black IPA
- 208 배럴 에이징 맥주 Barrel Aged Beers
- 210 임페리얼과 하이퍼 맥주 Imperial and Hyper Beers
- 212 아메리칸 스타우트 American Stout
- 214 역자의 말

유래로 분류한 맥주 주기율표

*색이 옅은 맥주부터 어두운 맥주 순으로 정렬되었다.

22 **Go** 잉글리시 골든								
24 **Ob** 오디네리 비터	36 **Ir** 아이리시 레드 에일	44 **Eo** 잉글리시 올드 에일	52 **Bn** 잉글리시 브라운 에일	60 **Ss** 스위트 스타우트	72 **Wit** 위트비어	80 **Spa** 벨기에 스트롱 페일 에일	88 **Tr** 트리펠	98 **Bli** 벨기에 IPA
26 **Bb** 베스트 비터	38 **Mac** 스코티 에일	46 **Es** 잉글리시 스트롱 올드 에일	54 **Ep** 잉글리시 포터	62 **Os** 오트밀 스타우트	74 **Gs** 고즈	82 **Ch** 비에르 드 샴페인	90 **Bpa** 벨기에 페일 에일	100 **S** 세종
28 **Sb** 스트롱/엑스트라 스페셜 비터	40 **Bar** 잉글리시 발리 와인	48 **Ww** 윈터 워머	56 **Bp** 발틱 포터	64 **Fs** 엑스트라 스타우트	76 **Be** 베를리너 바이스	84 **Kw** 크리스탈바이젠	92 **L** 람빅	102 **Bdg** 비레 드 가르드
30 **Pa** 페일 에일	42 **We** 스트롱 스카치 에일	50 **Mi** 다크 마일드	58 **Ds** 아이리시 드라이 스타우트	66 **Ims** 임페리얼 러시안 스타우트	78 **Kol** 쾰시	86 **Wb** 바이스비어	94 **G** 괴즈	104 **Dk** 둔켈바이젠
32 **Ipa** 인디아 페일 에일							96 **Lf** 과일 람빅	106 **Fl** 플란더스 브라운
34 **Lm** 라이트/페일 마일드								

158 **Aml** 아메리칸 라거	164 **Ppl** 프리-프로히비션 라거	170 **Gf** 글루텐 프리	176 **Apa** 아메리칸 페일 에일	182 **Si** 싱글 홉 IPA	188 **Pu** 펌킨 에일	194 **Cc** 캘리포니아 커먼
160 **Pl** 페일 라거	166 **Ab** 아메리칸 블론드/골든에일	172 **Aw** 아메리칸 스타일 위트	178 **Ai** 아메리칸 IPA	184 **Aal** 아메리칸 앰버 라거	190 **Amb** 아메리칸 앰버	196 **Ft** 프루트 비어
162 **Am** 아메리칸 몰트 리쿼	168 **Cr** 크림 에일	174 **Ry** 라이 비어	180 **Wh** 웨트 홉	186 **Di** 더블/임페리얼 IPA	192 **Wi** 아메리칸 와일드 에일	198 **Usb** 아메리칸 발리 와인

			142 **Smk** 라우흐비어
108 **Alt** 알트비어	126 **Gp** 독일 필즈너	132 **De** 도르트문더 엑스포트	144 **Tb** 기본 바크
110 **Rg** 로겐비어	128 **Bop** 보헤미안 필즈너	134 **Mk** 마이바크	146 **Md** 뮌헨 둔켈
112 **Du** 더벨	130 **H** 헬러스	136 **Mo** 마르젠/ 옥토버훼스트	148 **Db** 도펠바크
114 **Fb** 플란더스 브라운	118 **Wz** 바이젠바크	138 **Vl** 비엔나 라거	150 **Eib** 아이즈바크
116 **Bs** 벨기에 스트롱 다크 에일	120 **Bba** 벨기에 블랙 에일	140 **Kb** 켈러비어	152 **Swb** 슈와츠비어

이 주기율표는 맥주가 유래하거나 가장 유명한 지역에 따라 분류한 것이나, 대부분의 스타일은 전세계 양조장에서 맛볼 수 있다. 주기율표에 나와있는 숫자는 그 스타일에 대한 설명, 유명한 양조장, 시음 노트 등이 나와있는 이 책의 페이지이니, 더 알고 싶은 맥주들을 찾아보자.

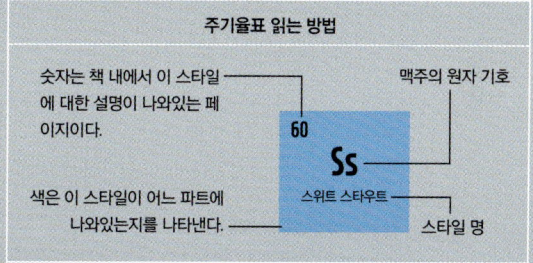

주기율표 읽는 방법

숫자는 책 내에서 이 스타일에 대한 설명이 나와있는 페이지이다.

맥주의 원자 기호

색은 이 스타일이 어느 파트에 나와있는지를 나타낸다.

60
Ss
스윗 스타우트
스타일 명

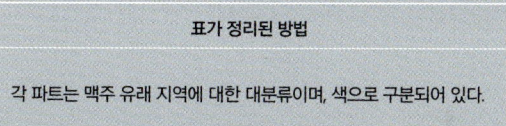

표가 정리된 방법

각 파트는 맥주 유래 지역에 대한 대분류이며, 색으로 구분되어 있다.

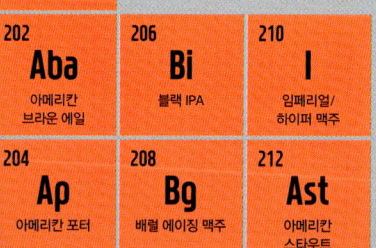

200 **Asa** 아메리칸 스트롱 에일		
202 **Aba** 아메리칸 브라운 에일	206 **Bi** 블랙 IPA	210 **I** 임페리얼/ 하이퍼 맥주
204 **Ap** 아메리칸 포터	208 **Bg** 배럴 에이징 맥주	212 **Ast** 아메리칸 스타우트

각 장에 대한 안내

1. 영국/아일랜드 지방에서 유래한 에일
2. 유럽 대륙에서 유래한 에일
3. 유럽 대륙에서 유래한 라거
4. 미국에서 유래한 맥주

각 페이지의 하단 색깔로도 표시 된다.

저자의 말

오랫동안 대중과 함께한 맥주는 당신이 인식하고 있는 것보다 오랜 역사를 가지고 있고, 최근에는 부흥기를 거치면서 맥주의 인기가 전세계적으로 높아지고 있다. 수제 맥주 양조장들과 대형 양조 회사들은 물론, 집에서 소량 양조를 하는 홈 브루어들까지 맥주 발전에 기여하고 있다. 간단한 재료들로 만드는 맥주의 무궁무진한 맛의 조합은 어느 주류보다도 깊이 있는 경험을 제공한다.

천차만별의 색, 아로마, 맛, 질감의 조합으로 세상에 똑같은 맥주는 없다. 하지만 이 다양성이 거리감이 느껴지기보다는 여전히 부담 없이 다가갈 수 있게 느껴진다. 소량으로 즐겨도 좋고, 여러 잔 연달아 마셔도 좋다. 맥주에 대한 관심과 열정을 공유할 커뮤니티를 쉽게 찾을 수 있고, 이들은 스스럼없이 당신을 받아들여줄 것이다. 나 역시 수제 맥주의 세계를 발견하면서 수많은 사람들을 만났고, 그들은 하나같이 서로 경쟁하거나 관심을 받기 위해 노력하는 대신 오직 맥주를 만들고, 팔고, 사고, 나누고, 그리고 무엇보다 같이 마시기 위해 모인 사람들이었다.

낯선 사이에서 친구로 발전하는 사람들처럼, 맥주의 매력에 빠져 전문가가 된 많은 사람들이 그러했듯, 당신도 이 책을 읽으면서 맥주와 친해지길 바란다. 친숙한 흑맥주부터 필즈너, 낯선 비에르 데 가드나 바크 스타일까지, 읽으면서 몰트와 홉이 만들어내는 다양한 맛을 알아가고픈 욕심이 생길 것이다. 읽은 후에는 스스로 선호하는 맥주 맛을 골라낼 수 있을 정도의 자신감이 생겼길 바란다.

맥주는 자신만의 페이스로 알아가야 한다. 시작을 어디서부터 해야 할지 모르겠다면, 이 책이 방향을 제시하는데 도움이 될 것이다. 알지 못했던 맛을 발견할 수도 있다.

이 책이 당신이 맥주를 마실 때 유익한 즐거움으로 다가갈 수 있기를 바란다.

저자 *Michael Larson*

이 책을 활용하는 법

이 책에는 총 90가지의 맥주 스타일들이 나와있다. 그리고 그 스타일의 원산지에 따라 지역으로 대분류를 정해 장을 나눴다.

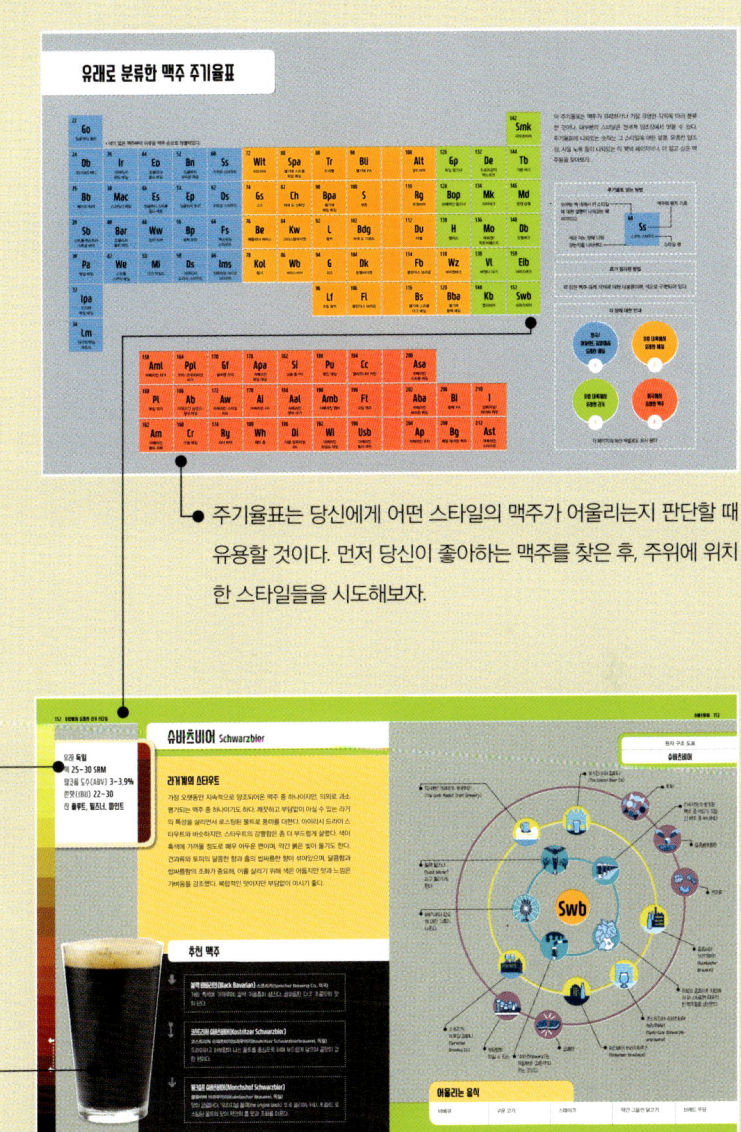

모든 맥주는 다음과 같은 기본 정보가 적혀있다.
- 유래한 국가
- 맥주의 색
- ABV : %로 표기된 알코올 도수(ABV ; Alcohol By Volume)
- IBU : 맥주의 쓴맛을 나타내는 표준 단위 중 하나로 International Bitterness Unit의 약자이다. 일반적으로 IBU의 숫자가 높을수록 더욱 쓴 맛의 맥주이다.

잔에 담긴 맥주의 모습이 입맛을 자극한다.

주기율표는 당신에게 어떤 스타일의 맥주가 어울리는지 판단할 때 유용할 것이다. 먼저 당신이 좋아하는 맥주를 찾은 후, 주위에 위치한 스타일들을 시도해보자.

이 책을 활용하는 법

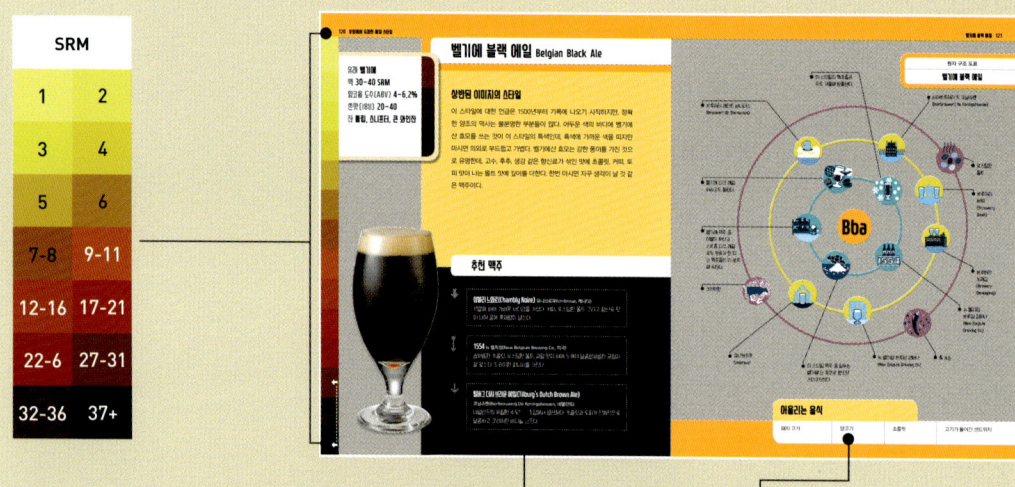

Standard Reference Method의 약자인 에스알엠(SRM)은 맥주의 색깔을 나타내는 단위이며, 숫자가 높을수록 색이 어둡다. 이 책에 있는 맥주들은 각 장마다 SRM이 낮은 맥주부터 소개되어 있다. 책의 왼쪽 페이지에 실제 SRM 색이 나와 있으니 참고하자.

● 추천 맥주들에 대한 간단한 설명이 나와 있다.

● 이 맥주와 함께 즐길 음식을 찾고 싶다면 어울리는 음식을 참고하자.

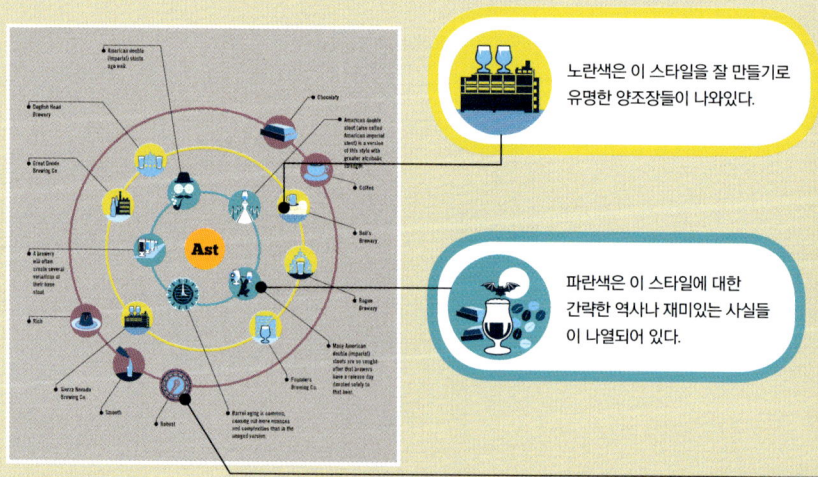

맥주 스타일에 대한 설명을 원자 구조 도표로 표현했다. 시음노트, 이 스타일을 잘 만드는 추천 양조장들, 스타일에 대한 부가 설명들이 정리되어 있다.

노란색은 이 스타일을 잘 만들기로 유명한 양조장들이 나와있다.

파란색은 이 스타일에 대한 간략한 역사나 재미있는 사실들이 나열되어 있다.

시음노트는 몰트 맛, 홉의 특징, 발효, 그리고 바디감과 혀에 닿는 느낌, 4가지로 나뉘어져 있다. 시음노트에 나오는 용어들을 아래에 정리했다.

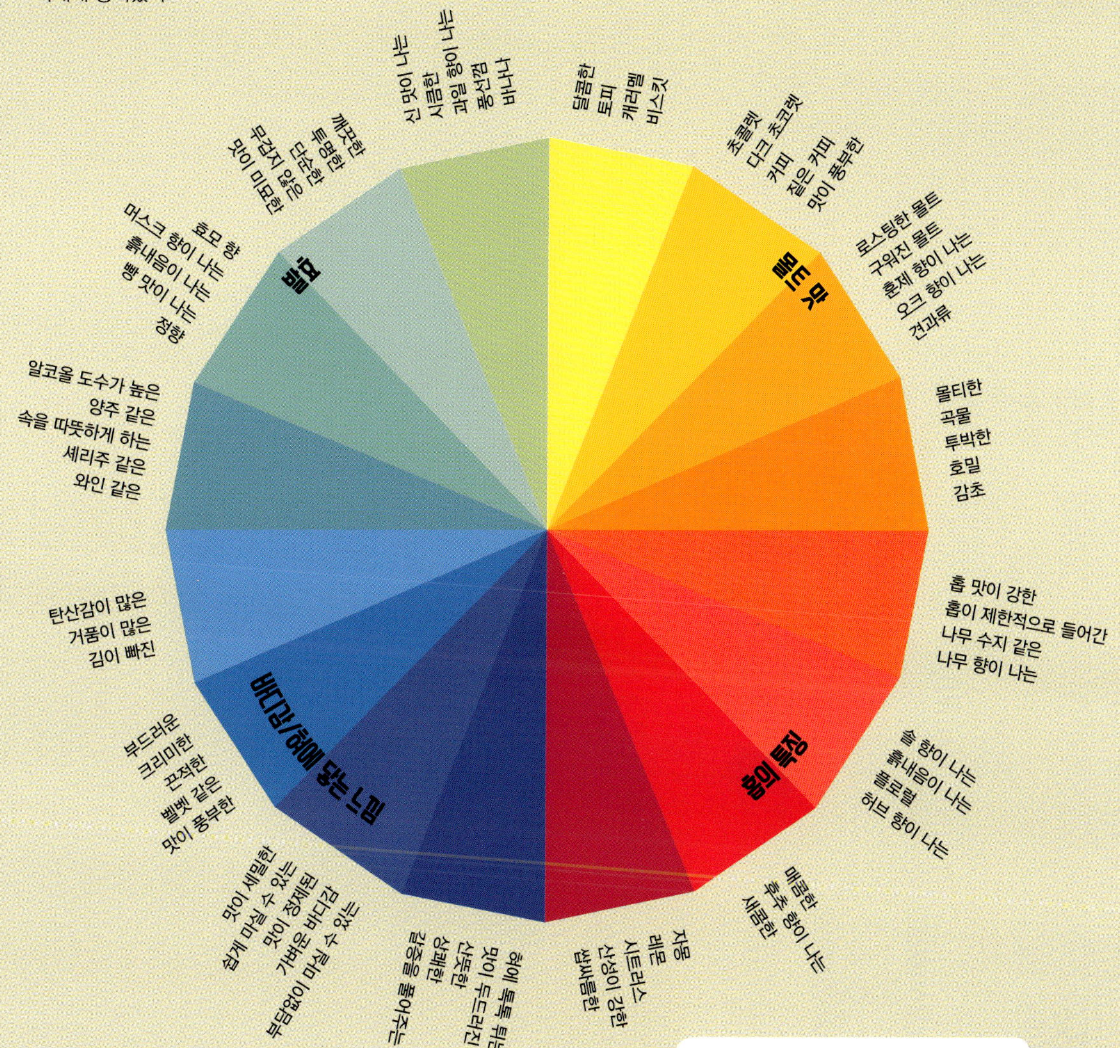
몰트 맛
달콤한
토피
캐러멜
비스킷
초콜릿
다크 초콜릿
커피
짙은 커피
맛이 풍부한
로스팅한 몰트
구워진 몰트
훈제 향이 나는
오크 향이 나는
견과류
몰티한
곡물
투박한
호밀
감초
홉의 특징
홉 맛이 강한
홉이 제한적으로 들어간
나무 수지 같은
나무 향이 나는
솔 향이 나는
흙내음이 나는
플로럴
허브 향이 나는
매콤한
후추 향이 나는
새콤한
자몽
레몬
시트러스
산성이 강한
쌉싸름한
바디감/혀에 닿는 느낌
혀에 톡톡 튀는
맛이 두드러진
산뜻한
상쾌한
갈증을 풀어주는
맛이 세밀한
쉽게 마실 수 있는
맛이 정제된
가벼운 바디감
부담없이 마실 수 있는
부드러운
크리미한
끈적한
벨벳 같은
맛이 풍부한
탄산감이 많은
거품이 많은
김이 빠진
알코올 도수가 높은
양주 같은
속을 따뜻하게 하는
셰리주 같은
와인 같은
발효
효모 향
머스크 향이 나는
흙내음이 나는
빵 맛이 나는
정향
깨끗한
투명한
단순한
무겁지 않은
맛이 미묘한
신 맛이 나는
시큼한
과일 향이 나는
풍선껌
바나나

원자 구조 도표에서 맥주의 시음 노트의 위치를 나타내도록 정리되어있다.

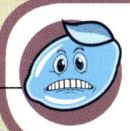

보라색은 이 스타일의 시음 노트로, 당신이 맥주를 마실 때 느낄 수 있는 맛이다. 똑같은 맛은 각 페이지마다 같은 위치에 있으므로, 만약 당신이 시트러스 맛이 나는 맥주를 찾는다면 도표에서 시트러스 맛이 나는 스타일인지 쉽게 찾을 수 있다.

맥주에서 어떤 맛을 좋아한다는 것을 알게 되면, 그 맛을 찾을 수 있도록 각 맥주의 시음 노트를 참고하면 된다. 이 도표는 각 아이콘들이 어떻게 정리되어 있는지 보여준다.

맥주에 대한 소개

우리에게 맥주는 어디서나 볼 수 있는 친숙한 존재이다. 하지만 당신은 당신이 마시는 맥주에 대해 얼마나 알고 있는가? 물론 맥주를 복잡하게 생각할 필요는 없다. 다른 취미 활동과 다르게, 전문적인 지식을 알아야만 즐길 수 있는 것이 아니기 때문이다. 하지만 알면 알수록 재미있는 맥주의 세계. 세상에 있는 모든 맥주 스타일들에 대한 탐구를 시작하기 전에, 맥주의 기본에 대한 소개를 하고자 한다.

맥주란 무엇인가?

세상에 맥주의 종류만 수십 가지이고, 같은 4가지 원재료로 만들어졌다는 게 믿기 힘들 정도로 다양한 맛이 존재한다. 4가지 재료만 있으면 맥주가 완성된다! 물, 맥아(몰트), 효모(이스트), 그리고 홉의 다양한 배합으로 맥주 색이 변하고, 농도가 달라지며, 탄산감과 쓴맛의 정도가 결정된다.

재료

- **물** 맥주에서 가장 큰 부분을 차지하는 것이 물이다. 맥주의 평균 90%는 물이라고 보면 된다. 물의 화학적인 배합과 미네랄의 함량에 따라 결과물이 달라질 수 있으므로, 양조에 쓰일 물은 최대한 깨끗하게 유지되어야 한다. 일부 양조장들은 특정한 맛을 내기 위해 미네랄의 함량을 바꾸기도 한다.

- **맥아(몰트)** 보리의 원산지와 품종에 따라 맥주의 맛은 크게 달라진다. 양조에 사용되는 맥아가 되기 위해서는 보리를 물에 불린 뒤 싹이 틀 때까지 기다려야 한다. 건조 가마에서 말리면 보리의 단단한 겉껍질이 벗겨지고 부드러운 맥아가 된다. 건조 가마에서 어떤 온도에서 얼마나 오랫동안 건조되느냐에 따라 몰트의 색과 맛이 결정된다. 양조사들은 특정한 맛을 구현하기 위해 특정 몰트를 골라 양조한다.

- **홉** 우리가 아는 맥주만의 특징들은 대부분 홉이 결정한다. 홉은 맥아만으로 지나치게 달아진 맥아즙의 균형을 맞춘다. 맥주의 쓴 맛, 향 그리고 보존 기간까지 결정할 수 있는 게 꽃이라니 놀라울 수도 있다. 홉은 늦은 여름에서 이른 가을 사이에 수확하는데, 종류만 수십 가지이고 양조사들은 특정한 맛을 내기 위해 홉의 품종을 고른다. 한 가지 홉을 사용하기보다는 다양한 홉을 이용해 각종 과일 향, 꽃 향, 나무 향, 허브 향, 또는 향신료의 향을 낸다. 주로 맥아를 끓이는 과정에서 홉을 넣는데, 맥주에 따라 그 이후에 홉을 넣는 경우도 있다.

- **효모(이스트)** 맥아즙이 맥주가 되는데 중요한 역할을 하는 것이 효모이다. 살아있는 미생물인 효모는 맥아즙 안에 풍부한 설탕 성분을 섭취하면서 알코올과 탄산가스를 생산한다. 효모의 품종에 따라서도 맥주의 맛은 크게 변화한다. 맥주효모균은 크게 두 가지로 나눌 수 있는데, 에일효모균(Saccharomyces cerevisiae)과 라거효모균(Saccharomyces uvarum)이다.

  에일과 라거의 가장 큰 차이는 효모균이 발효하는 온도와 발효를 마친 효모균의 이동 방향이다. 에일효모균은 뜨거운 온도에서 빠르게 발효하며, 라거효모균은 비교적 낮은 온도에서 더 느리게 발효한다. 발효 후 에일효모균은 위로 떠오르지만(상면 발효), 라거효모균은 아래로 가라앉는다(하면 발효).

맥주의 양조 과정

양조란 원재료를 이용해 맥아즙을 만든 후, 효모를 더해 맥주를 만드는 과정을 말한다.

맥아즙(wort)을 만드는 첫 단계는 맥아를 잘게 부순 후 뜨거운 물과 함께 섞는다. 이 과정에서 녹말이 당으로 분해되는데, **매쉬**(mash)라는 죽 같이 끈적끈적한 혼합물이 라우터 턴(lauter tun)을 통해 케틀(kettle)로 이동한다. 맥아즙에 남아있는 당의 양에 따라 맥주의 **강도**(gravity), 즉 알코올 도수가 결정된다(주로 강도가 높을수록 알코올 도수도 높다). 케틀로 이동한 맥아즙을 살균하기 위해 높은 온도에서 끓인 후, 홉을 넣는다. 1차로 넣는 홉은 주로 맥주의 쓴맛을 결정하고, 그 뒤에 넣는 홉은 맥주의 향을 완성시킨다. 이 때 향신료 같은 부재료를 넣기도 한다.

홉이 더해진 맥아즙을 한 시간 이상 더 끓인 후 남아있는 홉과 기타 고형 단백질은 여과기나 월풀(whirlpool)을 통해 모두 걸러진다. 찌꺼기들을 걸러내고 나면 발효에 적합한 온도로 빠르게 식힌다.

발효는 식힌 맥아즙에 효모를 넣을 때 시작된다. 발효를 마치면 효모를 걸러내고 숙성기에 진입한다. 대부분의 양조사들은 스테인리스 스틸로 만든 탱크나 오크통에 맥주를 숙성하는데, 병이나 캔에 옮겨지기 전까지 이 같은 숙성 용기에 보관한다. 이 때 홉을 추가로 넣는 것을 드라이 호핑(dry-hopping)이라고 한다.

캔이나 병에 담긴 후 일부 맥주들에는 재발효 또는 **컨디셔닝**(refermentation/conditioning)이라는 특수 처리를 하는데, 효모를 추가로 넣어 맥주의 탄산감을 증폭시키고 더욱 복합적인 맛을 내게 한다.

이후 사용된 효모를 여과하고, 약간의 탄산을 더해주면, 드디어 우리가 원하는 맥주가 완성된다.

현재의 양조 트렌드

대량 생산이 가능한 가벼운 라거들이 아직까지는 전세계 맥주 시장의 주를 이루고 있다. 하지만 근래 점차 창의적이고 혁신적인 양조 방법과 레시피를 내세운 크래프트 맥주가 인기를 얻고 있다. 사라져가던 영국과 독일, 그리고 벨기에의 전통적인 양조 방식도 재조명을 받고 있고, 미국식 맥주 스타일들은 새로운 패러다임으로 등장하고 있다. 지금도 새로운 맥주 스타일들은 계속 개발되고 있고, 기존의 맥주 스타일들을 현대적으로 재해석한 맥주들도 나오고 있다.

맥주의 보관과 서빙

잔의 선택

샴페인은 샴페인잔에, 커피는 머그잔에, 차는 찻잔에, 콜라는 캔에 마신다. 모든 음료는 따라마시는 용기나 잔이 정해져 있기 마련인데, 맥주도 예외는 아니다. 벨기에 같은 경우 맥주 스타일 뿐만 아니라 한 가지 맥주만을 위한 전용잔들이 있을 정도로 맥주를 어느 잔에 서빙하는지 매우 까다로운 걸로 알려져 있지만, 그렇게까지 안 하더라도 우리 일상에서 흔히 볼 수 있는 잔들로도 충분히 맥주의 맛을 살릴 수 있다. 어떤 맥주들은 얇고 긴 잔이 알맞고, 어떤 맥주들은 바닥이 넓고 높이가 짧은 잔이 좋다. 잔으로 변화만 줘도 맥주의 맛과 향은 분명 달라질 수 있다.

- **플루트(Flute)** 잔은 길고 얇으며, 잔대 역시 길고 얇다. 샴페인잔을 연상시키지만, 사실 맥주를 마시기에도 적합한 잔이다. 탄산이 많고 색이 옅은 맥주들이 이 잔에 마시기에 가장 좋은데, 그 이유는 이런 잔들이 맥주의 향을 위로, 그리고 밖으로 내보내서 첫 모금과 함께 맥주의 아로마를 가장 잘 느낄 수 있기 때문이다.

- **고블렛/샬리스(Goblet/Chalice)** 특정 벨기에 스타일 맥주를 마시기에 적합한 잔이다. 이 잔은 브랜드에 따라 얇을 수도 있고 두꺼울 수도 있는데, 많은 양조장들이 자신만의 디자인을 생산한다.

- **IPA 잔(IPA glass)** 2013년부터 유행하기 시작한 이 잔은 아직 널리 알려지지 않았지만, 인디아 페일 에일을 위해 디자인 되었다. 길쭉하게 솟은 잔 모양이 IPA의 향을 머금은 거품층을 유지하기에 적합하다.

- **머그/스타인(Mug/Stein)** 우리가 흔히 보는 머그잔보다 크기는 크지만, 모양은 비슷하다. 실용적인 디자인으로, 많은 양의 맥주를 담기에 용이하다.

- **필즈너 잔(Pilsner glass)** 이름에서 말해주듯, 길고 호리호리한 이 잔에는 필즈너가 적합하다. 잔이 길어서, 필즈너를 따를 때 탄산 거품이 올라오는 것을 볼 수 있고, 필즈너 특유의 밝은 색감과 대조되는 하얀 거품층을 보기에 좋다. 필즈너는 차갑게 마셔야 되는 맥주의 대표적인 예인데, 이 잔은 맥주를 차갑게 유지하기에도 적합하다.

- **파인트/노닉 파인트(Pint/Nonic pint)** 위쪽에 굴곡이 있으면 노닉 파인트, 굴곡이 없으면 일반 파인트라고 말하는데, 많은 맥주들이 서빙되는 기본 잔이다. 맥주를 음미하기 위한 용도보다는 보관의 용이성과 생산의 편리성이 강조되는 디자인이다. 우리 주위에서 가장 흔히 볼 수 있는 잔이다.
- **스니프터(Snifter)** 짧은 잔대와 넓은 잔 입구를 가진 이 잔은 브랜디 잔에서 유래한 디자인이다. 대를 쥐고 살짝 원형으로 흔들면 맥주의 향이 우러나올 뿐만 아니라, 옆면에 잔여물이 흘러내리는 정도에 따라 맥주의 농도를 알 수 있다. 어둡고 풍미가 깊은 맥주에 잘 어울린다.
- **스테인지(Stange)** 독일어로 '막대'란 뜻을 가진 스테인지는 맥주의 향을 즐기기에 최적화된 디자인이다.
- **튤립(Tulip)** 이름에서 알 수 있듯이 튤립이 연상되는 잔이다. 바디는 넓고, 위로 갈수록 좁아지다가 윗면에서 다시 바깥으로 벌어지는 이 잔은 거품층을 유지하기에 적합하고, 향을 오래 보존한다.
- **바이젠 잔(Weizen glass)** 베이스가 좁고 위로 갈수록 넓어지는 이 잔은 밀맥주를 마시기 위한 잔이다. 용량에 따라 길이가 다르지만, 다른 맥주들보다 많은 거품층이 나는 바이젠 스타일에 맞춰 다른 잔들보다 주로 길이가 길다.
- **와인 고블렛(Wine goblet)** 넓은 바디는 맥주의 색깔과 농도를 평가하기에 알맞기 때문에, 어둡고 진한 맥주를 마시기에 좋다. 스니프터와 마찬가지로 거품층을 유지하기 좋으며 와인을 마실 때처럼 흔들어 향과 맛을 음미하면 좋다.

맥주를 보관하는 법

알맞은 잔을 고르는 것만큼이나 맥주의 보관 방법 또한 중요하다. 첫째, 맥주가 적정한 온도에서 보관되고 있는지 보자. 전반적으로 맥주는 차갑고, 건조하고, 어두운 곳에 보관하는게 좋다. 냉장고가 가장 쉬운 보관 장소지만, 어떤 맥주들은 더 높은 온도에서, 어떤 맥주는 더 낮은 온도에서 보관되어야 한다. 주로 가볍고 알코올 도수가 낮은 맥주들은 차가운 온도에서, 어둡고 진한 맥주들은 그것보다 약간 높은 온도에서 보관하는 것이 좋다. 알코올 도수가 매우 높은 특정 맥주들은 차갑다기보다는 서늘한 온도에서 보관해야 한다. 특히 긴 시간 보관을 할 예정이라면 섭씨 13도가 적절하다.

맥주를 따르는 법

맥주를 따르는 법이 분명 있기는 하지만, 사람들이 지나치게 신경을 쓰게 되는 부분이기도 하다. 일반적으로 잔을 약간 기울인 후 옆면을 따라 천천히 따르고, 3분의 2 정도 잔이 찼을 때 잔을 세우고 나머지를 따르면 된다. 이렇게 하면 맥주의 향, 느낌, 외관을 완성해줄 거품층을 만들어낼 수 있다.

맥주를 맛보는 법

맥주를 맛보는 일은 우선 재미있어야 한다. 자격증이 꼭 필요한 일도 아니고, 어려운 단어들을 외워야만 이해할 수 있는 내용도 아니다. 양조사들이 당신의 오감을 즐겁게 할 맥주를 만들었으니, 그저 맛볼 일만 남은 것이다. 맥주를 음미하는 일은 몇가지만 명심하면 그렇게 어려운 일이 아니다.

- **외관** 맥주를 알맞은 잔에 따르고 난 후 맥주의 채도, 투명성, 탄산감, 그리고 거품층을 살펴본다. 거품층이 가볍고 쉽게 사라지는가? 아니면 좀 더 단단하게 유지되는가? 거품층이 두껍고 밀도가 높을수록 잔 옆면에 남는 거품이 많다. 잔을 살짝 흔들어 맥주의 농도와 표면을 살펴본다. 이렇게 당신의 미각을 준비시키는 것이다.
- **향** 우리의 후각과 미각은 밀접하게 연결되어 있다. 잔을 살짝 흔들어 이번에는 향을 맡아본다. 코를 잔 가까이에 대고 숨을 들이쉰다. 어떤 향들은 바로 느껴질 것이고, 섬세한 아로마까지 느끼려면 시간과 경험이 더 필요할 수 있다.
- **맛과 혀의 느낌** 자, 이제 겉모습과 향을 판단했으니 마실 차례. 와인을 시음할 때처럼 적은 양을 홀짝거릴 필요는 없다. 한 모금 마시고 혀에서 맥주의 질감과 무게를 느낀다. 혀에서 충분히 맥주의 탄산감과 농도를 느꼈으면, 맛을 평가한다. 처음 혀에 닿았을 때의 맛과 끝맛의 차이를 느껴본다. 처음부터 끝까지 변화하는 맥주의 맛을 느껴야 진정한 맥주의 매력을 이해할 수 있다.

맥주 테이스팅

일부 바에 가면 여러 개의 작은 잔에 다른 맥주들이 따라진 모습을 볼 수 있었을 것이다. 이 작은 잔들을 일컬어 플라이트(flight)라고 부르는데. 여러 가지 맥주를 빠른 시간 안에 맛볼 수 있는 좋은 방법이다. 플라이트를 시음할 때도 순서를 지키는 것이 좋은데, 가벼운 맥주부터 시작하고 맛이 강하고 진한 맥주를 마지막에 마시는 것이 좋다. 무게감 있는 맥주부터 마시면 가벼운 맥주의 맛을 제대로 못 느낄 수 있기 때문이다. 가벼운 필즈너를 진득한 러시안 임페리얼 스타우트를 마신 후 마시면 그 청량감을 못 느낄 것이다.

맥주와 음식의 궁합

음식에 와인을 곁들이는 모습은 이제 주위에서 흔히 볼 수 있는 풍경이다. 하지만 맥주 페어링(Beer Pairing)은 여전히 많은 이들에게 익숙하지 않은 개념이다. 여전히 많은 사람들은 맥주를 바에서만, 혹은 피자와 곁들여서, 아니면 축제에서 값싼 플라스틱 컵에 마시는 거라고 생각한다. 물론 이런 시나리오에 어울리는 맥주들도 있다. 하지만 고급 레스토랑에서 스타일에 알맞은 잔에 따라져서 특정한 음식과 함께 즐기는 맥주들도 많다. 궁합이 잘 맞는 맥주와 음식을 고른다면 각자 마시고 먹었을 때 느끼지 못한 새로운 풍미를 경험할 수 있을 것이다.

맥주와 어울리는 음식을 고르는 법

맥주와 어울리는 음식을 고를 때 맥주와 음식이 가지고 있는 본연의 맛이 무엇인지 잘 생각해보아야 한다. 예를 들면, 청량감이 느껴지는 필즈너에는 라이트한 샐러드를, 다크 러시안 임페리얼 스타우트에는 진한 초콜렛 디저트와 페어링하는 식이다. 맥주와 음식의 비슷한 맛을 기반으로 한 페어링은 본연의 맛을 더 살리는 역할을 한다.

페어링을 위한 기본적인 가이드라인은 다음과 같다: 달콤하고 기름진 음식들은 홉이 많이 들어가거나, 로스팅된 몰트가 많이 들어간 맥주와 잘 어울린다 (이런 맥주들은 주로 알코올 도수가 높다). 탄산감이 많은 맥주는 미각을 정돈하기에 알맞다. 페이지마다 각 스타일과 어울리는 음식들이 정리되어 있으니, 다음 식사에 참고하면 좋을 것이다.

- **맥주의 스타일** 페어링에 앞서, 어떤 스타일의 맥주를 마시는지 알아야 한다. 대부분의 맥주들은 맥주 스타일에 대한 표시를 용기에 분명하게 표시해 놓는다. 맥주의 스타일을 알고 나면 책에 나와있는 각 스타일의 도표를 참고해 기본적인 맛을 예상할 수 있다.

- **맥주의 근본적인 맛** 맥주에는 여러 가지 맛이 있을 수 있다. 달고, 캐러멜 향이 나고, 몰티하고, 무게감이 있을 수 있고, 쓰고, 시고, 톡 쏘는 맛이 날 수도 있으며, 가볍고, 깨끗하고, 청량감이 느껴질 수도 있다. 당신의 미각이 다양한 음식의 맛에 익숙해져 있는 것처럼, 맥주 맛의 뉘앙스를 잡아낸다면, 좋은 페어링을 찾을 수 있을 것이다. 그 맥주의 가장 기본이 되는 맛이 무엇인지 생각해본다면 고르기 수월해질 것이다.

- **맛의 균형** 맥주와 음식을 고를 때, 어느 하나의 맛과 향이 다른 하나를 지배할 정도로 강렬하면 안 된다. 맛이 강한 음식을 먹는다면 진한 맥주를 찾고, 가벼운 식사를 한다면 그와 비슷한 맥주를 찾는 것이 좋다. 이 규칙을 기본으로 삼되, 때로는 가장 인상적인 페어링은 정반대의 맛의 조화를 찾는 것임을 잊지 말자.

- **맛의 상호 보완** 맥주가 과일맛이 나고 산뜻하다면 여름철 채소를 이용한 샐러드가 잘 어울릴 것이다. 몰트 향이 진하고 로스팅이 많이 된 맥주라면 그릴에 구운 스테이크가 제격일 것이다.

- **맛의 대조** 앞서 말했듯이 가장 인상깊은 페어링들은 음식의 중추가 되는 맛에 반하는 맛을 가진 맥주일 때가 있다. 이럴 때 유의해야 할 점은 대조되는 두 맛을 살릴 수 있는 페어링이어야 한다는 것이다. 다크 초콜렛 케익에 너무 가벼운 맥주를 곁들이면 맥주의 맛이 하나도 살지 않을 것이다. 하지만 홉 향이 많이 나는 IPA에 당근 케이크와 함께 한다면, 당도를 조절하면서 의외로 좋은 궁합이 나올 것이다.

이 책에서 제안하는 맥주 – 음식 페어링

앞에서 이야기한 내용을 기반으로 맥주와 음식의 맛이 비슷하거나, 대조되지만 의외의 궁합을 자랑하는 예시들을 적은 것이다. 예시들은 맥주와 음식의 복합적인 맛을 음미하게 해줄 것이다.

영국 또는
아일랜드에서
유래한
에일 스타일

영국 또는 아일랜드에서 유래한 에일 스타일

맥주의 발전사를 볼 때 영국을 빼놓고 논할 수 없다. 그만큼 우리가 지금 알고 있는 맥주에 대한 많은 것들이 영국에서 유래하거나, 영국의 영향을 받았기 때문이다. 잉글랜드뿐만 아니라 스코틀랜드와 아일랜드를 포함하는 영국 본토에서는 여전히 전통적인 양조 방식에 충실하면서 새로운 소비자의 기호에 맞춘 다양한 시도와 변화를 꾀하고 있다.

영국을 대표하는 맥주 스타일을 꼽으라면 단연 비터(bitter)일 것이다. 비터 스타일은 다시 3가지 소분류로 나눠지는데, 오리지널 비터(original bitter), 베스트 비터(best bitter), 그리고 스트롱/엑스트라 비터(strong/extra bitter)이다. 마지막 스트롱 비터는 오리지널 비터에 몰트와 홉을 더 많이 넣어 알코올 도수를 높인 버전인데, 영국 본토에서 인기가 많은 스타일이다. 나름 많이 들어간다고는 하지만, 미국식 페일 에일이나 인디아 페일 에일과 비교하면 이름과 달리 그렇게 홉을 많이 사용하지는 않는다.

비터가 영국의 페일 에일류를 대표하는 스타일이라면, 영국은 또한 영국식 브라운 에일(English brown ale), 포터(porter), 스타우트(stout) 같은 흑맥주의 탄생지이기도 하다.

영국의 독특한 양조 문화를 꼽으라면 에일을 캐스크(와인이나 위스키를 저장하는 나무 통)에서 숙성시킨다는 것이다. 탭에서 서빙할 때도 탄산가스를 사용하지 않고 자연스런 중력의 힘을 이용한다. 이와 같은 생맥주를 서빙하는 방식은 다른 나라에서도 점점 관심을 받고 있고, 이런 전통적인 서빙 방식의 우월성을 공식적으로 인정한 단체들도 여럿 있다. 그렇기 때문에 세계 곳곳에서 영국 맥주가 판매되고 있음에도, 진정한 영국 맥주를 즐기고 싶다면 직접 영국의 펍을 방문해야 되지 않을까.

북쪽의 스코틀랜드 역시 특색 있는 맥주 스타일로 유명하다. 홉을 키우기 힘든 기후를 가진 만큼 스코틀랜드의 에일은 몰트를 중심으로 복합적인 맛을 추구하는데, 바람이 세고 삭막한 스코틀랜드의 날씨를 지내기에 알맞춤이다. 스코틀랜드의 맥주는 얼마나 좋은 맥주냐에 따라 60실링(60-shilling), 80실링(80-shilling), 그리고 스카치 에일(Scotch ale), 또는 위 헤비(wee heavy)라고도 불리는 90실링(90-shilling)으로 나눌 수 있다. 90실링 같은 경우 맛과 알코올 도수 모두 센 편이라 조금씩 천천히 마시는 것을 추천한다. 최근에는 특유의 맛을 사랑하는 사람들이 늘어가면서 영국 본토보다도 해외에서 더 많이 생산이 되고 있다.

아일랜드의 맥주 문화는 기네스 하나로 세계인들에게 각인되어 있다. 양조회사 하나가 한 나라의 맥주 문화에서 이렇게 큰 부분을 차지한다는 것은 흔하지 않은 일인데, 그만큼 기네스가 아일랜드 맥주를 세계에 알리는데 지대한 공헌을 한 것을 알 수 있다. 가장 유명한 기네스(Guinness) 맥주로 대표되는 아이리시 드라이 스타우트(Irish dry stout)는 더블린에 위치한 기네스의 세인트 제임스 게이트 양조장(St. James's Gate Brewery)에서 가장 맛있게 즐길 수 있다고 한다. 처음 양조를 시작했을 당시 이미 방대한 제국을 구축했던 영국인들의 사랑을 받았고, 기네스의 인기는 세계에 퍼져 나갔다. 기네스 뿐만 아니라 아이리시 레드 에일(Irish red ale)도 아일랜드에서 유래한 맥주 스타일인데, 역사와 유래에 대해서는 다양한 설이 존재하지만 누구나 좋아하는 레드 에일 고유의 맛으로 사랑받고 있음은 분명하다.

잉글리시 골든 English Golden

유래 **영국**
색 **3-9 SRM**
알코올 도수(ABV) **4-5%**
쓴맛(IBU) **40-55**
잔 **파인트, 노닉 파인트**

강렬할 정도의 산뜻함

필요는 발명의 가장 중요한 조건이라고 한다. 유난히 더웠던 1995년 영국의 여름은 이 맥주 스타일을 유행시켰는데, 당시 인기가 많던 수입 라거들과 경쟁할 수 있을만큼 맛이 훌륭했다. 썸머 에일(summer ale)이라고도 불리는 이 맥주 스타일은 밝은 금색을 띠며, 얇은 거품층을 가진다. 비교적 낮은 알코올 도수와 깔끔한 홉의 느낌이 상쾌함을 더한다. 향은 산뜻하게 코를 찌르며, 홉의 쌉싸름한 맛이 나지만 영국식 맥주의 특징인 몰트 맛은 확고히 지니고 있다. 다른 영국식 맥주들보다 차갑게 서빙되는 것이 특징이며, 더운 여름 날씨에 마시기 최적인 맥주이다.

추천 맥주

썸머 라이트닝(Summer Lightning) 홉백 브루어리(Hop Back Brewery, 영국)
코를 찌르는 듯한 신선한 홉 향이 쓰지만 드라이하고 산뜻한 뒷맛을 남긴다.

썸머 에일(Summer Ale) 풀러즈(Fuller's, 영국)
얇은 금색을 띠며, 허브 향이 나는 홉과 비스킷 향이 나는 몰트의 적절한 균형이 깔끔하다.

홉헤드(Hophead) 다크 스타 브루잉(Dark Star Brewing Co., 영국)
깨끗하고 청량한 맛으로 언제 어디서나 마실 수 있다. 약간의 꽃 향과 풍미가 깊이를 더한다.

잉글리시 골든 23

원자 구조 도표
잉글리시 골든

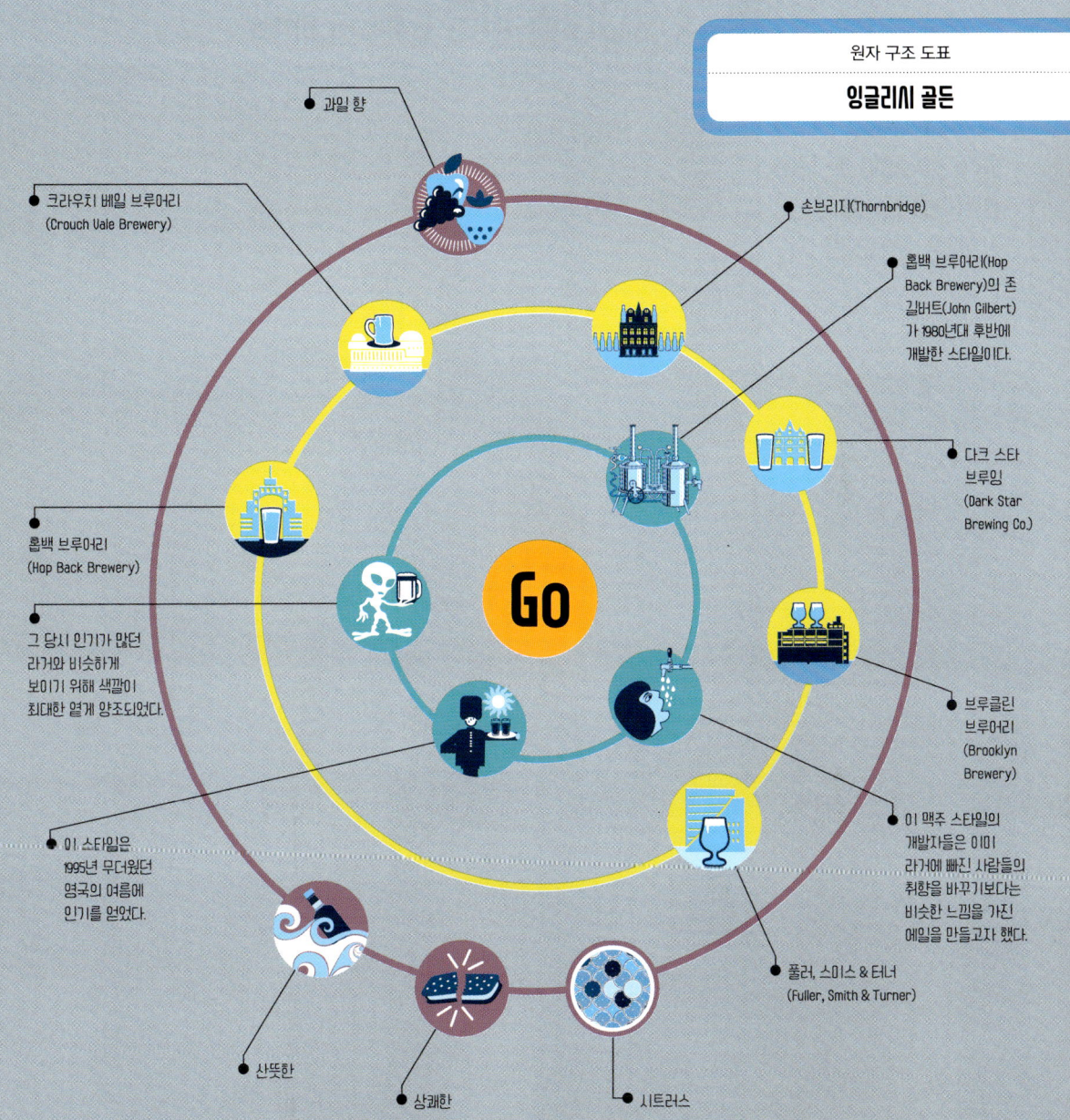

- 과일 향
- 크라우치 베일 브루어리 (Crouch Vale Brewery)
- 손브리지(Thornbridge)
- 홉백 브루어리(Hop Back Brewery)의 존 길버트(John Gilbert)가 1980년대 후반에 개발한 스타일이다.
- 다크 스타 브루잉 (Dark Star Brewing Co.)
- 홉백 브루어리 (Hop Back Brewery)
- 그 당시 인기가 많던 라거와 비슷하게 보이기 위해 색깔이 최대한 옅게 양조되었다.
- 브루클린 브루어리 (Brooklyn Brewery)
- 이 맥주 스타일의 개발자들은 이미 라거에 빠진 사람들의 취향을 바꾸기보다는 비슷한 느낌을 가진 에일을 만들고자 했다.
- 풀러, 스미스 & 터너 (Fuller, Smith & Turner)
- 이 스타일은 1995년 무더웠던 영국의 여름에 인기를 얻었다.
- 산뜻한
- 상쾌한
- 시트러스

어울리는 음식

| 향신료가 들어간 요리 | 샐러드 | 해산물 |

오디네리 비터 Ordinary Bitter

유래 **영국**
색 **4-14 SRM**
알코올 도수(ABV) **3-3.9%**
쓴맛(IBU) **20-35**
잔 **파인트, 노닉 파인트**

평범함과는 거리가 먼 맥주

맥주 이름에 '평범한(ordinary)'이란 단어가 들어가면 맛도 평범할 것이라는 생각을 할 수 있다. 하지만 마셔보면 전혀 평범하지 않다는 걸 알 수 있다. '비터'라는 스타일 중 가장 라이트한 이 맥주는 전통적인 영국 펍에 가서 캐스크에서 서빙되는 생맥주를 마셔봐야 그 진가를 알 수 있다. 오랫동안 영국인들의 사랑을 받으면서 유명해진 맥주로 색은 엷은 주황색 또는 호박색을 띠고, 얇은 황백색의 거품층이 생긴다. 기본적으로 캐러멜 향과 맥아의 맛이 나고, 특히 캐스크에서 따라졌을 경우 허브 향과 함께 은은한 홉 맛이 난다. 전반적으로 부드럽고 깨끗한 끝맛을 자랑한다.

추천 맥주

비터(Bitter) 브라크스피어 브루잉(Brakspear Brewing Co., 영국)
은은한 과일 향과 몰트 향이 난다. 나무 향이 나는 영국 홉과 캐러멜과 비스켓 맛이 나는 몰트로 균형을 잡았다.

영즈 비터(Young's Bitter) 찰스 웰스 브루어리(Charles Wells Brewery, 영국)
영국에서 가장 잘 팔리는 맥주 중 하나. 깨끗하고 가벼운 바디감에 쌉싸름한 뒷맛을 선사한다.

그린 킹 IPA(Greene King IPA) 그린 킹(Greene King, 영국)
이름과 달리 이 맥주는 오리지널 비터로 분류된다. 낮은 알코올 도수에도 불구하고 캐러멜 몰트와 플로럴한 홉의 균형이 뛰어나다.

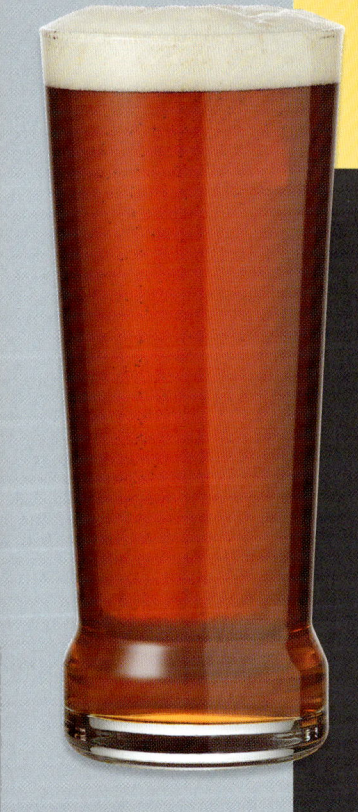

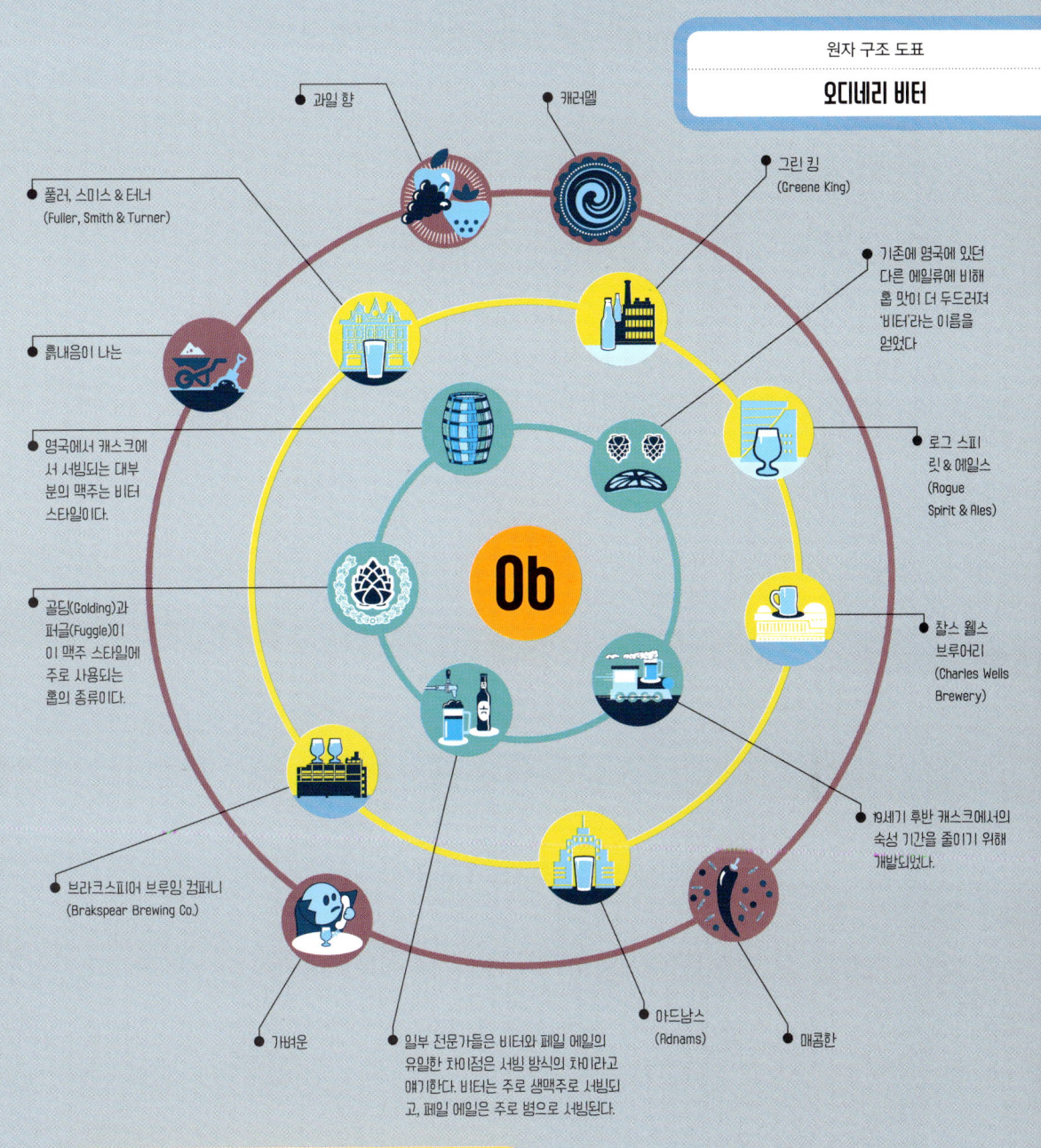

베스트 비터 Best Bitter

유래 **영국**
색 **5-16 SRM**
알코올 도수(ABV) **3.8-4.6%**
쓴맛(IBU) **25-40**
잔 **파인트, 노닉 파인트**

균형 잡힌 바디감

베스트 비터라는 이름은 전통적으로 양조장에서 가장 잘 만든 맥주들이 이 스타일에 해당한다 해서 붙혀진 이름. 오디네리와 엑스트라 스페셜의 장점만을 살려 도수는 높지만 탄산감이 좋아 쉽게 마실 수 있는 에일이 탄생했다. 색깔은 금색 또는 구릿빛을 띠지만 의외로 투명하다. 얇은 거품층이 생기고, 주로 캐러멜 향과 과일 향이 난다. 쓴맛이 강한 편이지만 오디네리 비터와 다르게 몰트의 고소함도 살렸다. 영국의 전통 캐스크 방식으로 서빙되는 생맥주로 마시면 가장 좋다.

추천 맥주

사우스올드 비터(Southwold Bitter) 아드남스(Adnams, 영국)
허브 향이 도는 홉을 넣은 이 맥주는 처음 양조된 1967년부터 영국인들의 사랑을 받은 클래식한 맥주이다.

영스 스페셜(Young's Special) 웰스&영스(Wells & Young's Brewery, 영국)
거의 모든 경우 캐스크에서 서빙되는데, 혀에 산뜻하게 남는 영국의 전통 홉과 비스킷 향이 도는 몰트의 조화가 인상적이다.

블루버드 비터(Bluebird Bitter) 코니스턴(Coniston Brewing Co., 영국)
이 스타일의 대표적인 예라고 할 수 있다. 캐러멜 향과 플로럴 향이 잘 어우러지며 드라이한 피니시를 자랑한다.

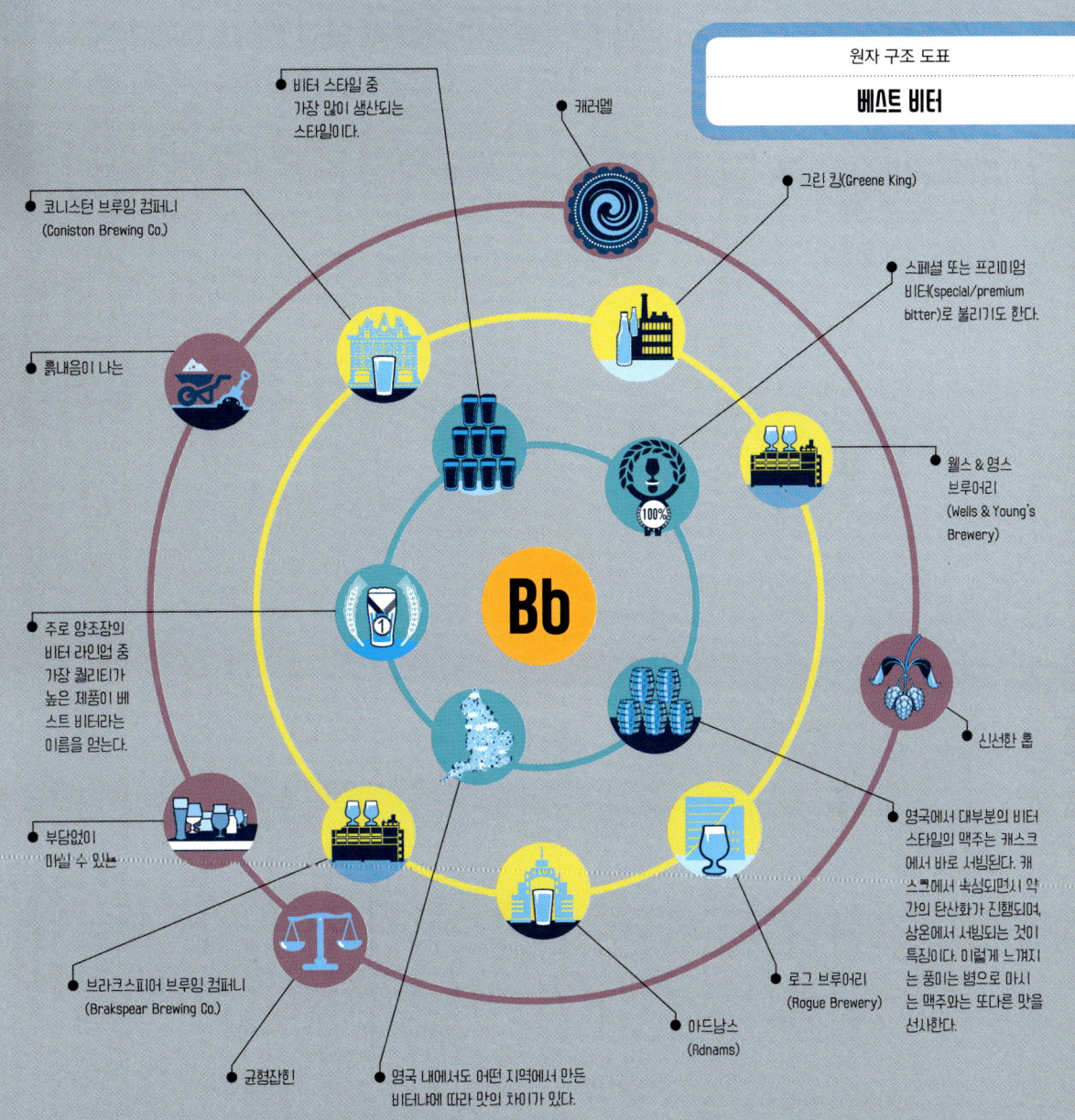

스트롱/엑스트라 스페셜 비터 Strong/Extra Special Bitter

유래 **영국**
색 **6-18 SRM**
알코올 도수(ABV) **4.6-6.2%**
쓴맛(IBU) **30-50**
잔 **파인트, 노닉 파인트**

비터 중 단연 돋보이는 맥주

이름만으로 따지면 비터 중 최고는 이 스타일일 것이다. 비터 중 가장 높은 알코올 도수를 자랑하지만 여전히 부담없이 마실 수 있는 비터 스타일. 들어가는 원재료의 양이 늘어난 만큼 더 특색있는 맛을 자랑한다. 비터 스타일은 구분이 애매한 부분이 있지만, 오디네리와 비슷하면서도 홉과 몰트와 알코올의 함량을 모두 높여 '스페셜'이란 이름에 걸맞는 스타일이 탄생한 것이다. 영국식 맥주의 특징인 신선한 홉과 견과류 맛이 나는 몰트를 사용함으로써 미디엄 바디감과 홉과 몰트의 조화를 잘 살렸다. 일부 맥주에서는 말린 과일 향과 향신료의 맛이 나기도 한다.

추천 맥주

브로드사이드(Broadside) 아드남스(Adnams, 영국)
짙은 루비색과 과일 맛을 가지며, 병에는 '브로드사이드 스트롱 오리지널(Broadside Strong Original)'이라고 표기되어 있다.

램 로드(Ram Rod) 웰스 & 영스(Wells & Young's Brewery, 영국)
엑스트라 스트롱 비터로 분류되며, 비스켓 향의 몰트와 홉의 맛이 혀에 진하게 남는다.

엑스트라 스트롱 비터(ESB) 풀러즈(Fuller, Smith & Turner, 영국)
처음으로 전세계에 널리 보급된 엑스트라 스트롱 비터이며, 풍부한 바디감과 영국 특유의 홉 향과 맛을 느낄 수 있다.

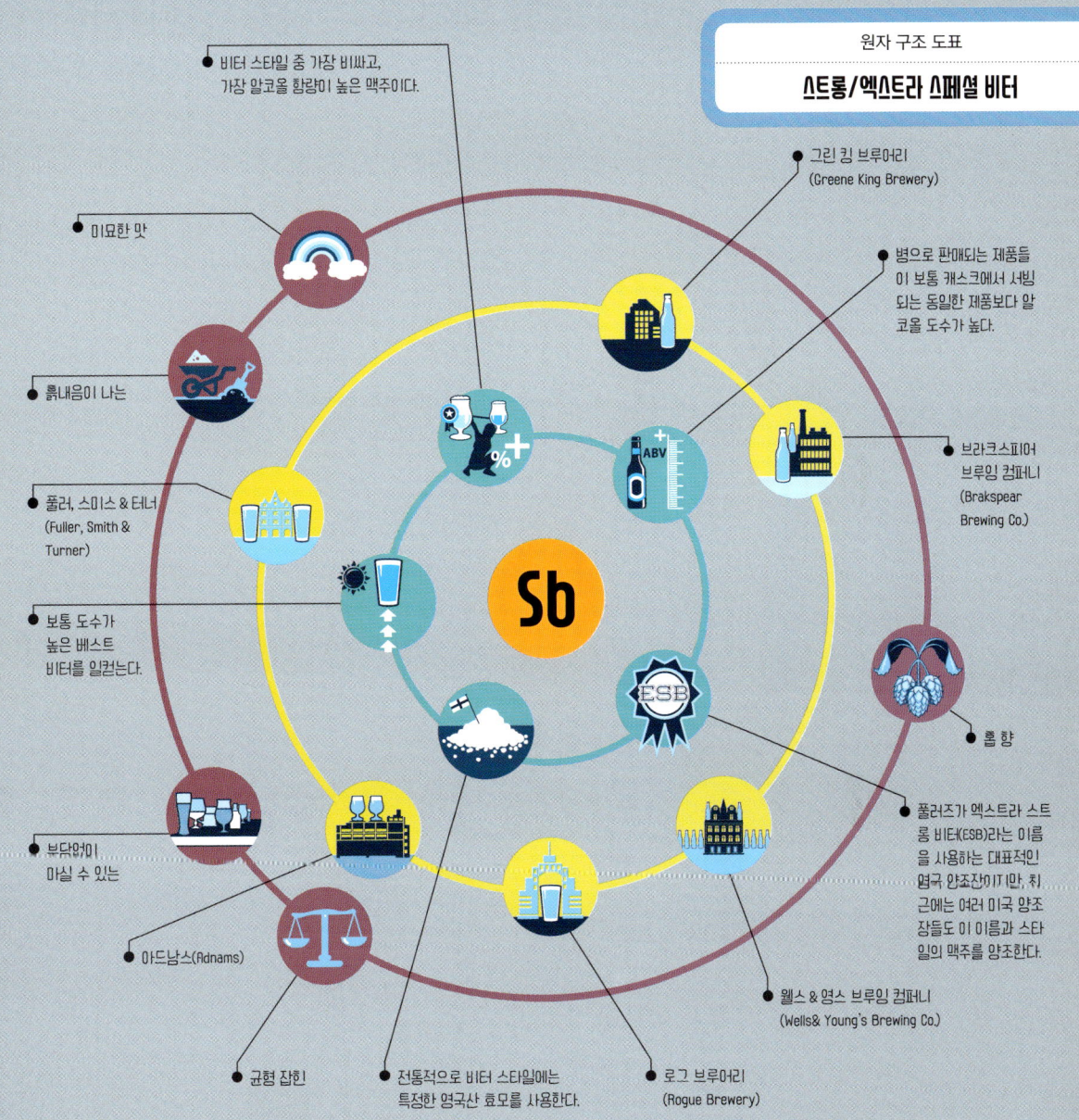

원자 구조 도표
스트롱/엑스트라 스페셜 비터

- 비터 스타일 중 가장 비싸고, 가장 알코올 함량이 높은 맥주이다.
- 미묘한 맛
- 그린 킹 브루어리 (Greene King Brewery)
- 병으로 판매되는 제품들이 보통 캐스크에서 서빙되는 동일한 제품보다 알코올 도수가 높다.
- 흙내음이 나는
- 브라크스피어 브루잉 컴퍼니 (Brakspear Brewing Co.)
- 풀러, 스미스 & 터너 (Fuller, Smith & Turner)
- 보통 도수가 높은 베스트 비터를 일컫는다.
- 홉 향
- 부담없이 마실 수 있는
- 아드남스 (Adnams)
- 풀러즈가 엑스트라 스트롱 비터(ESB)라는 이름을 사용하는 대표적인 영국 양조장이지만, 최근에는 여러 미국 양조장들도 이 이름과 스타일의 맥주를 양조한다.
- 균형 잡힌
- 전통적으로 비터 스타일에는 특정한 영국산 효모를 사용한다.
- 로그 브루어리 (Rogue Brewery)
- 웰스 & 영스 브루잉 컴퍼니 (Wells & Young's Brewing Co.)

어울리는 음식

돼지고기	후라이드 치킨	각종 육류	카레	소시지와 으깬 감자

페일 에일 Pale Ale

유래 **영국**
색 **5-14 SRM**
알코올 도수(ABV) **3.8-6.2%**
쓴맛(IBU) **20-50**
잔 **파인트, 노닉 파인트**

가장 다채로운 종류가 생산되는 스타일

단지 어둡지 않다는 이유만으로 '페일'이라는 이름이 붙었다. 비터 스타일과의 비슷한 점이 많아 '병에 담긴 비터라는 평'을 듣는다. 미묘하지만 차이는 분명 존재한다. 우선, 페일 에일은 비터보다 바디감이 더 중후하다. 색깔 또한 깊은 오렌지색에서 호박색으로 비터와 차이가 난다. 황백색을 띠는 거품층은 잔에 오래 남고, 향은 캐러멜 향과 함께 코를 찌르는 허브 향이 난다. 맛에서는 토스트 같은 몰트 맛이 나며 홉의 쓴맛이 먼저 느껴지고, 말린 과일과 캐러멜 끝맛이 남는 것이 특징이다. 미국식 아메리칸 페일 에일과는 또다른 맛이다.

추천 맥주

런던 프라이드(London Pride) 풀러, 스미스 & 터너(Fuller, Smith & Turner)
영국에서는 생맥주로 서빙되지만, 그 외 다른 지역에서는 병으로만 판매된다. 풍부한 바디감과 부드러운 끝맛을 자랑한다.

올드 브루어리 페일 에일(Old Brewery Pale Ale)
새뮤얼 스미스(Samuel Smith's Old Brewery, 영국)
엑스트라 스트롱 비터라고 분류되기도 한다. 1758년도에 지어진 옛 양조장의 우물에서 올린 물로 양조되는 맥주로 유명하다.

더블 배럴 에일(Double Barrel Ale)
파이어스톤 워커(Firestone Walker Brewing Co., 미국)
은은한 과일 향이 나고 깔끔한 마무리가 있는 균형잡힌 맥주.

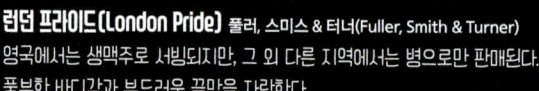

페일 에일 31

원자 구조 도표
페일 에일

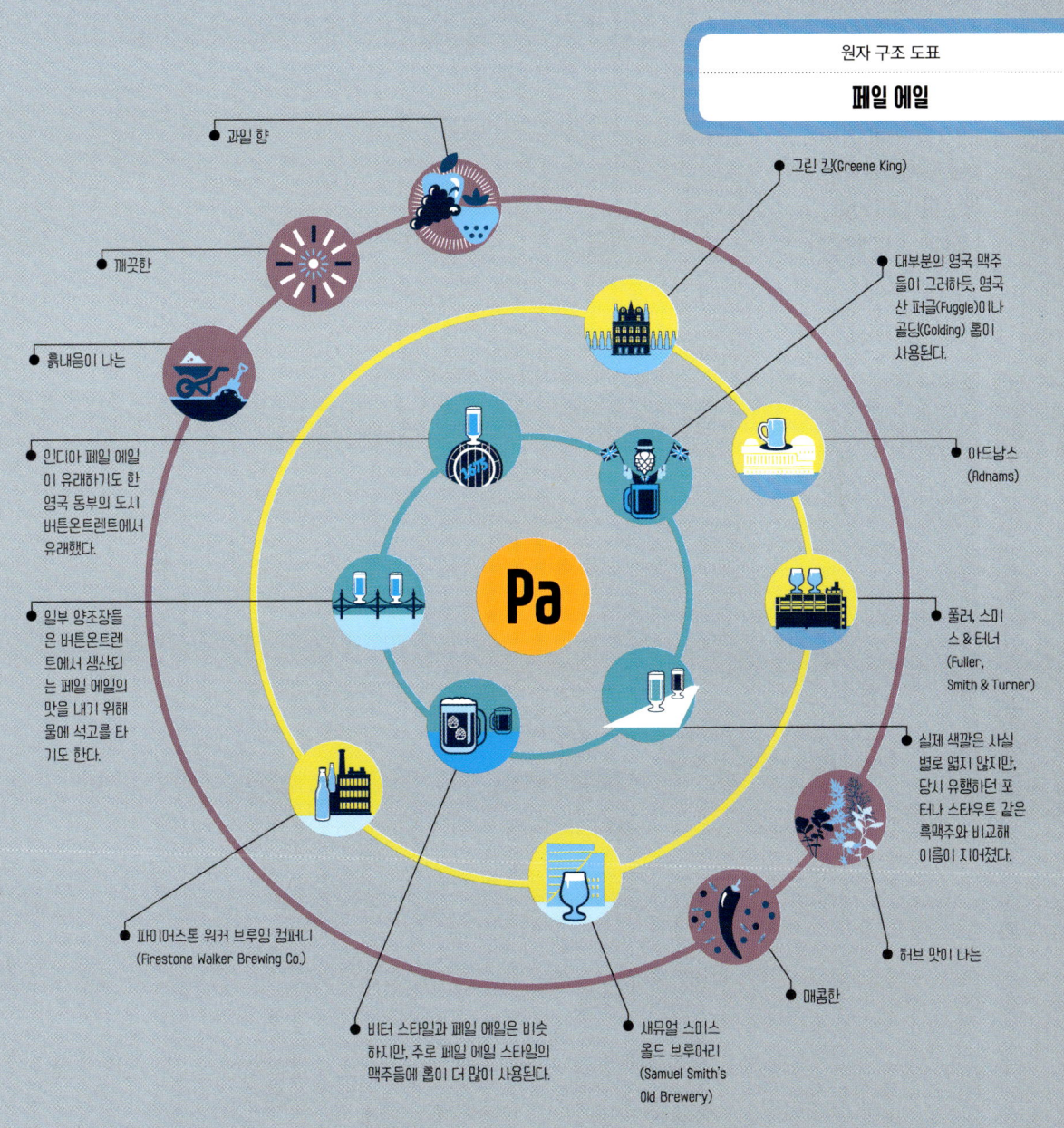

어울리는 음식

| 영국식 치즈 | 그릴에 구운 고기 | 크림 파스타 | 피쉬 앤 칩스 |

인디아 페일 에일 India Pale Ale

유래 **영국**
색 **6-14 SRM**
알코올 도수(ABV) **4.5-7.5%**
쓴맛(IBU) **40-60**
잔 **파인트, 노닉 파인트**

홉으로 시작해 홉으로 끝나다

수제 맥주하면 인디아 페일 에일(줄여서 아이피에이 IPA)을 떠올리기 마련이다. 하지만 영국식 인디아 페일 에일은 사촌 격인 미국식 인디아 페일 에일과 분명 차이가 있다. 인디아 페일 에일이 어떻게 탄생하게 되었는지 여러 가지 설이 존재하지만, 확실한 답을 내긴 어렵다. 하지만 많은 양의 홉으로 인한 쓴맛과 이를 단단히 받쳐주는 몰트의 맛은 누구나 쉽게 즐길 수 있다. 영국식 인디아 페일 에일의 특징이라면 허브 향이 많이 나는 홉이 사용되고 여러 종류의 홉을 사용함으로써 다양한 향신료의 맛과 향이 난다는 것이다.

추천 맥주

인디아 에일(India Ale) 새뮤얼 스미스(Samuel Smith's Old Brewery, 영국)
홉을 너무 지나치게 사용하지 않으면서 몰트의 맛을 살린 맥주이다. 라이트한 바디감과 드라이한 피니시가 인상적이다.

인디아 페일 에일(India Pale Ale) 풀러, 스미스 & 터너(Fuller, Smith & Turner, 영국)
금색 빛이 돌고 진득한 거품층이 특징이다. 캐러멜 향과 허브 향이 어우러진 홉의 맛이 가장 강하게 느껴지지만, 마지막에는 달콤한 몰트의 맛도 느낄 수 있다.

인디아 페일 에일(IPA) 구스 아일랜드(Goose Island Beer Co., 미국)
미국산 홉과 영국산 홉을 함께 사용한 이 맥주는 미국식 인디아 페일 에일로 분류되기는 하지만, 허브 향과 향신료의 맛이 나는 점은 오히려 영국식 인디아 페일 에일과 더 비슷하게 느껴진다.

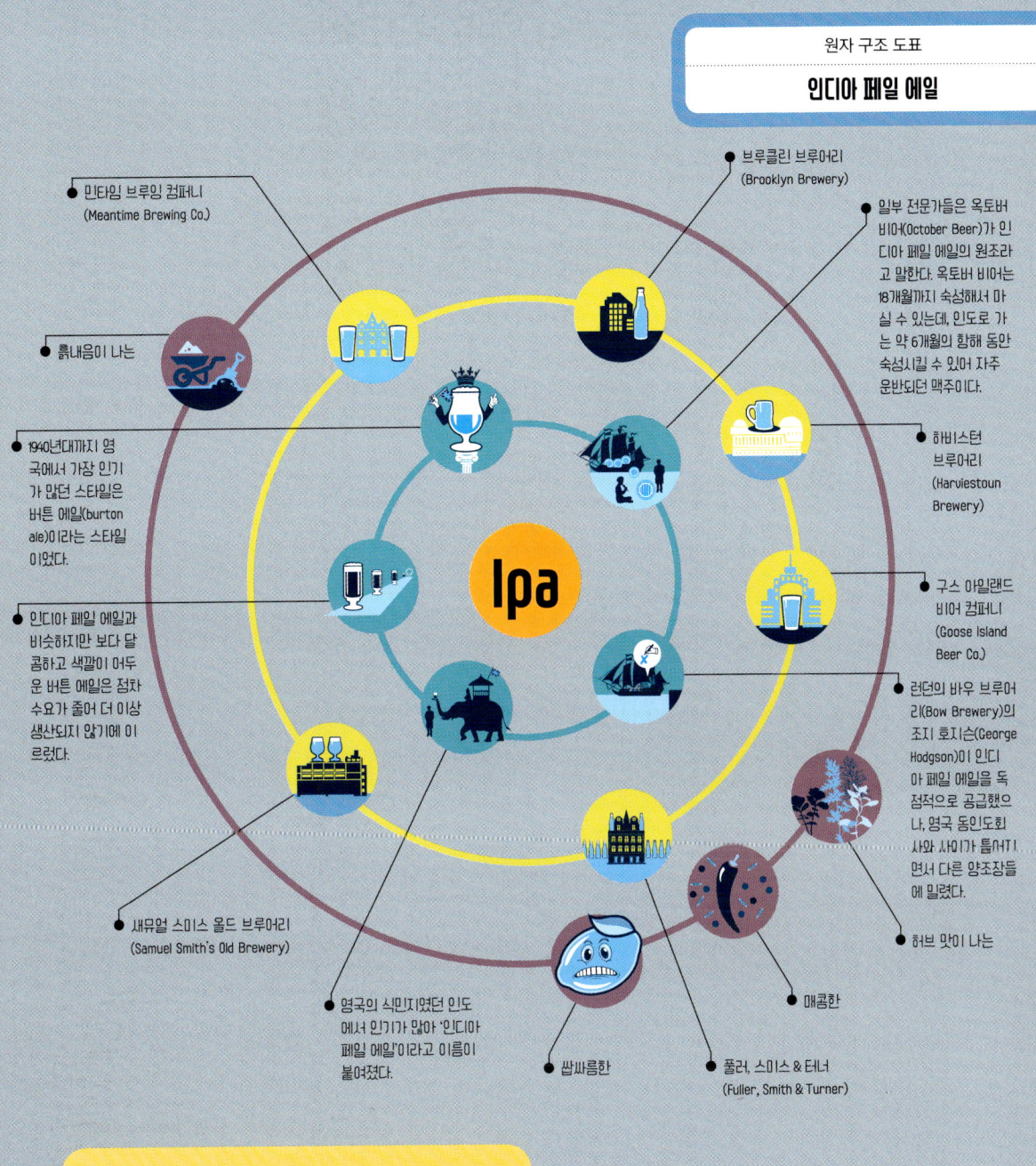

라이트/페일 마일드 Light/Pale Mild

유래 **영국**
색 **8-17 SRM**
알코올 도수(ABV) **2.8-5%**
쓴맛(IBU) **10-20**
잔 **파인트, 노닉 파인트**

한때 영국에서 가장 유행하던 스타일

영국 맥주의 대표적인 특징인 고유의 몰트 맛은 그대로 간직하면서 비터의 특징인 홉의 향과 맛은 마일드하게 유지되는 맥주이다. 1960년대까지만 해도 영국 전역에서 제공되었지만, 그 인기가 비터류에 밀려 예전만 못하다. 하지만 한때 영국을 대표하던 맥주였던 만큼 영국 맥주 역사에 대해 얘기할 때 빠질 수 없다. 색이 엷고 알코올 도수가 낮고, 약한 과일 향이 몰트와 잘 어우러지면서 깔끔한 맛을 자랑한다. 게다가 부드러운 영국산 홉을 사용하기 적합한 맥주 스타일이라 최근에는 재조명을 받고 있다.

추천 맥주

골든 베스트(Golden Best) 티모시 테일러(Timothy Taylor, 영국)
엷은 호박빛이 돌며 몰트 향이 나는 아로마가 특징이다. 바디감이 라이트해 가볍게 마시기 좋다.

옥스포드 골드(Oxford Gold) 브라크스피어(Brakspear, 영국)
황금빛이 도는 바디에 시트러스 향과 부드러운 목넘김이 과일 맛과 어우러진다.

옐로 해머(Yellowhammer) 오핸론(O'Hanlon, 영국)
황금색을 띠며 플로럴과 상큼한 시트러스 향이 나는 홉을 사용해 잡내가 없는 맛이다.

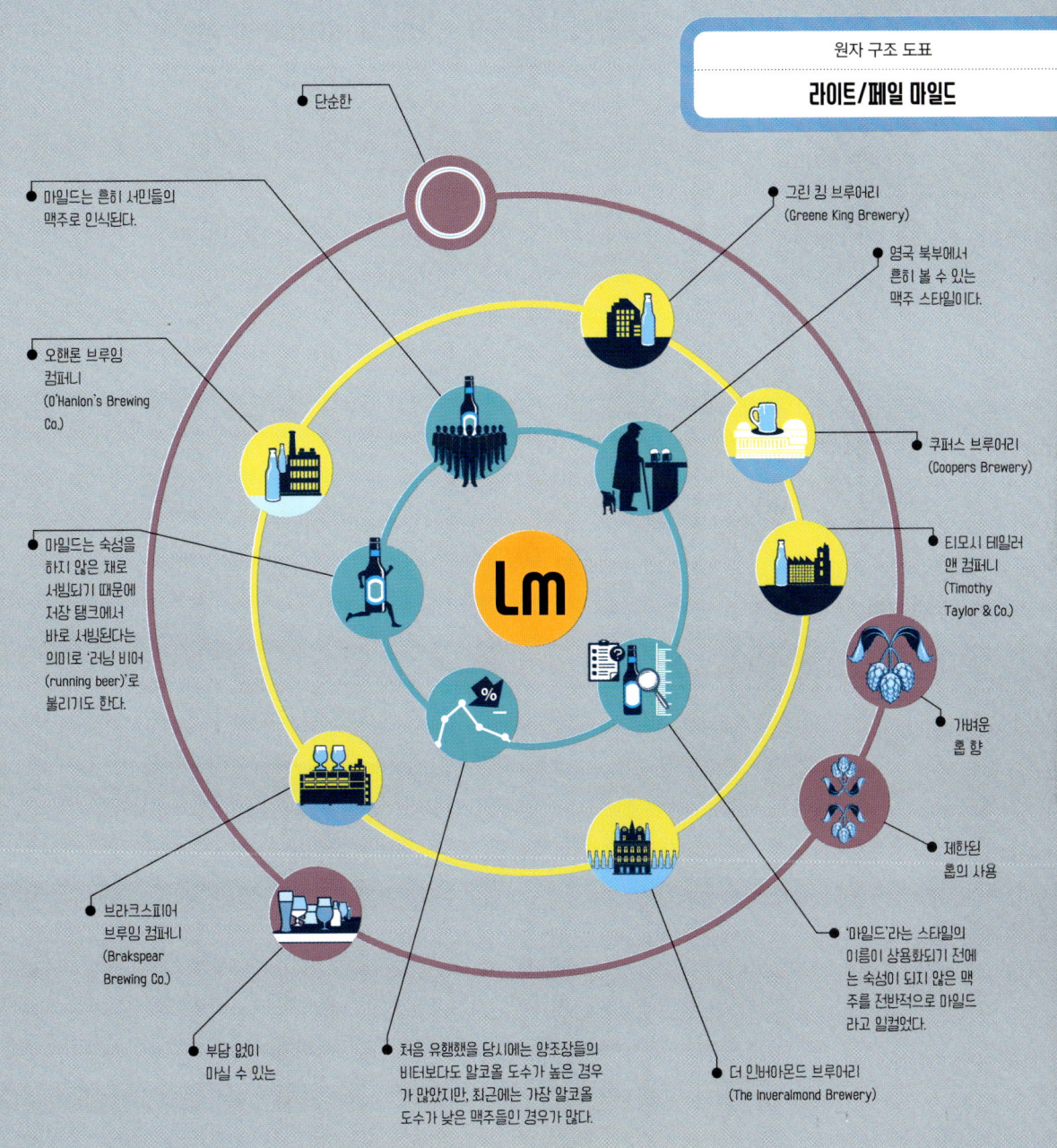

아이리시 레드 에일 Irish Red Ale

유래 **아일랜드**
색 **9-18 SRM**
알코올 도수(ABV) **4-6%**
쓴맛(IBU) **17-28**
잔 **파인트, 노닉 파인트**

따뜻한 색과 풍부한 맛

아일랜드를 대표하는 시그니처 스타일인 스타우트에 비해 인지도는 낮지만, 맥주를 사랑하는 사람이라면 누구나 즐겨 마실 수 있는 맥주 스타일이다. 바디는 구릿빛과 주홍빛을 띠는 붉은색을 띠며, 거품층은 그에 어울리는 엷은 황갈색을 띤다. 몰트가 중심이 되지만 홉 향도 은은하게 난다. 전체적으로 몰트와 홉의 균형이 잘 잡혔고, 적당한 탄산감도 있다. 로스팅된 몰트와 캐러멜 맛이 이 맥주 스타일의 대표적인 맛이다. 쉽게 마실 수 있고, 음식과 함께 곁들이기도 좋은 맥주다.

추천 맥주

브라이언 보루 올드 아이리시 레드(Brian Boru Old Irish Red)
쓰리 플로이드(Three Floyds Brewing Co., 미국)
한 아일랜드 왕의 이름을 따서 지은 이 맥주는 진정 레드에일 중에 왕이라 할 수 있다. 캐러멜과 시트러스가 조화롭게 어울리는 맥주다.

콘웨이스 아이리시 레드 에일(Conway's Irish Red Ale)
그레이트 레이크스(Great Lakes Brewing Co., 미국)
색은 호박색에 가깝고, 살짝 로스팅된 몰트가 묵직한 캐러멜맛을 낸다. 양조장 설립자의 조부 이름을 따 맥주 이름을 지었다.

임포티드 프리미엄 아이리시 에일(Imported Premium Irish Ale)
스미스윅스(Smithwick's, 아일랜드)
엷은 마호가니색을 띠고 부드럽게 넘어간다. 원래 아일랜드 킬케니 지방에 있는 성 프란시스 수도원 양조장에서 양조되었다.

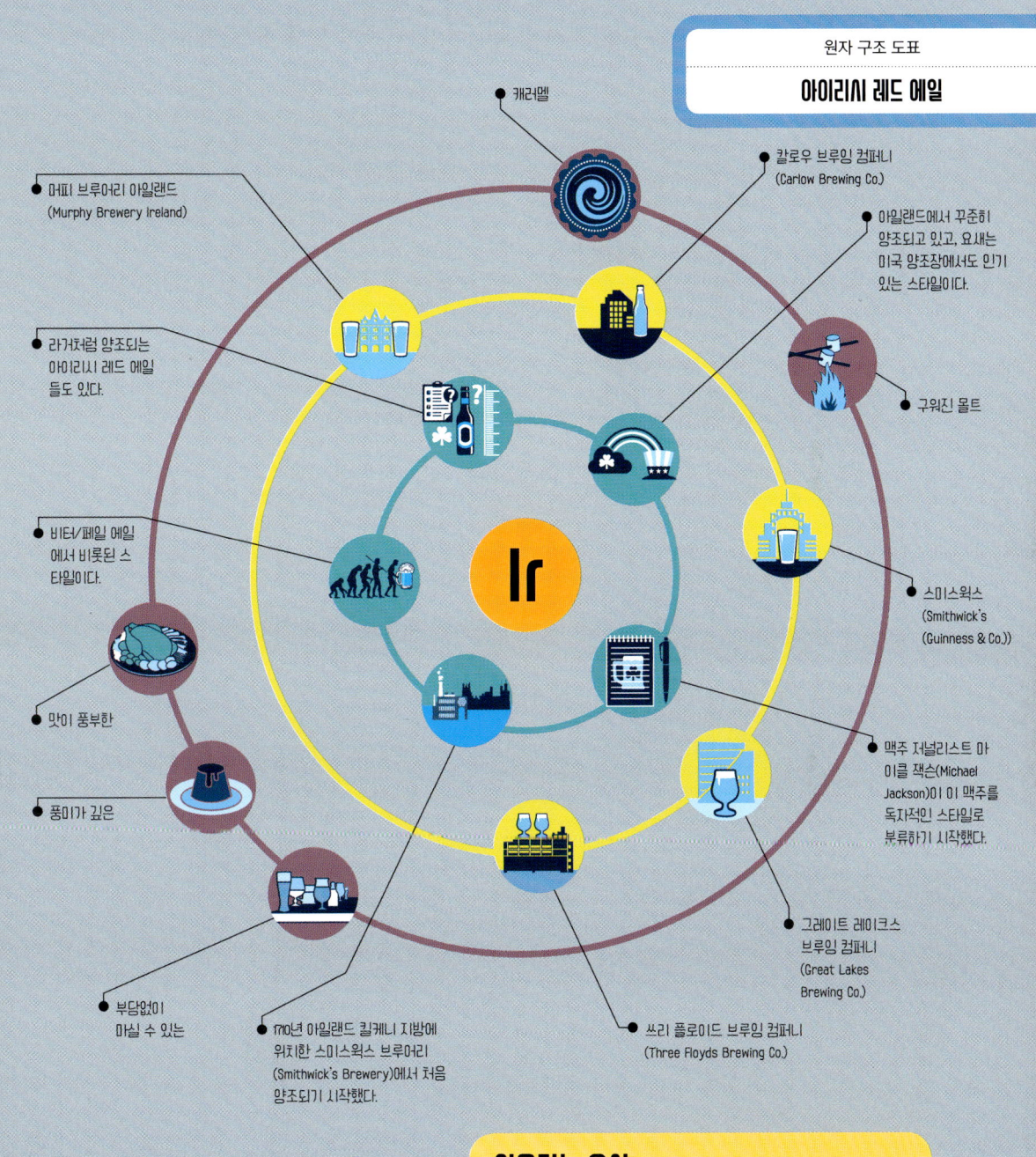

스코티시 에일 Scottish Ales

유래 스코틀랜드
색 9-17 SRM
알코올 도수(ABV) 2.5-5%
쓴맛(IBU) 10-30
잔 파인트, 노닉 파인트, 티슬(thistle)

기후의 한계를 극복하다

호박색 또는 짙은 붉은색을 띠는 이 맥주는 몰트가 중심이다. 그럴 수 밖에 없는 것이, 스코틀랜드의 기후가 홉을 키우기에는 알맞지 않다. 홉이 귀하니, 몰트를 중심으로 맥주 맛을 낼 수 밖에. 황백색에서 황갈색을 띠는 거품층은 잔에 오래 남는 편이다. 첫 모금에서 몰트 맛이 강하게 느껴지고, 캐러멜, 초콜릿, 바닐라, 말린 과일과 같은 단맛과 때로는 스모키한 맛이 나기도 한다. 너무 무겁지 않은 바디로 시원한 날씨에도 마시기 좋고, 홉의 쓴맛은 주로 강렬한 몰트에 가려져 잘 느낄 수 없다. 가격대에 따라 알코올 도수가 어떻게 달라지는지 알 수 있는데, 주로 60실링은 '라이트', 70실링은 '헤비', 80실링은 '엑스포트', 그리고 90실링으로 넘어가면 다음 장에서 볼 수 있는 '위 헤비'로 불린다. 부드럽고 진한 몰트를 기반으로 잔잔한 뉘앙스를 남긴다.

추천 맥주

80실링(80 Shilling) 벨헤이븐(Bellhaven Brewery)
밝은 구릿빛이 도는 이 맥주는 보기 좋은 황백색의 거품층을 가진다. 적당한 홉의 느낌과 달콤한 몰트의 맛을 가진 이 맥주는 가볍게 마시기 좋다.

다크 아일랜드(Dark Island) 오크니(The Orkney Brewery)
갈색에 가까운 어두운 붉은 빛을 띠는 이 맥주는 로스팅된 몰트와 초콜릿 향이 자연스럽다. 홉이 가볍게 들어가 드라이한 끝맛을 자랑한다.

로버트 더 브루스(Robert the Bruce) 쓰리 플로이드(Three Floyds)
짙은 루비색의 바디와 끈적끈적한 베이지색 거품층을 자랑한다. 부드럽고 균형 잡혔지만, 캐러멜과 로스팅된 몰트를 제대로 느낄 수 있다.

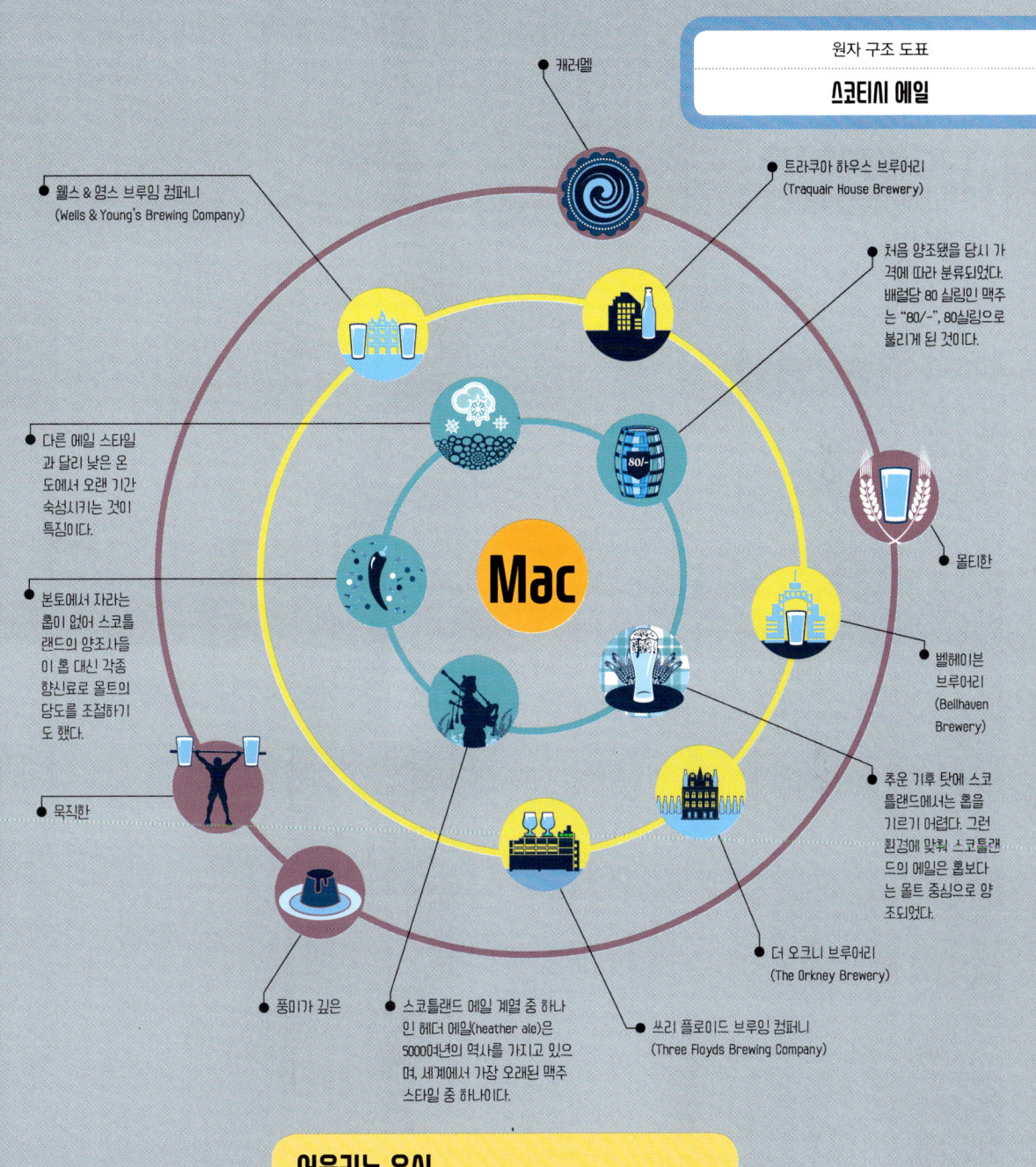

잉글리시 발리 와인 English Barley Wine

유래 **영국**
색 **8-22 SRM**
알코올 도수(ABV) **8-12%**
쓴맛(IBU) **35-70**
잔 **스니프터**

입안을 가득 채우는 몰트의 존재감

특색 넘치고 강렬한 맛과 함께 다양한 몰트의 복합적인 맛을 맛볼 수 있는 발리 와인은 높은 알코올 도수를 가지는 만큼 가볍게 홀짝거려야 한다. 색깔은 호박색부터 갈색까지 다양한 편이나, 대부분 어두운 색을 띤다. 거품층은 얇고 금방 사라지지만 아로마는 캐러멜, 향신료, 사과, 토피, 오크 향이 어우러진 강렬한 향이다.

추천 맥주

토마스 하디 에일(Thomas Hardy's Ale) 오핸론(O'Hanlon's Brewing Co., 영국)
일년에 한번씩만 양조되는 이 맥주는 25년까지 숙성될 수 있다고 알려져 있다. 귀한 맥주인 만큼 맥주 애호가들에게 소장가치가 높은 맥주이다.

하비스트 에일(Harvest Ale) JW 리즈(JW Lees and Co., 영국)
J.W. 리즈가 영국식 맥주에 자주 사용되는 마리스 오터라는 보리 품종의 수확을 기념하며 일년에 한 번씩만 양조되는 맥주이다. 빈티지로 즐기기 좋은 이 맥주는 메이플 시럽의 달콤함과 몰트의 고소함, 그리고 과일맛이 잘 어우러졌다.

올드 포그혼 에일(Old Foghorn Ale) 앵커(Anchor Brewing Co., 미국)
미국에서 양조되는 잉글리시 발리 와인의 선구자 격인 맥주이다. 영국 전통 방식을 따라 양조하면서 캐스케이드 홉을 다량 널어 독자적인 맥주 맛을 완성한다.

원자 구조 도표
잉글리시 발리 와인

- 과일 향
- 달콤한
- 파이어스톤 워커 브루잉 컴퍼니 (Firestone Walker Brewing Co.)
- 앵커 브루잉 컴퍼니 (Anchor Brewing Co.)
- 양조사들에게 와인은 특별한 의미를 담고 있는 단어였기에 발리 와인이라는 이름을 붙였을 것이다.
- 잉글리시 올드 에일과 비슷한 특징들을 가지고 있다.
- 트라쿠아 하우스 브루어리 (Traquair House Brewery)
- 속을 따뜻하게 하는
- 숙성시키기에 적합한 맥주이다.
- 와이어바커 브루잉 컴퍼니 (Weyerbacher Brewing Co.)
- 크리미한
- 배스(Bass)라는 이름을 가진 양조사가 발리 와인이라는 이름을 처음 사용하기 시작한 것으로 추정되는데, 이름이 상용화되기 전인 1903년에는 스트롱 에일로 분류되어 판매되었다.
- 복합적인
- 저녁 식사 후 마시기 좋은 맥주이다.
- J.W 리즈 앤드 컴퍼니 (J.W. Lees & Co.)
- 오핸론 브루잉 컴퍼니 (O'Hanlon's Brewing Co.)

어울리는 음식

블루치즈	브레드 푸딩	기름진 음식	염소치즈	크렘 브륄레

유래 **스코틀랜드**
색 **14-25 SRM**
알코올 도수(ABV) **6.5-10%**
쓴맛(IBU) **17-35**
잔 **티슐, 튤립, 스니프터**

스트롱 스카치 에일 Strong Scotch Ale

균형잡힌 달콤함

"위 헤비(wee heavy)"라는 이름으로도 불린다. 비교적 높은 알코올 도수에 특별한 안주 없이도 식후 조금 마시기 좋은 맥주이다. 색은 구릿빛 또는 호박색을 띠며, 황갈색 거품층은 두껍게 자리한다. 토피, 몰트, 과일, 캐러멜 향이 가득한 아로마를 자랑한다. 풍부한 몰트의 사용으로 달콤하면서 깊이 있는 맛을 내지만, 홉으로 지나치게 단맛은 제한한다.

추천 맥주

 위 헤비(Wee Heavy) 벨헤이븐(Belhaven Brewery, 스코틀랜드)
바닐라와 몰트의 아로마가 난다. 드라이한 목넘김을 가지고 있으며 이 스타일의 다른 맥주들과 비교해 알코올 도수가 낮은 편이다.

 더티 바스터드(Dirty Bastard) 파운더스(Founders Brewing Co., 미국)
이 스타일 중에서 쓴맛이 강한 편에 속한다. 하지만 몰트가 중심이 되어 인상 깊은 맛과 피니시를 선사한다.

 스컬 스플리터(Skull Splitter) 오크니(The Orkney Brewery, 스코틀랜드)
균형 잡히고 부드러우며 드라이하다. 7대 바이킹 오크니 백작의 이름을 따서 지은 이름이지만, 8.5%의 높은 알코올 도수도 이름에 기여한다.

잉글리시 올드 에일 English Old Ale

유래 영국
색 10-30 SRM
알코올 도수(ABV) 4.5-6%
쓴맛(IBU) 30-60
잔 스니프터, 파인트

강렬하고 특색있는 스타일

최근에는 달콤하고 복합적인 맛이 나는 맥주들이 포괄적으로 분류되는 스타일이지만, 처음에는 알코올 도수가 높고 숙성을 한 맥주를 일컬었다. 예전에 유행하던 버튼 에일(Burton ale)로부터 유래됐을 가능성이 높다. 발리 와인보다 어두운 색을 띠며, 더 달고, 홉의 쓴맛도 발리 와인만큼 강하게 나지 않는다. 설탕을 녹여 만든 당밀, 건포도, 견과류, 초콜릿의 맛이 나기도 하고, 시큼한 과일맛이 나는 맥주들도 있다. 이런 다양한 맛이 더욱 인상깊은 맛을 구성해, 조금씩 마시며 즐기기 좋다.

추천 맥주

↓ **올드 페큘리어(Old Peculier)** 테이크스톤(Theakston, 영국)
올드 에일의 척도라고 인식되는 맥주이다. 홉과 몰트의 균형이 잘 잡혔고, 캐러멜, 말린 과일, 초콜릿이 어우러진 맛이 나며 피니시가 드라이한 편이다.

↓ **1845** 풀러즈(Fuller, Smith & Turner, 영국)
이 스타일이라는 것을 감안하고도 알코올 도수가 높은 편에 속하지만 그럼에도 부담없이 마실 수 있다. 말린 과일과 캐러멜 향과 가벼운 홉이 달콤한 몰트의 맛을 잘 잡아준다.

↓ **올드 서포크 에일(Olde Suffolk Ale)** 그린킹(Greene King Brewery, 영국)
약간 붉은빛이 도는 갈색을 띠며 토피와 과일 노트가 느껴지는 몰트 맛과 홉 본연의 맛이 난다.

잉글리시 올드 에일 45

원자 구조 도표

잉글리시 올드 에일

- 산미가 강한
- 달콤한
- 그린 킹 브루어리 (Greene King Brewery)
- 마스턴 비어 컴퍼니 (Marston's Beer Company)
- 숙성시키기 좋은 맥주 중 하나이며 숙성 전과 후를 비교하며 마셔도 좋다.
- 와인과 비슷한 특색을 가진
- 하비스턴 브루어리 (Harviestoun Brewery)
- 발리 와인과 가까운 친척 같은 스타일
- 스탁 에일(stock ale), 스트롱 에일(strong ale), 또는 스테일 에일(stale ale)이라고 불리기도 한다.
- 새뮤얼 스미스 올드 브루어리 (Samuel Smith Old Brewery)
- 올드 에일 특유의 맛은 특별한 효모종(Brettanomyces)을 배럴에 같이 넣어 숙성시키는 결과에서 생겨난다.
- 혀에 붙는
- 풀러, 스미스 & 터너 (Fuller, Smith &Turner)
- T&R 테이크스턴 (T&R Theakston)
- 주로 숙성이 덜 된 맥주들과 섞어 서빙할 목적으로 사용되었다.

Eo

어울리는 음식

| 구운 고기 | 들오리, 꿩 같은 엽조류 | 블루 치즈 | 식후주로 서빙되기도 한다 |

유래 **영국**
색 **8-22 SRM**
알코올 도수(ABV) **6.5-12%**
쓴맛(IBU) **20-75**
잔 **스니프터**

잉글리시 스트롱 올드 에일 English Strong Old Ale

과감한 맥주의 맛을 살리다

발리 와인과 올드 에일의 사촌과도 같지만 분명 엄연한 차이가 존재한다. 색깔은 올드 에일과 비슷하게 어둡지만, 알코올 도수는 발리 와인과 같이 높다. 향은 캐러멜, 바닐라, 건포도, 말린 자두, 우디 향 등 다양한 아로마가 날 수 있다. 맛도 훨씬 몰트 중심적인 맛을 내고, 홉은 혀에 살짝 느낌만 나는 정도이다. 몰트의 맛을 약간 달게 하는 과일맛이 나는 경우도 있다. 향과 맛이 워낙 강해 이 스타일만으로 끼니를 때울 수 있을 정도!

추천 맥주

게일즈 프라이즈 올드 에일(Gale's Prize Old Ale)
풀러즈(Fullers, Smith & Turner, 영국)
달콤한 셰리주 같은 맛이 처음에 강하게 난다. 다른 숙성된 맥주들과 함께 시음하기 좋은 맥주이다.

요크셔 스팅고(Yorkshire Stingo) 새뮤얼 스미스(Samuel Smith's Old Brewery, 영국)
최소 1년을 참나무 배럴에 숙성시켜 특유의 건포도, 캐러멜, 그리고 참나무 향이 나는 맥주가 탄생한다. 복합적이고 정제된 맛을 낸다.

빈티지 에일(Vintage Ale) 풀러즈(Fullers, Smith & Turner, 영국)
개별적으로 표기되고 포장되기에 선물로 주기에 손색이 없는 맥주이다. 로스팅된 몰트와 시트러스, 깔끔한 홉, 그리고 캐러멜 맛이 균형을 이룬다.

잉글리시 스트롱 올드 에일

원자 구조 도표

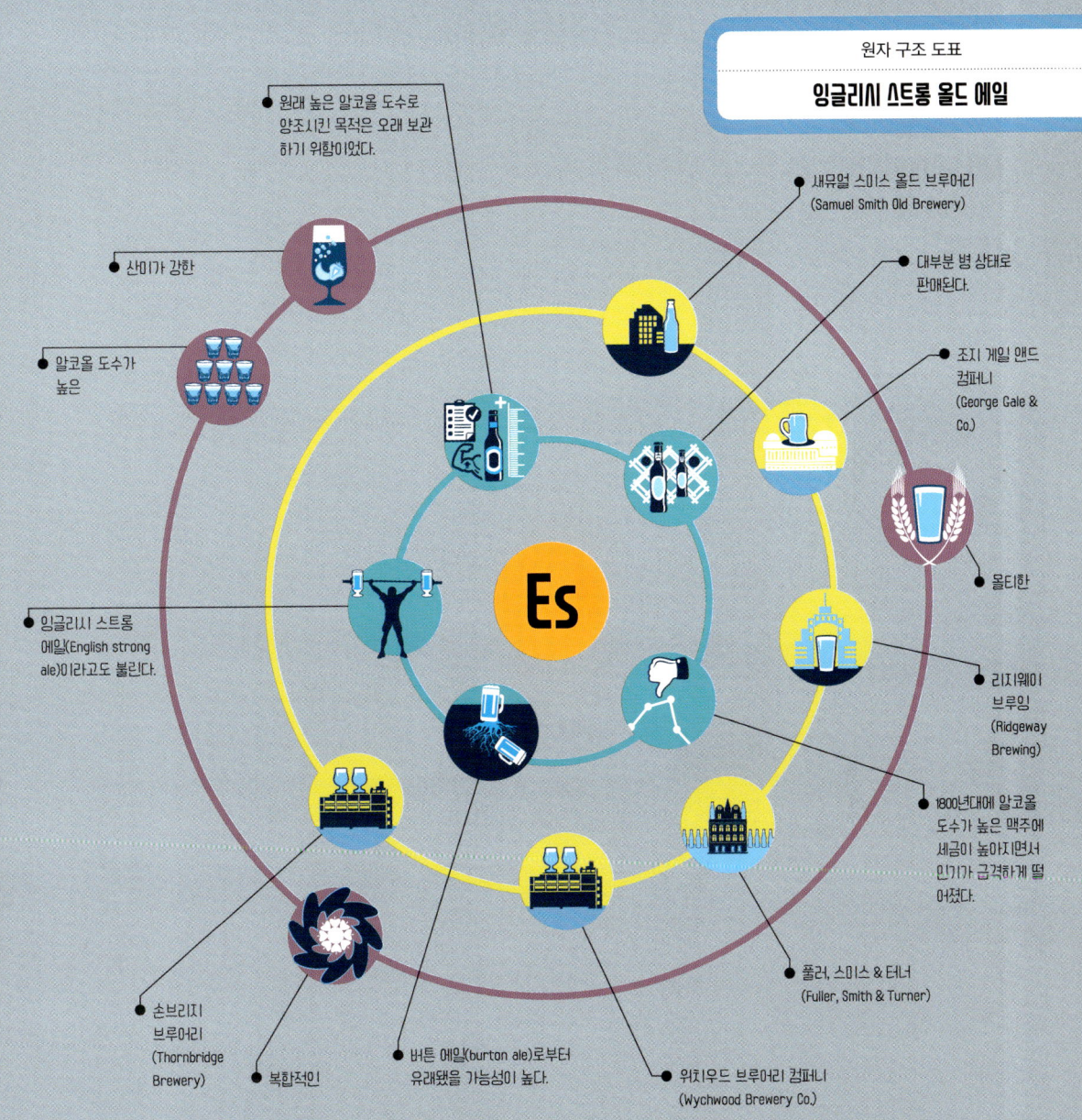

어울리는 음식

| 기름진 찜 요리 | 고기 구이 | 블루 치즈 | 맛이 풍부한 디저트 |

윈터 워머 Winter Warmer

유래 **영국**
색 **18-22 SRM**
알코올 도수(ABV) **5-7.5%**
쓴맛(IBU) **30-50**
잔 **파인트**

따뜻한 겨울을 위한 스타일

색깔은 어두운 호박색부터 갈색으로 어두운 색을 띠며, 바디와 잘 어울리는 베이지색 거품층을 가진다. 크리스마스 시즌에 외국에서 인기가 높은 생강과자와 같은 디저트들의 향기가 짙게 나며, 홉 향보다는 몰트 향이 강하게 난다. 윈터 워머에 흔히 쓰이는 향신료로는 계피, 정향, 올스파이스, 육두구 등이 있는데, 끈적한 몰트의 맛과 과일맛이 어우러져 독특한 맛을 낸다.

추천 맥주

쥬빌에일(Jubeale) 데슈츠(Deschutes Brewery, 미국)
원래 스타일보다 쓴맛이 강하게 나는 것이 특징인 이 맥주는 기념일 또는 경축 행사를 뜻하는 쥬빌레(jubilee)를 본떠 이름을 지었다. 몰트가 중심이 되어 과일, 초콜릿, 향신료의 맛을 낸다.

윈터 솔스티스 시즈널 에일(Winter Solstice Seasonal Ale)
앤더슨 밸리(Anderson Valley Brewing Co., 미국)
절기 중 겨울의 절정인 동지로 이름을 지은 맥주답게 달콤하면서 캐러멜 향이 돌아 겨울에 마시기 제격이다.

부르르 시즈널 에일(Brrr Seasonal Ale)
위드머 형제 브루잉(Widmer Brothers Brewing, 미국)
솔향과 시트러스 향이 어우러진 홉의 쓴맛이 초반부터 느껴진다. 몰트가 주축이 되긴 하지만, 전형적인 미국 스타일 맥주처럼 홉에 힘을 준 맥주다.

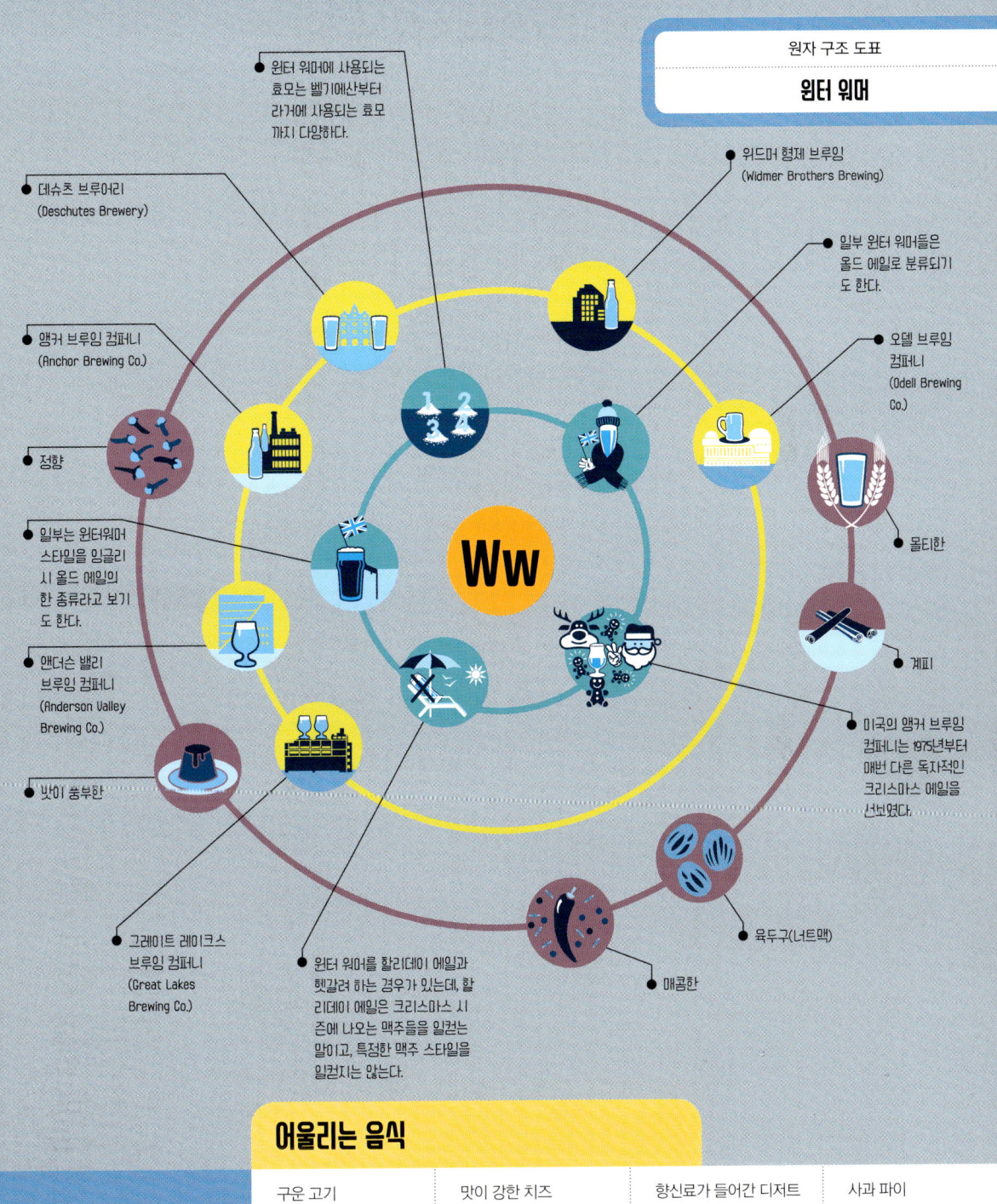

다크 마일드 Dark Mild

유래 **영국**
색 **15-34 SRM**
알코올 도수(ABV) **2.8-5%**
쓴맛(IBU) **10-25**
잔 **파인트, 노닉 파인트**

처음부터 끝까지 부드럽다

마일드라는 이름만 들으면 그저 무난하기만 한 맥주라 생각할 수 있지만, 그만큼 과소평가되는 맥주이기도 하다. 쉽게 마실 수 있는 만큼 음식 맛에 풍미를 더한다. 색깔은 포터와 비슷한 어두운 색이며, 홉보다는 몰트의 존재감이 부각된다. 부드럽고 탄산감이 거의 느껴지지 않는다. 낮은 알코올 도수에도 불구하고 진하고 인상깊은 맥주들이 많다.

추천 맥주

게일즈 페스티벌 에일(Gale's Festival Ale) 풀러즈(Fuller, Smith & Turner, 영국)
여러 대회에서 상을 받은 이 맥주는 건포도와 시트러스 향의 밸런스가 잘 맞는 바디감을 자랑하는 마일드 맥주이다.

다크 루비 마일드(Dark Ruby Mild) 새라 휴즈(Sarah Hughes Brewery, 영국)
이름에서 알 수 있듯 붉은빛이 도는 갈색을 띤다. 과일 향이 많이 나고 스타일 중 알코올 도수가 높은 편이다. 복합적인 맛으로 음식과 같이 마시기 좋은 맥주다.

마일드 윈터(Mild Winter) 구스 아일랜드(Goose Island Beer Co., 미국)
엷은 갈색을 띠며 황백색 거품층을 가진다. 아로마는 과일과 묵직한 몰트, 그리고 캐러멜 향이 풍부하다.

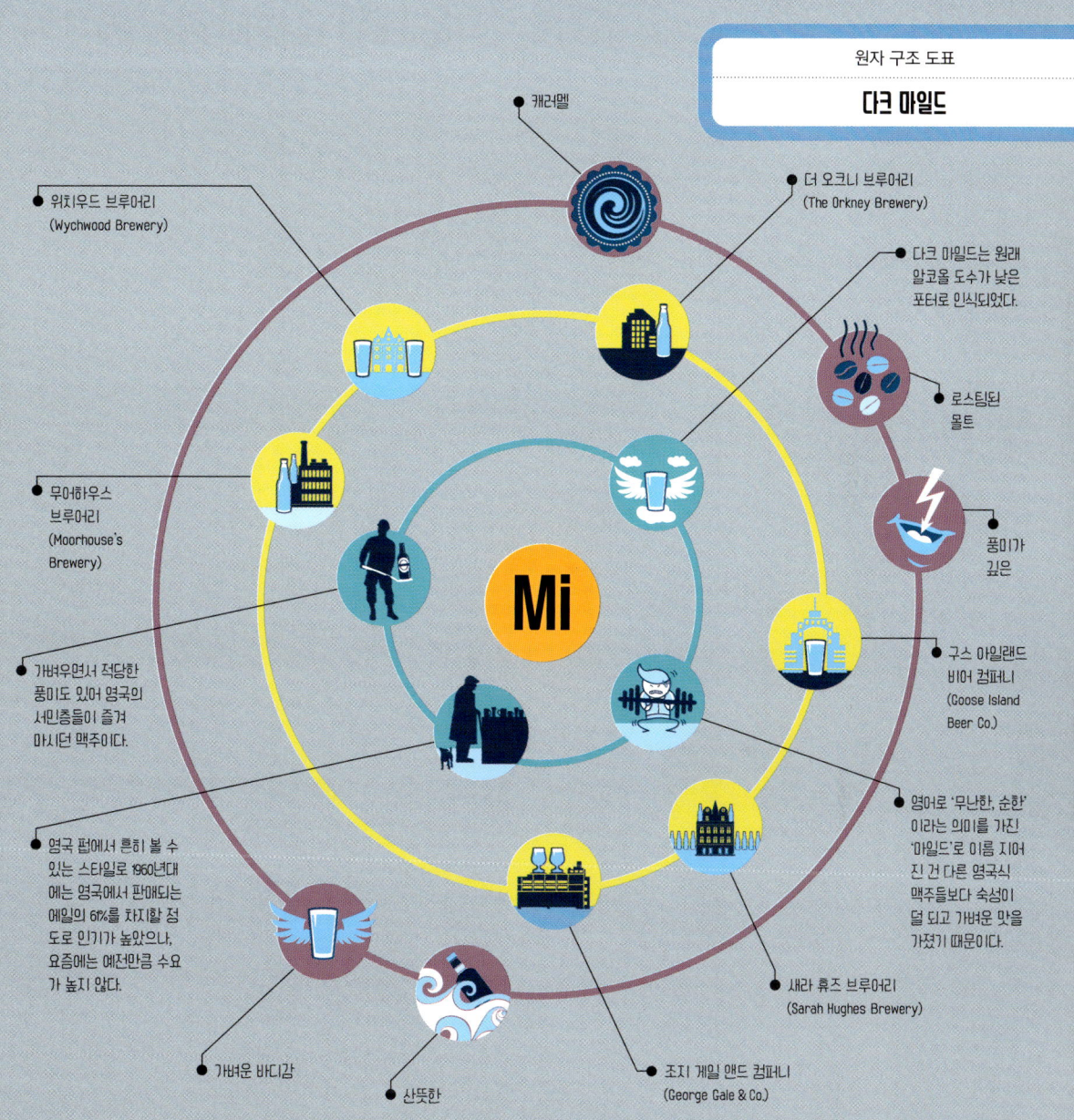

잉글리시 브라운 에일 English Brown Ale

유래 영국
색 12-35 SRM
알코올 도수(ABV) 3-5.5%
쓴맛(IBU) 12-30
잔 파인트, 노닉 파인트

양면성을 지닌 스타일

원래는 서민층의 맥주로 각광을 받았으나, 최근에는 모든 맥주 애호가들에게 사랑받고 있다. 포터의 묵직함이 부담스럽고 페일 에일보다는 로스팅된 몰트의 맛을 원하는 사람들에게 적합하다. 색깔도 옅은 갈색부터 흑색에 가까운 갈색까지 다양하다. 색깔의 차이는 지리적인 이유가 큰데, 색깔이 어두운 브라운 에일들은 잉글랜드 남부, 색깔이 옅은 브라운 에일들은 잉글랜드 북부 지방에서 생산된다. 홉보다는 몰트의 맛이 압도적이며 로스팅된 견과류, 과일, 또는 캐러멜 맛이 난다.

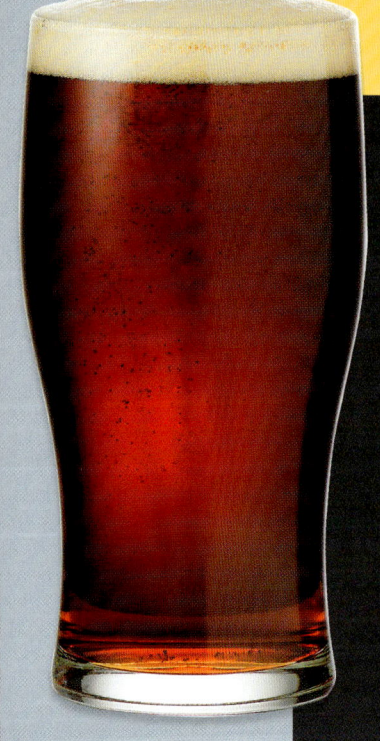

추천 맥주

↓ **너트 브라운 에일(Nut Brown Ale)** 새뮤얼 스미스(Samuel Smith's Old Brewery, 영국)
마호가니 빛을 띠는 호박색에 깊은 몰트 맛이 특징이다. 처음부터 피니시까지 드라이하며 끝에 살짝 과일 맛이 돈다.

↓ **뉴캐슬 브라운 에일(Newcastle Brown Ale)** 존 스미스(John Smith's, 영국)
'뉴키(Newkie)'라는 별칭까지 얻은 이 맥주는 영국 스타일 맥주 중 가장 인기가 많다. 전통 방식에 따라 양조되었고, 호박색이 도는 맥아즙과 그보다 어두운 갈색이 도는 맥아즙을 섞어 만든다.

↓ **터보도그(Turbodog)** 아비타(Abita Brewing Co., 미국)
짙은 갈색에 깊은 몰트의 맛을 느낄 수 있다. 달콤한 초콜릿과 토피의 향과 맛이 미디엄 바디와 잘 어울린다.

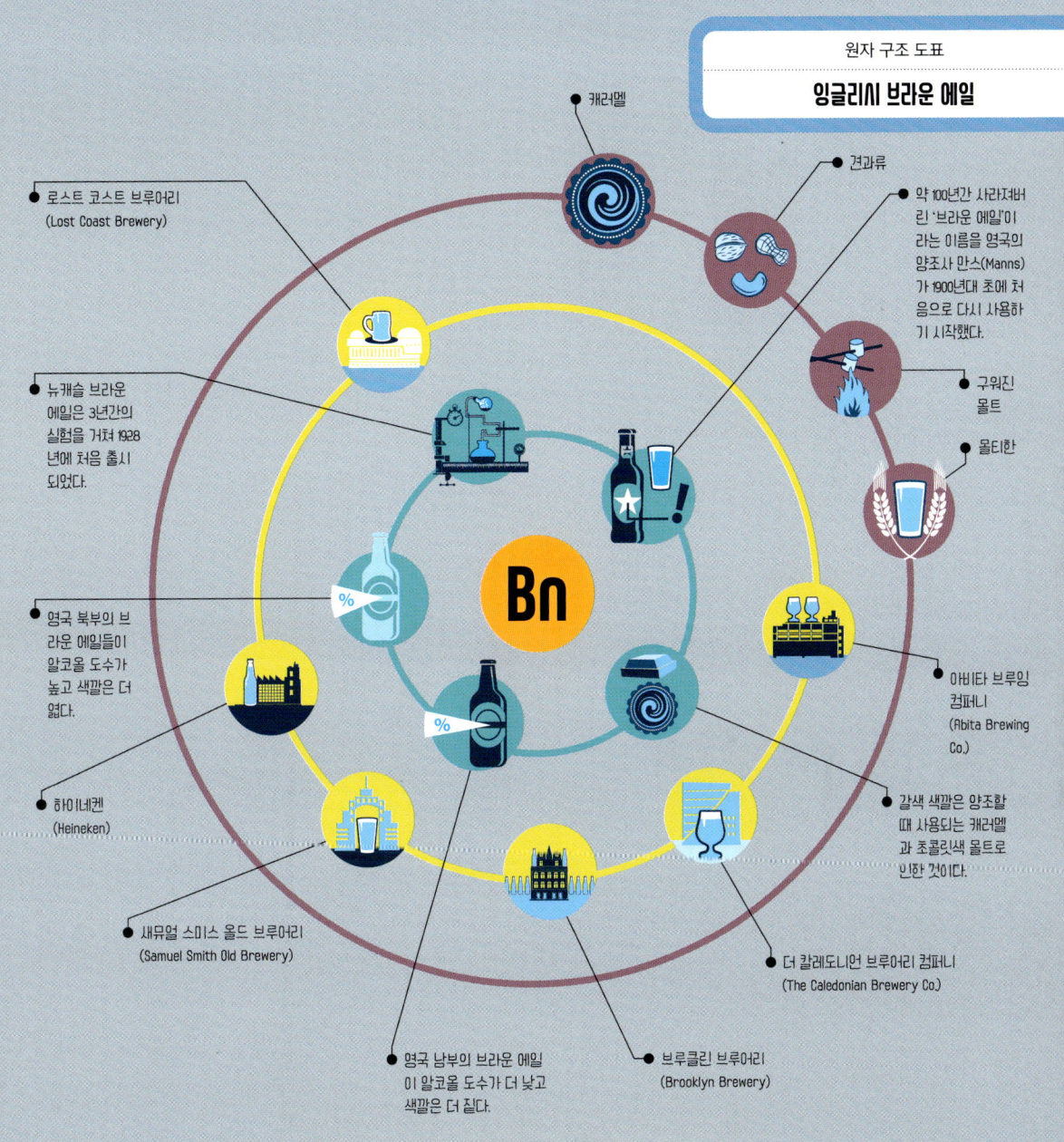

잉글리시 포터 English Porter

유래 **영국**
색 **20-30 SRM**
알코올 도수(ABV) **4-5.5%**
쓴맛(IBU) **18-40**
잔 **파인트, 노닉 파인트**

다채로운 매력을 지닌 스타일

이 스타일의 기원은 불분명하지만 런던의 운송 기사(Porter)들이 섞어 마시던 맥주에서 유래했다는 설이 가장 잘 알려져 있다. 스타우트보다는 바디감이 가볍지만, 이 경계마저도 애매하게 만드는 포터들도 있다. 엷은 적갈색부터 흑빛이 도는 깊은 갈색을 아우르며, 무게감이 꽤 있는 황백색 거품층을 가진다. 마실 때 부드러우며 드라이한 피니시를 위한 탄산감도 느껴진다. 몰트를 중심으로 토피, 초콜릿, 또는 커피 맛이 나며 의외로 낮은 알코올 도수로 인해 구운 고기 요리와 잘 어울리는 맥주 스타일이다.

추천 맥주

태디 포터(Taddy Porter) 새뮤얼 스미스(Samuel Smith's Old Brewery, 영국)
거의 흑색에 가까운 색깔을 띠며 캐러멜, 초콜릿, 과일 향이 어우러진 아로마를 뿜낸다. 과일 향은 혀에 톡 쏘는 맛으로 다가오고 드라이한 피니시를 가진다.

런던 포터(London Porter) 민타임(Meantime Brewing Co., 영국)
황갈색을 띠는 거품층이 적갈색 바디 위에 자리한다. 과일 향이 라이트하게 나고 적당하게 달콤한 맛에 비교적 드라이한 피니시를 가진다.

런던 포터(London Porter) 풀러즈(Fuller, Smith & Turner, 영국)
호박색이 도는 어두운 갈색에 홉과 몰트의 균형이 잘 잡힌 맥주이다. 복합적이고 다양한 맛을 내는 몰트를 홉의 쓴맛이 잘 마무리한다.

잉글리시 포터 55

원자 구조 도표
잉글리시 포터

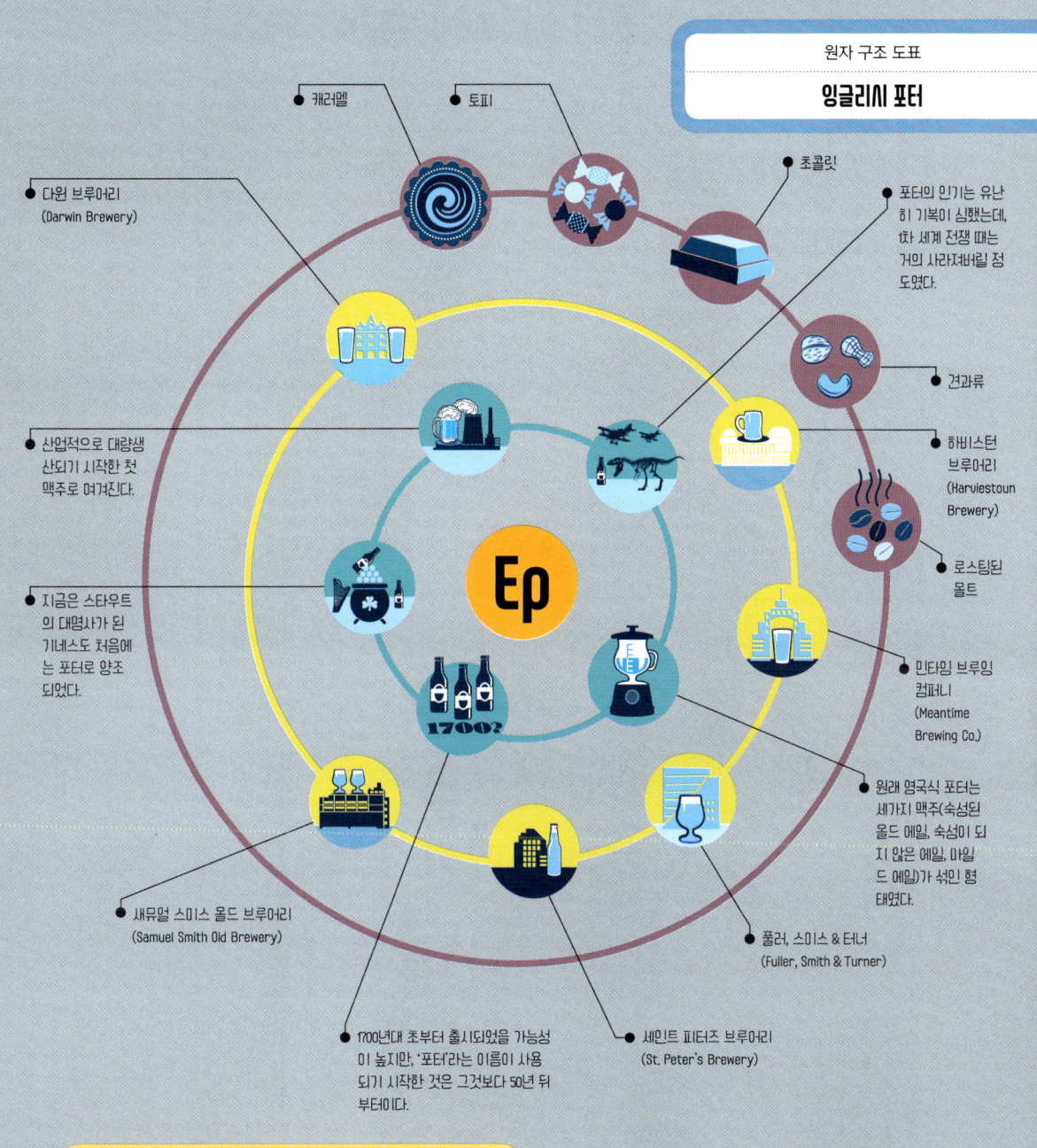

- 캐러멜
- 토피
- 초콜릿
- 다윈 브루어리 (Darwin Brewery)
- 포터의 인기는 유난히 기복이 심했는데, 1차 세계 대전 때는 거의 사라져버릴 정도였다.
- 견과류
- 산업적으로 대량생산되기 시작한 첫 맥주로 여겨진다.
- 하비스턴 브루어리 (Harviestoun Brewery)
- 로스팅된 몰트
- 지금은 스타우트의 대명사가 된 기네스도 처음에는 포터로 양조되었다.
- 민타임 브루잉 컴퍼니 (Meantime Brewing Co.)
- 원래 영국식 포터는 세 가지 맥주(숙성된 올드 에일, 숙성이 되지 않은 에일, 마일드 에일)가 섞인 형태였다.
- 새뮤얼 스미스 올드 브루어리 (Samuel Smith Old Brewery)
- 풀러, 스미스 & 터너 (Fuller, Smith & Turner)
- 1700년대 초부터 출시되었을 가능성이 높지만, '포터'라는 이름이 사용되기 시작한 것은 그것보다 50년 뒤부터이다.
- 세인트 피터즈 브루어리 (St. Peter's Brewery)

어울리는 음식

| 구이류 | 가벼운 초콜릿 디저트 | 햄버거 | 스테이크 | 소시지 |

발틱 포터 Baltic Porter

유래 영국
색 17-30 SRM
알코올 도수(ABV) 5.5-9.5%
쓴맛(IBU) 20-40
잔 파인트, 노닉 파인트, 머그

긴 여정에도 끄떡없다

원조는 영국이 맞지만, 맛과 풍미는 발틱 해에 위치한 스칸디나비아 국가들에서 완성되었다. 영국에서 북유럽 국가들로 맥주를 수출할 때, 긴 여정을 견딜 수 있는 맥주를 개발하는 게 우선이었다. 색깔과 바디감은 스타우트에 가깝고, 라거처럼 하면 발효되는 경우가 많다. 홉보다는 캐러멜, 초콜릿, 건포도, 당밀의 맛이 나는 몰트가 중심이 된다. 끝맛이 달콤해 식후 디저트로 마시기 적합하다. 흔히 볼 수 있는 스타일은 아니지만, 꼭 한번 마셔봐야 할 맥주임은 분명하다.

추천 맥주

포터(Porter) 시네브리코프(Sinebrychoff, 핀란드)
스칸디나비아 지역에서 가장 오래된 양조장에서 생산되는 이 맥주는 부드러움과 강렬함을 둘 다 지녔다. 흑설탕과 말린 과일 맛은 로스팅된 몰트 맛으로 마무리된다.

오코심 포터(Okocim Porter) 브로바 오코심(Browar Okocim, 폴란드)
불투명한 흑색에 견고한 얇은 갈색 거품층을 가진다. 부드럽고 약간 달콤하며 마지막에는 과일맛이 난다. 알코올 도수도 높은 편이다.

발티카 #6 포터(Baltika #6 Porter) 발티카(Baltika Breweries, 러시아)
영국 전통 양조 방식에 따라 양조되며 전세계적으로 인기가 높은 맥주이다. 로스팅이 많이 되고 달콤한 몰트와 초콜릿 맛이 깊게 난다.

발틱 포터 57

원자 구조 도표
발틱 포터

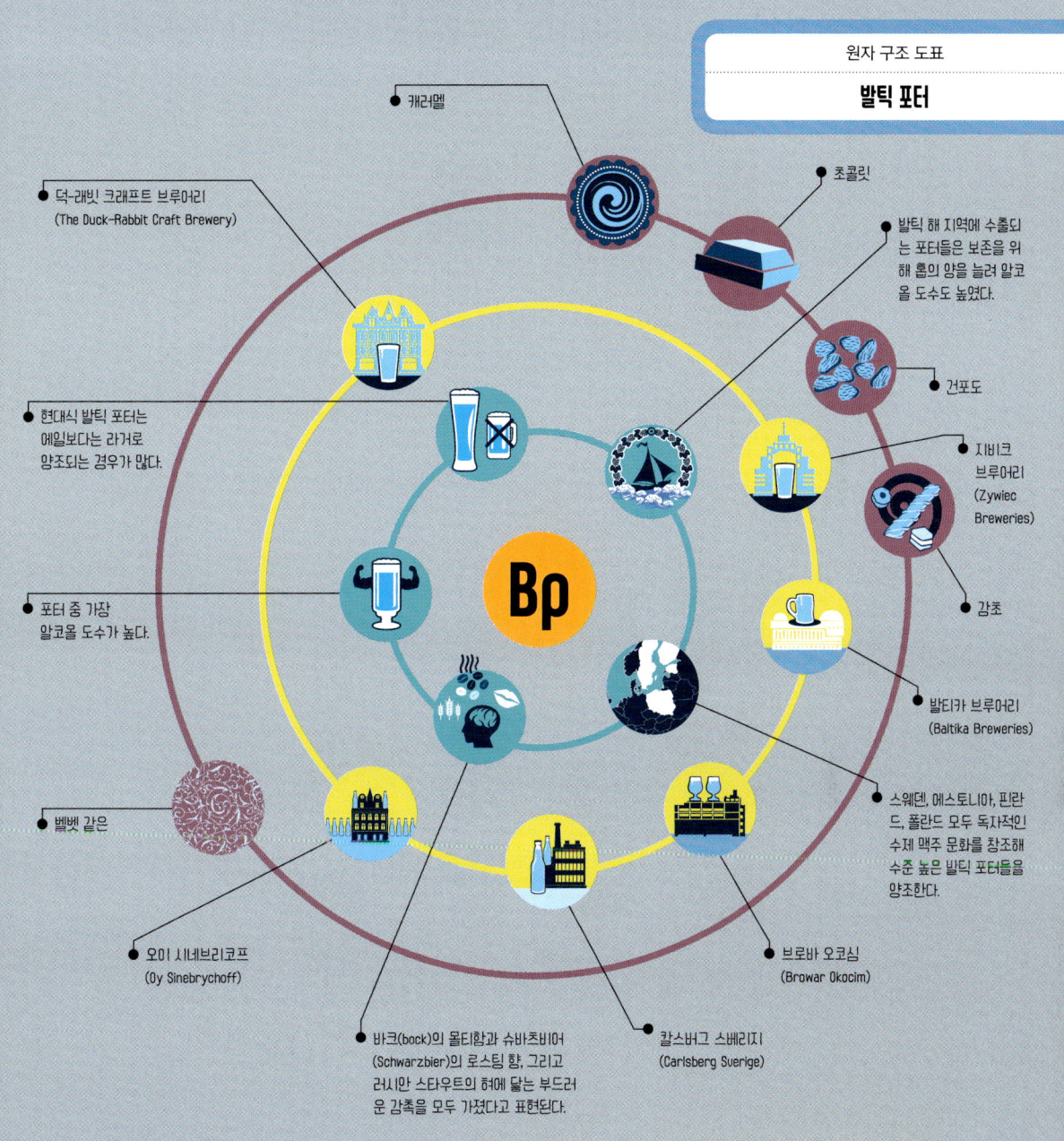

어울리는 음식

| 바베큐 | 초콜릿 케이크 | 구운 고기 |

아이리시 드라이 스타우트 Irish Dry Stout

유래 아일랜드
색 25-40+ SRM
알코올 도수(ABV) 4-5%
쓴맛(IBU) 30-45
잔 파인트, 노닉 파인트, 머그

보리를 직접 로스팅하다

아일랜드의 상징과도 같은 맥주 스타일. 한 나라와 이렇게 가깝게 연관된 맥주가 또 있을까? 드라이 스타우트라는 단어만 들어도 아일랜드의 펍과 기네스의 설립자, 아서 기네스의 이름을 떠올리는 사람들이 많을 것이다. 런던에서 양조되던 포터 스타일에서 영감을 받아 알코올 도수도 더 높고 바디감도 더 묵직한 맥주가 탄생했다. 가장 큰 차이점은 몰트를 로스팅하는 대신 보리를 직접 로스팅해 에스프레소 커피 같은 맛을 더욱 살렸다는 것이다. 색은 어두운 갈색부터 흑색까지 다양하고, 크림 같은 거품층을 가진다. 홉의 쌉싸름한 맛보다는 다크 초콜릿이나 커피에서 느낄 수 있는 쓴맛이 더 강하게 느껴진다. 캐스크나 질소 포장된 캔에서 서빙되면 맥주가 더욱 부드러워지는데, 의외로 산뜻하고 쉽게 마실 수 있는 맥주이다.

추천 맥주

드래프트 스타우트(Draught Stout) 기네스(Guinness & Co., 아일랜드)
전세계에서, 그리고 기네스에서, 가장 유명한 드라이 스타우트. 보송보송한 갈색 거품층은 시그니처에 가깝다. 첫 모금에서 쌉싸름한 에스프레소의 맛이 난다.

비미시 아이리스 스타우트(Beamish Irish Stout)
하이네켄(Heineken Brewery Ireland, 아일랜드)
가벼우면서 부드러운 스타우트로, 커피, 다크 초콜릿 맛을 중심으로 드라이하고 깔끔한 피니시를 자랑한다.

머피스 아이리시 스타우트(Murphy's Irish Stout)
하이네켄(Heineken Brewery Ireland, 아일랜드)
흑갈색 바디에 갈색 거품층이 생긴다. 이 스타일의 다른 맥주들에 비해 맛이 강하지 않다.

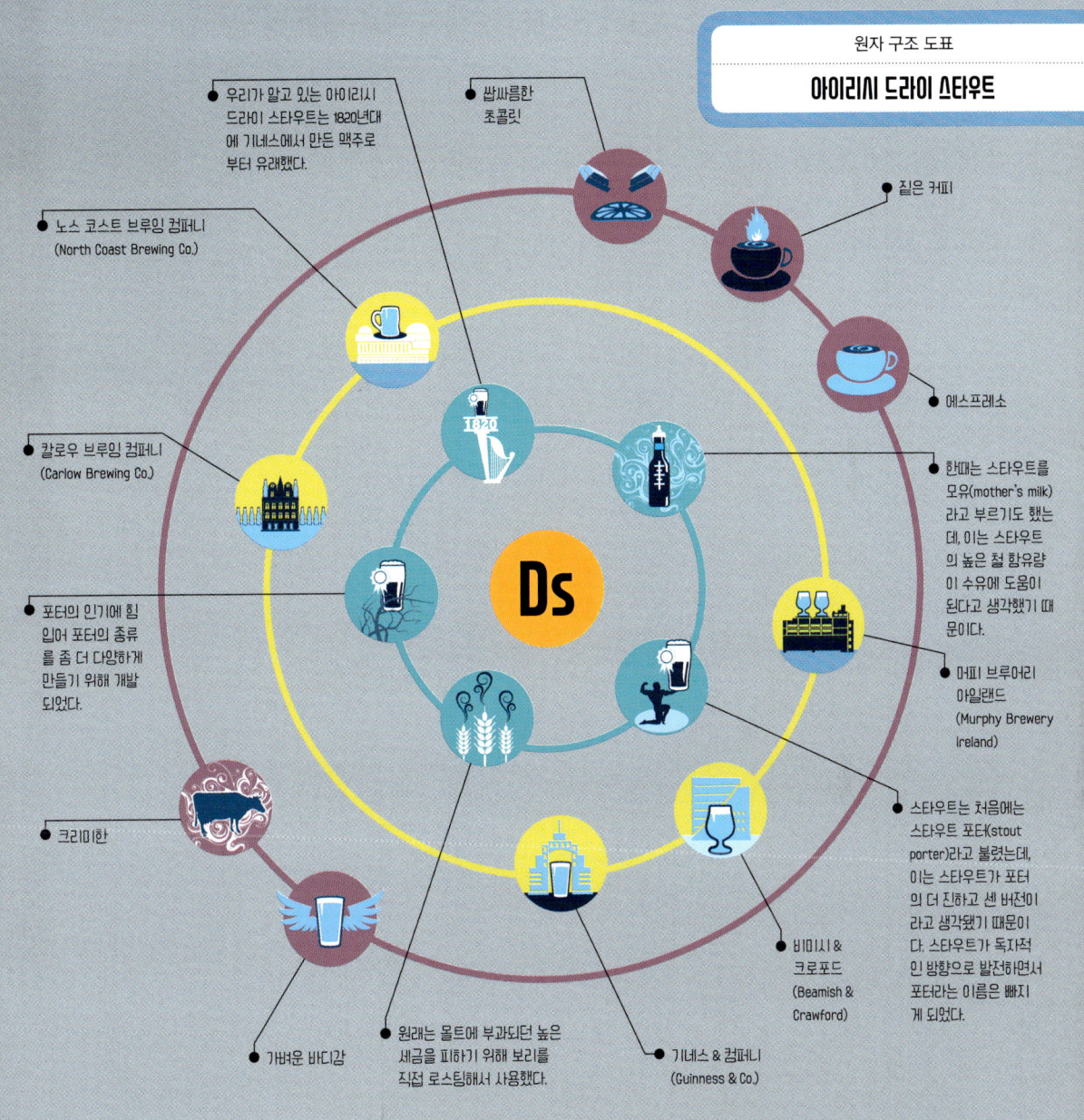

스위트 스타우트 Sweet Stout

유래 **영국**
색 **30-40+ SRM**
알코올 도수(ABV) **3-6%**
쓴맛(IBU) **15-40**
잔 **파인트, 노닉 파인트, 머그, 스니프터**

마음에 위안을 주는 스타일

맥주가 건강에 미치는 영향, 그것도 좋은 영향을 미친다고 광고한다면 믿을 수 있을까? 얼마 전까지만 해도 스위트 스타우트는 대중들의 영양가 넘치는(?) 선택으로 홍보되었다. 원래 알코올 도수가 높은 러시안 임페리얼 스타우트의 대안으로 나왔지만, 요새는 독자적인 스타일로 구분된다. 어두운 흑색을 띠고 묵직하고 매끄럽게 따라진다. 색만 보면 흑맥주라 거부감을 가질 수도 있지만, 초콜릿, 바닐라, 말린 과일 또는 커피 같은 달콤한 향의 아로마는 마음을 녹일 것이고, 한 모금 마신 뒤에는 생각이 바뀔 것이다. 묵직한 만큼 조금씩 마셔야 하는 맥주이지만, 알코올 도수가 비교적 낮은 만큼 부담없이 마시기 좋다. 유당을 더해 드라이한 목넘김을 좀 더 부드럽게 하는 경우도 있다. 몸 건강에는 어떨지 모르겠지만, 정신 건강에는 분명 이로운 맥주!

추천 맥주

크림 스타우트(Cream Stout) 세인트 피터즈(St. Peter's Brewery Co., 영국)
쓰고 약간 탄 에스프레소와 다크 초콜릿 맛이 난다. 입안에서 부드러우며 끝맛은 비교적 쓴 편이다.

밀크 스타우트(Milk Stout) 레프트 핸드(Left Hand Brewing Co., 미국)
짙은 흑색이며 벨벳 같은 부드러움을 자랑한다. 바닐라와 초콜릿 맛이 디저트 맥주로 제격이다.

영스 더블 초콜릿 스타우트(Young's Double Chocolate Stout)
웰스 & 영스(Wells & Young, 영국)
이 맥주의 분류에 대해서는 의견이 분분하지만, 크림, 쌉싸름한 초콜릿, 커피가 섞인 복합적인 맛이 인상적인 맥주라는 것은 분명하다.

스위트 스타우트 61

원자 구조 도표
스위트 스타우트

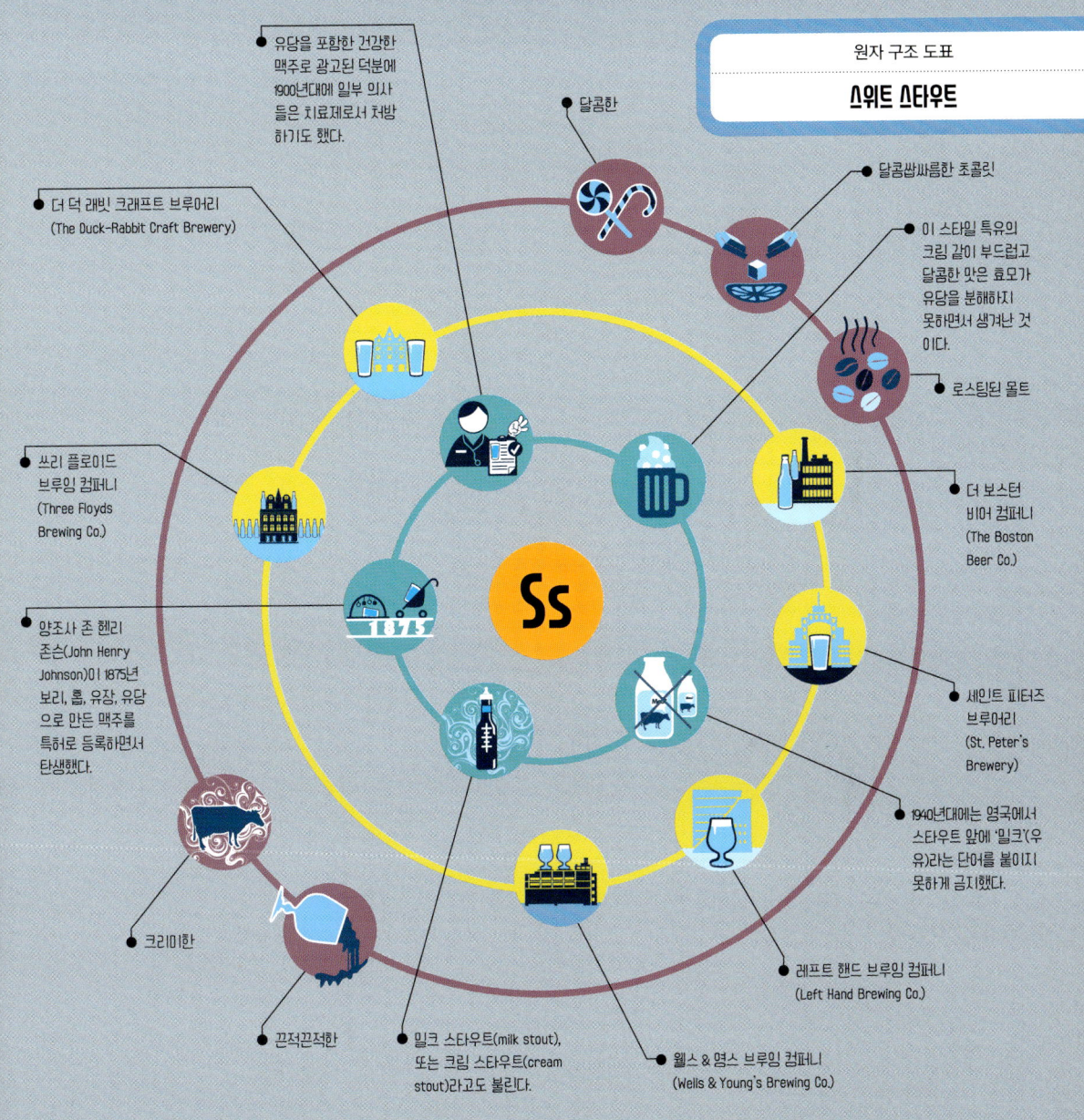

어울리는 음식

| 갈비 | 멕시칸 음식 | 아이스크림 | 초콜릿 |

오트밀 스타우트 Oatmeal Stout

유래 영국
색 22-40+ SRM
알코올 도수(ABV) 3.8-6%
쓴맛(IBU) 20-40
잔 파인트, 노닉 파인트, 머그

오트밀로 부드러움을 더하다

서양에서는 아침식사로 오트밀을 선호하는 경우가 많다. 아침 식사 대용으로만 여겨지던 오트를 스타우트 맥주에 더하면? 양조를 할 때 가끔 가장 뜻밖의 재료들이 맥주 맛을 좌우하게 되는 경우들이 있다. 스타우트에 오트를 더한 게 대표적인 예인데, 이 단순한 재료를 더함으로서 훨씬 부드러운 느낌을 살리고 복합적인 맛을 낸다. 다른 흑맥주들에 비해 로스팅은 절제되고 드라이한 느낌은 좀 더 달콤하게 변했다. 다크 초콜릿, 과일, 또는 견과류의 맛이 나기도 하지만, 역시 일품은 부드러운 목넘김. 디저트와 함께 하기 좋은 맥주다.

추천 맥주

오트밀 스타우트(Oatmeal Stout) 새뮤얼 스미스(Samuel Smith's Old Brewery, 영국)
1980년대에 이 맥주 스타일에 새로운 바람을 일으켰다. 살짝 붉은빛이 도는 흑색에 부드럽고, 맛은 쌉싸름한 초콜릿과 드라이한 피니시를 가진다.

오트밀 스타우트(Oatmeal Stout) 웰스 & 영스(Wells & Young's, 영국)
짙은 갈색이며 홉 본연의 맛과 다크 초콜릿 맛을 잘 조화시킨 맥주이다. 목넘김이 부드러우며 드라이한 피니시를 가진다.

셰익스피어 오트밀 스타우트(Shakespeare Oatmeal Stout)
로그(Rogue Ales & Spirits, 미국)
크림 같은 거품층에 짙은 갈색 바디를 가졌다. 목넘김이 부드러우며 초콜릿과 로스팅된 몰트 맛에 시트러스가 끝에 살짝 느껴진다.

오트밀 스타우트 63

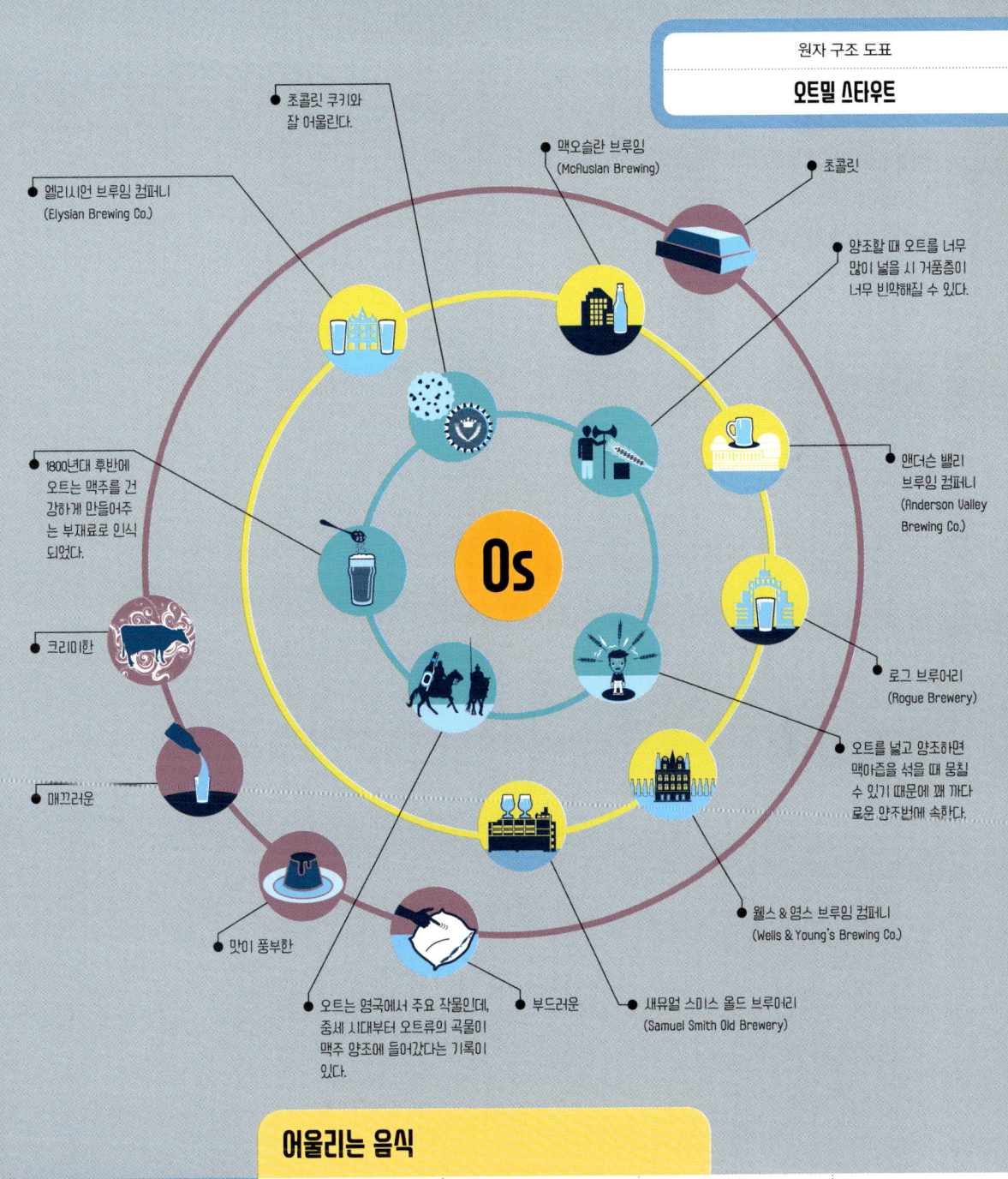

원자 구조 도표

오트밀 스타우트

어울리는 음식

초콜릿 디저트   아이스크림   과일 디저트   치즈케이크

엑스트라 스타우트 Foreign/Extra Stout

유래 아일랜드
색 30-40+ SRM
알코올 도수(ABV) 5.5-8%
쓴맛(IBU) 30-70
잔 파인트, 노닉 파인트, 스니프터

세계로 나아간 스타일

원래 영국 식민지 중 열대 기후인 곳들에 공급하기 위해 알코올 도수와 홉의 양 모두를 높이면서 탄생했다. 먼 곳에 있는 맥주 애호가들을 위해 시작된 맥주 스타일인 셈이다. 같은 스타일 내에서도 각양각색의 맛이 존재하지만, 달콤하면서 쌉싸름한 로스팅에 커피 또는 다크 초콜릿 맛이 나고, 홉 맛은 거의 안 나는 것이 기본적인 특징이라고 할 수 있다. 이를 기반으로 어떤 맥주는 럼주의 달고 과일 향이 도는 맛과 비슷하며, 어떤 맥주는 로스팅된 몰트의 쓰고 드라이한 맛을 중심으로 한다.

추천 맥주

기네스 엑스트라 스타우트(Guinness Foreign Extra Stout) 기네스(Guinness & Co., 아일랜드)
짙은 흑색을 띠고 어울리는 황갈색 거품층을 가진다. 바디감이 중후한 로스팅에 과일, 캐러멜, 다크 초콜릿의 맛이 겹겹이 느껴진다.

라이언 스타우트(Lion Stout) 라이언 브루어리(Lion Brewery Ceylon, 스리랑카)
달콤한 몰트에 과일, 캐러멜, 초콜릿이 어우러진 복합적인 맛이 난다. 목넘김이 부드러우며 마지막에 쌉싸름한 초콜릿 향으로 마무리된다.

베스트 엑스트라 스타우트(Best Extra Stout) 쿠퍼스(Coopers Brewery, 호주)
부담없이 마실 수 있고 풍부한 바디감을 자랑한다. 로스팅된 몰트가 코와 혀에 모두 강하게 느껴지며, 커피, 바닐라, 그리고 홉의 쓴맛도 같이 느낄 수 있다.

엑스트라 스타우트   65

원자 구조 도표
엑스트라 스타우트

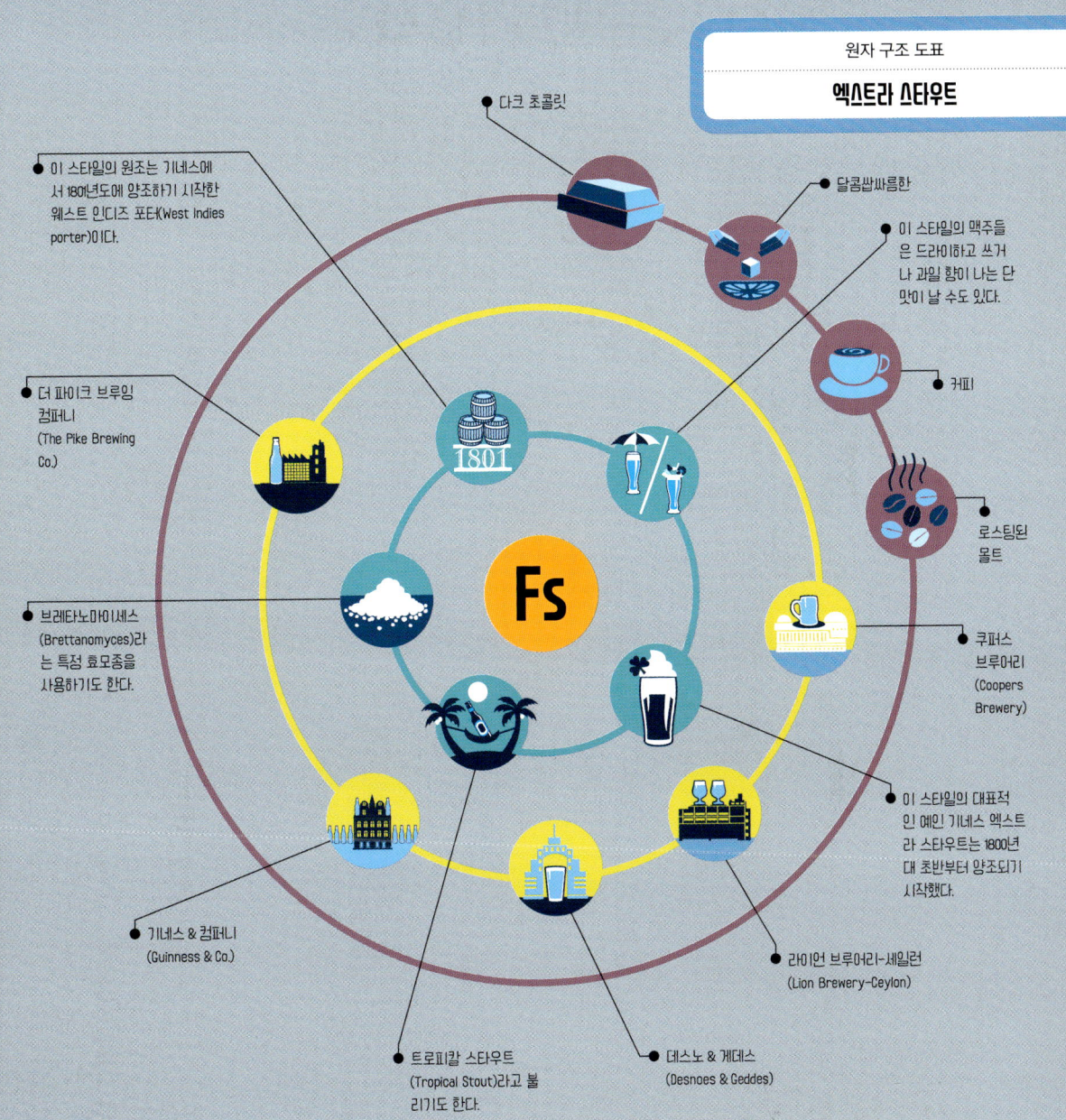

- 다크 초콜릿
- 이 스타일의 원조는 기네스에서 1801년도에 양조하기 시작한 웨스트 인디즈 포터(West Indies porter)이다.
- 달콤쌉싸름한
- 이 스타일의 맥주들은 드라이하고 쓰거나 과일 향이 나는 단맛이 날 수도 있다.
- 커피
- 더 파이크 브루잉 컴퍼니 (The Pike Brewing Co.)
- 로스팅된 몰트
- 브레타노마이세스 (Brettanomyces)라는 특정 효모종을 사용하기도 한다.
- 쿠퍼스 브루어리 (Coopers Brewery)
- 이 스타일의 대표적인 예인 기네스 엑스트라 스타우트는 1800년대 초반부터 양조되기 시작했다.
- 기네스 & 컴퍼니 (Guinness & Co.)
- 라이언 브루어리-세일런 (Lion Brewery-Ceylon)
- 트로피칼 스타우트 (Tropical Stout)라고 불리기도 한다.
- 데스노 & 게데스 (Desnoes & Geddes)

어울리는 음식

| 굴 | 다크 초콜릿 | 굽거나 훈제한 고기 |

유래 **영국**
색 **30-40+ SRM**
알코올 도수(ABV) **7-13%**
쓴맛(IBU) **50-90**
잔 **스니프터**

임페리얼 러시안 스타우트 Imperial Russian Stout

맥주계의 지존

영국에서 유래했지만 1700년대의 러시안 차르(황제)들이 이 스타일의 달콤한 맛을 사랑해 붙여진 이름. 높은 알코올 도수부터 이를 잘 감싸는 달콤한 맛까지, 이 맥주 스타일은 가히 맥주계의 지존이라고 할 수 있다. 양조사들은 몰트의 종류부터 로스팅 정도를 통해 자신만의 특별한 레시피로 맥주를 생산할 수 있다. 불투명한 흑색을 띠고, 첫 모금부터 끈적끈적하다 싶을 정도의 느낌을 받을 수 있다. 바닐라, 다크 초콜릿, 또는 커피 맛이 진하게 나고, 이를 충분한 몰트의 양이 잘 받쳐준다.

추천 맥주

커리지 임페리얼 러시안 스타우트(Courage Imperial Russian Stout)
웰스 & 영스(Wells & Young's, 영국)
러시아의 유명한 여제 예카테리나 2세를 위해 수출되던 맥주를 웰스 & 영스에서 20여년부터 다시 제작하기 시작했다. 부드러운 목넘김과 에스프레소, 과일, 다크 초콜릿 맛으로 마무리된다.

르코크 임페리얼 엑스트라 더블 스타우트(Le Coq Imperial Extra Double Stout)
하비즈(Harvey's Brewery, 영국)
홉과 몰트의 조화가 인상적이며 과일맛이 나는 것이 특징이다.

올드 라스푸틴 러시안 임페리얼 스타우트(Old Rasputin Russian Imperial Stout)
노스 코스트(North Coast Brewing Co., 미국)
이 스타일을 사랑하는 많은 사람들의 기본 맥주가 된 유명한 맥주.

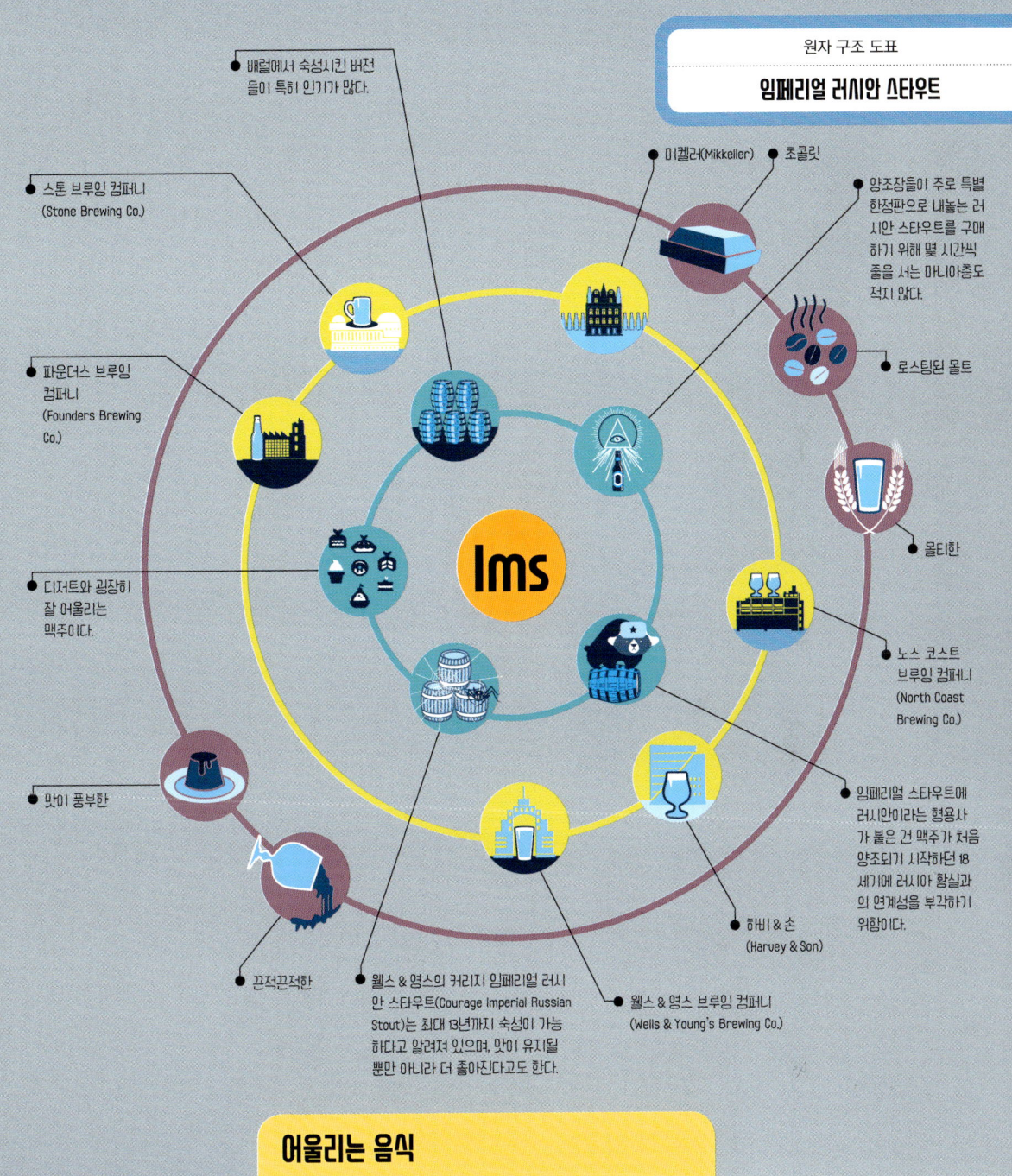

유럽에서 유래한
에일 스타일

유럽에서 유래한 에일 스타일

영국과 아일랜드를 제외하면 나머지 유럽 맥주들은 거의 독일과 벨기에에서 유래된 것이라고 봐도 무방하다. 역사적으로 유럽의 맥주 시장을 선도하는 두 나라지만 맥주 스타일에서만큼은 닮은 구석이 하나도 없다. 벨기에 맥주가 효모로 실험적이고 복합적인 맛을 추구해서 엄격한 분류를 하지 않는다면, 독일은 맥주 순수령(Reinheitsgebot)에 기반한 기본적인 재료만을 이용해 전통적인 양조 방식으로 가장 맥주다운 맥주를 만들어낸다.

벨기에는 오랜 역사 동안 맥주와 양조 문화를 발전시켜왔고, 실험적이면서 완벽한 맥주 맛을 구현하는데 누구보다 오랜 경험을 가지고 있다. 많은 벨기에 맥주들이 그에 맞는 잔이 따로 있고, 맥주를 서빙하는 카페들이 맥주와 잔의 페어링을 엄격하게 지키는 편이다. 예술가의 경지에 이른 벨기에 양조사들은 창의성과 완벽을 기하는데, 이 때문에 벨기에 맥주를 사랑하는 사람들이 그렇게 많을 것이다.

벨기에 맥주는 효모로 다양한 맛을 구현한다. 다른 나라에서 확 띄는 맛을 추구할 때 벨기에 맥주들은 복합적이면서 어느 한 가지 맛이 너무 강하지 않다. 아로마부터 첫 모금과 끝맛까지 레시피를 면밀히 만들어 섬세한 맛과 향을 낸다. 마실 때는 잘 느끼지 못하지만 높은 알코올 도수를 가진 맥주들도 많다. 음식과 페어링하면 더욱 더 즐거운 경험을 할 수 있다.

수도원에서 양조되는 맥주들을 트라피스트 에일이라고 부르는데, 수도원에 거주하는 수도사들이 직접 양조한다. 법적으로 '트라피스트(Trappist)'라는 이름을 달고 맥주를 판매할 수 있는 수도원은 전세계적으로 아헬(Achel), 쉬메이(Chimay), 라 트라페(La Trappe), 오르발(Orval), 로흐포트(Rochefort), 베스트말러(Westmalle), 베스트블레테른(Westvleteren), 그리고 스티프트 엥겔셀(Stift Engelszell) 8곳에 불과하다. 모두 높은 평가를 받는 양조장들이고, 각자 특유의 스타일의 맥주들을 생산하는 곳이다. 다른 양조장에서도 트라피스트라는 이름은 달지 못하지만 에비 에일(abbey ale)이라는 이름으로 비슷한 맥주들을 생산한다.

세계에서 가장 오래된 맥주 역사와 전통을 가지고 있는 독일에서는 각 스타일의 정통이라고 불리는 맥주들을 생산한다. 요새는 옅은 색의 라거들이 독일 맥주 생산량의 대부분을 차지하지만, 16세기까지만 하더라도 에일만 생산했었다.

독일어로 바이스비어(Weissbier)라고 불리는 밀 맥주는 독일식 에일의 주축을 이룬다. 가볍고 약간 시큼한 맛의 베를리너 바이스(Berliner Weisse)부터 풍미가 깊고 속을 따뜻하게 하는 바이젠바크(Weizenbock) 모두 밀 맥주이다. 이처럼 밀을 사용한다는 공통점을 제외하면 맛은 천차만별이다.

라거도 에일도 아닌 스타일로는 쾰시(Kölsch)와 알트비어(Altbier)가 있는데, 둘 다 에일 같이 따뜻한 발효를 거치지만 라거처럼 차가운 온도에서 숙성한다. 유래한 도시와 깊은 연관이 있는데, 쾰시는 독일의 쾰른(Köln)에서, 알트비어는 뒤셀도르프(Düsseldorf)에서 탄생한 스타일들이다.

위트비어 Witbier

유래 **벨기에**
색 **2-4 SRM**
알코올 도수(ABV) **4.5-5.5%**
쓴맛(IBU) **10-20**
잔 **파인트, 머그**

희고 깔끔한 스타일

1905년대까지 큰 인기를 얻지 못했지만 이제는 전세계적으로 즐겨마시는 맥주 스타일로 발전했다. 프랑스에서는 "비에르 블랑쉐(bière blanche)", 일본에서는 "화이트 에일(white ale)"로 불리는 이 스타일은 공통적으로 백색에 가까울 정도로 옅은 맥주 색깔을 표현한 것이다. 매우 옅은 노란색 바디 위에 상당한 거품층이 하얀색으로 위에 깔린다. 효모 향과 레몬 향 같이 향신료나 시트러스한 향이 나며, 목넘김이 부드럽다. 깔끔하면서 강한 풍미를 가졌고 드라이한 피니시를 자랑한다. 예상외의 향과 맛의 조합이 인상적인 맥주다.

추천 맥주

위트(Wit) 호가든(Hoegaarden, 벨기에)
유명 양조사 피에르 셀리스(Pierre Celis)에 의해 1966년에 위트비어 스타일을 재조명하며 만든 맥주다.

앨라개시 화이트(Allagash White) 앨라개시(Allagash Brewing Co., 미국)
고수와 쓴맛으로 유명한 큐라소 오렌지를 넣어 양조했다.

블랑시 드 챔블리(Blanche de Chambly) 유니브로우(Unibroue, 캐나다)
북아메리카에서 처음으로 시도한 위트비어의 선구자로, 전통 벨기에식 양조 방식을 따라 양조했다.

위트비어 73

원자 구조 도표
위트비어

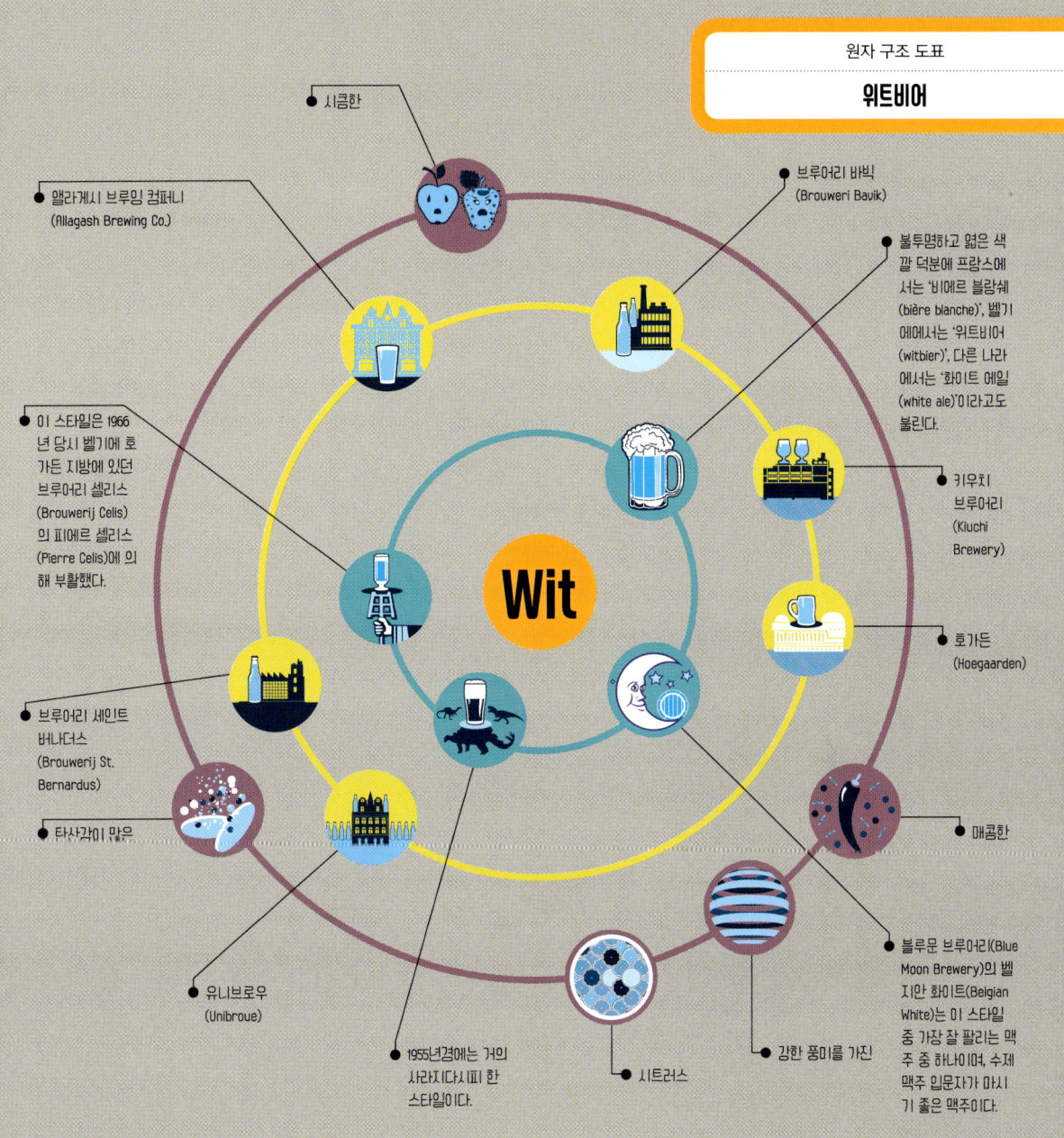

- 시큼한
- 앨라게시 브루잉 컴퍼니 (Allagash Brewing Co.)
- 브루어리 바빅 (Brouweri Bavik)
- 불투명하고 옅은 색깔 덕분에 프랑스에서는 '비에르 블랑쉐(bière blanche)', 벨기에에서는 '위트비어(witbier)', 다른 나라에서는 '화이트 에일(white ale)'이라고도 불린다.
- 이 스타일은 1966년 당시 벨기에 호가든 지방에 있던 브루어리 셀리스(Brouwerij Celis)의 피에르 셀리스(Pierre Celis)에 의해 부활했다.
- 키우치 브루어리 (Kiuchi Brewery)
- 호가든 (Hoegaarden)
- 브루어리 세인트 버나더스 (Brouwerij St. Bernardus)
- 탄산감이 많은
- 매콤한
- 유니브로우 (Unibroue)
- 1955년경에는 거의 사라지다시피 한 스타일이다.
- 시트러스
- 강한 풍미를 가진
- 블루문 브루어리(Blue Moon Brewery)의 벨지안 화이트(Belgian White)는 이 스타일 중 가장 잘 팔리는 맥주 중 하나이며, 수제 맥주 입문자가 마시기 좋은 맥주이다.

어울리는 음식

연어	가금류(닭, 칠면조, 오리 등)	염소 치즈	애플 파이

고즈 Gose

유래 **독일**
색 **2-4 SRM**
알코올 도수(ABV) **4.5-5.5%**
쓴맛(IBU) **4-9**
잔 **스태인지**

독자적인 맛을 구현하다

세계 어디에도 고즈와 비슷한 맛을 내는 맥주는 없을 것이다. 홉을 가득 넣어 혀를 얼얼하게 만드는 맥주도 있고, 기름과 같이 끈적끈적하고 달콤한 스타우트들이 있으며, 미각을 자극시키기에 충분한 사우어 맥주들도 있다. 고즈는 이 세가지 모두에 해당하지 않는 특별한 맥주다. 청사과나 바나나 향을 주축으로 고수 향이 나기도 한다. 맛은 분명 사우어와 비슷하다고 느끼는 사람들도 많지만, 사우어만큼 시지는 않고, 비교적 가볍고 드라이한 피니시를 가진다. 이것은 고즈를 양조할 때 소금이 들어가기 때문인데, 소금을 더하는 것은 맛보다는 바디감에 영향을 준다.

추천 맥주

라이프지거 고즈(Leipziger Gose)
바이에이셰르 반호프(Bayerischer Bahnhof, 독일)
고즈를 대표하는 정석적인 맥주다. 복합적인 과일맛의 조합이 느껴지고 드라이한 피니시에 소금기가 살짝 느껴진다.

벨로렌(Verloren) 보스턴 비어 컴퍼니(Boston Beer Company, 미국)
불투명한 금색으로 따라지는 이 맥주는 고수와 과일 향이 강하게 난다. 맛은 향과 같은 맥락으로 과일맛과 약간의 짠 맛으로 이어진다.

고즈(Gose) 업라이트(Upright Brewing Company, 미국)
부드러운 바디감에 드라이한 피니시를 자랑한다. 부담스럽지 않은 신맛과 레몬 향이 인상적이다. 전통적인 고즈 양조 방식을 따라 만든 맥주다.

고즈 75

원자 구조 도표
고즈

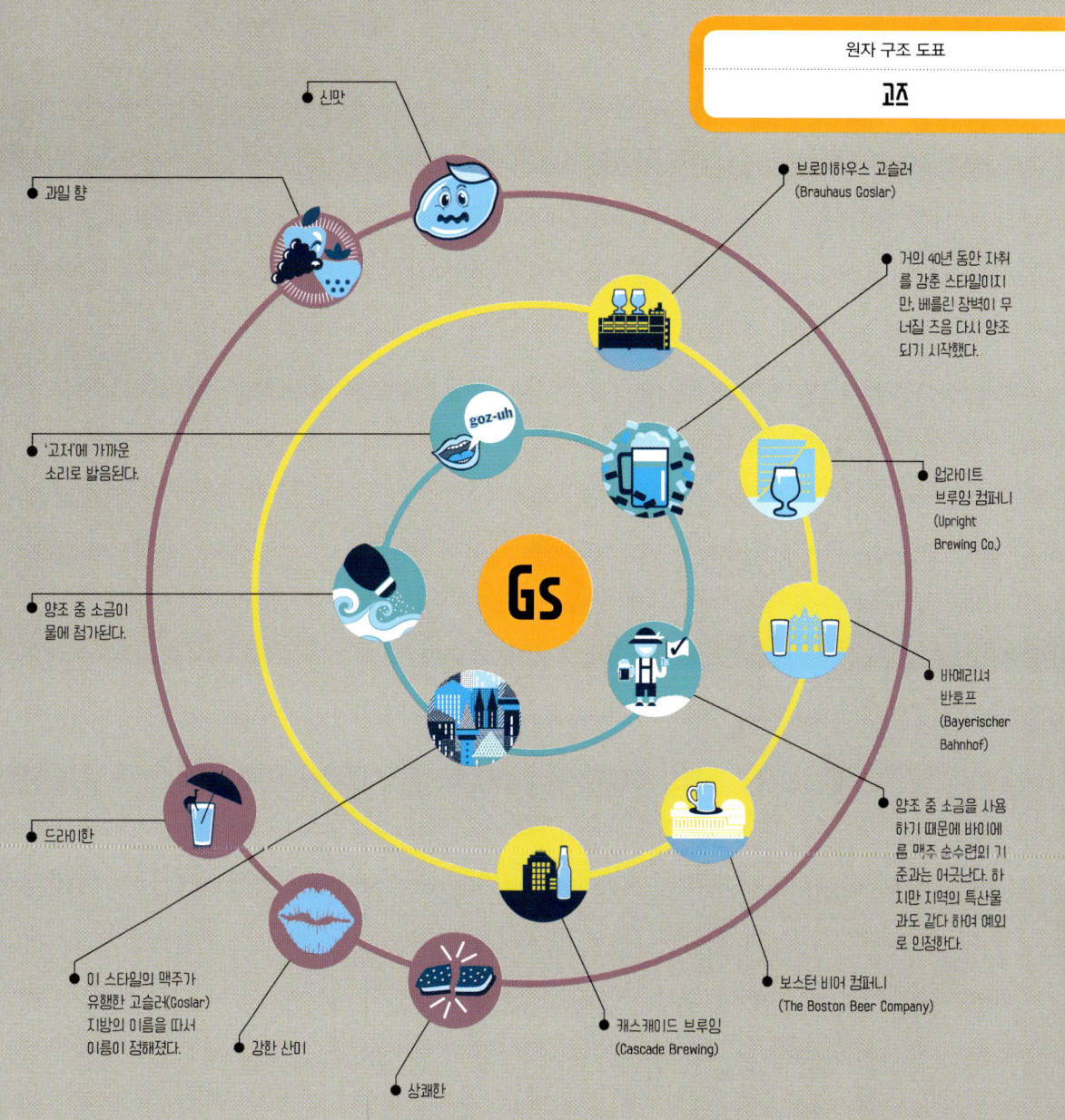

- 신맛
- 과일 향
- 브로이하우스 고슬러 (Brauhaus Goslar)
- 거의 40년 동안 자취를 감춘 스타일이지만, 베를린 장벽이 무너질 즈음 다시 양조되기 시작했다.
- '고저'에 가까운 소리로 발음된다.
- 업라이트 브루잉 컴퍼니 (Upright Brewing Co.)
- 양조 중 소금이 물에 첨가된다.
- 바예리셔 반호프 (Bayerischer Bahnhof)
- 양조 중 소금을 사용하기 때문에 바이에른 맥주 순수령의 기준과는 어긋난다. 하지만 지역의 특산물과도 같다 하여 예외로 인정한다.
- 드라이한
- 보스턴 비어 컴퍼니 (The Boston Beer Company)
- 이 스타일의 맥주가 유행한 고슬러(Goslar) 지방의 이름을 따서 이름이 정해졌다.
- 캐스케이드 브루잉 (Cascade Brewing)
- 강한 산미
- 상쾌한

어울리는 음식

| 가벼운 태국 음식 | 향이 강한 해산물 | 연어 샐러드 |

베를리너 바이스 Berliner Weisse

유래 **베를린, 독일**
색 **2-4 SRM**
알코올 도수(ABV) **2.5-3.5%**
쓴맛(IBU) **3-8**
잔 **샬리스**

샴페인처럼 톡 쏘는 스타일

나폴레옹은 이 맥주 스타일은 맥주계의 샴페인이라고 일컫었다. 샴페인 같이 탄산감이 강하고 산뜻하면서 혀를 자극하는 맛이 축하할 일이 있을 때 마시기 좋은 스타일이다. 색깔은 불투명하고 백색의 거품층이 위에 가볍게 올라간다. 효모의 향기가 두드러지는 것이 특징이다. 맥주의 맛이 얼마나 다양해질 수 있는지 확실히 보여주는 맥주라 할 수 있는데, 시다 싶을 정도로 과일맛이 많이 나서 칵테일 같기도 하다. 스타일 특유의 과일맛은 양조 후 더해지는 과일 시럽 때문인데, 양조 후에 첨가될 수 있는 몇 안 되는 부재료이다. 산딸기나 허브 향이 나는 과일 시럽이 가장 자주 쓰인다.

추천 맥주

베를리너 스타일 바이스(Berliner Style Weisse)
바이에르이셰르 반호프(Bayerischer Bahnhof, 독일)
다른 베를리너 바이스에 비해 맛이 톡 쏘지 않는 편이다. 신맛이 부담스러운 사람들한테 추천한다.

1809 베를리너 바이스(1809 Berliner Weisse)
닥터 프리츠 브리엠(Dr. Fritz Briem, 독일)
한때 없어질 뻔한 스타일을 재탄생시킨 맥주이다.

베를리너 킨들 바이스(Berliner Kindl Weisse)
베를리너-킨들-슐트하이스-브라우러이(Berliner-Kindl-Schultheiss-Brauerei, 독일)
이 스타일 중에서도 신맛이 강한 편이다.

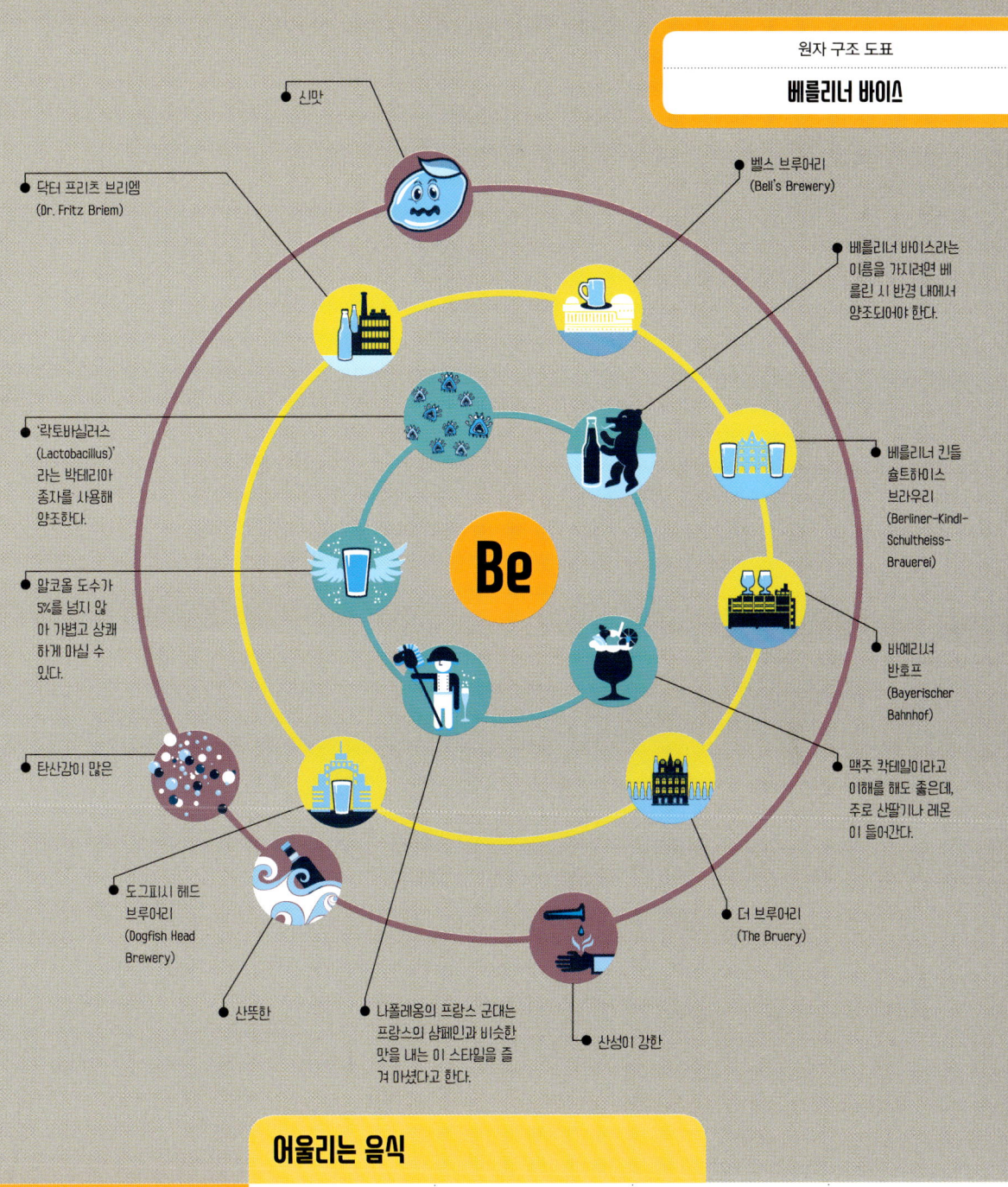

쾰시 Kölsch

유래 독일
색 3.5-5 SRM
알코올 도수(ABV) 4.4-5.2%
쓴맛(IBU) 20-30
잔 스테인지

라거 같은 에일

독일의 쾰른 지방에서 유래해 쾰시라고 이름 지어졌다. 에일이지만 라거의 청량감과 깨끗한 맛은 그대로이다. 상면발효지만 낮은 온도에서 보관된다. 사촌 격인 알트비어(Altbier)에서 유래한 걸로 알려져 있으며, 1918년부터 양조되기 시작한 스타일이니 역사는 짧은 편이다. 엷은 금색 바디에 부드러운 몰트를 기반으로 과일과 홉, 곡물의 맛이 약하게 난다. 워낙 가벼운 맛의 맥주라 양조 중 조금의 실수도 맛에서 바로 느낄 수 있다.

추천 맥주

라이스도프 쾰시(Reissdorf Kölsch)
하인리히 라이스도프(Privat-Brauerei Heinrich Reissdorf, 독일)
몰트 향에 과일 향과 시트러스 향이 섞였다. 탄산감이 비교적 강하지 않으며 청량감이 좋다.

쉬너 쾰시(Sünner Kölsch) 쉬너(Sunner Brauerei und Brennerei, 독일)
쾰시라는 이름을 처음 지은 양조장에서 만드는 쾰시이다. 빵과 사과 향이 먼저 느껴지며 플로럴 홉이 깔끔한 바디감을 완성한다.

가펠 쾰시(Gaffel Kölsch) 가펠 베커(Privatbrauerei Gaffel Becker, 독일)
특유의 달콤한 몰트와 후추 향이 인상적이다. 깨끗한 목넘김에 과일 맛이 아주 약간 느껴진다. 매우 가벼운 맛이다.

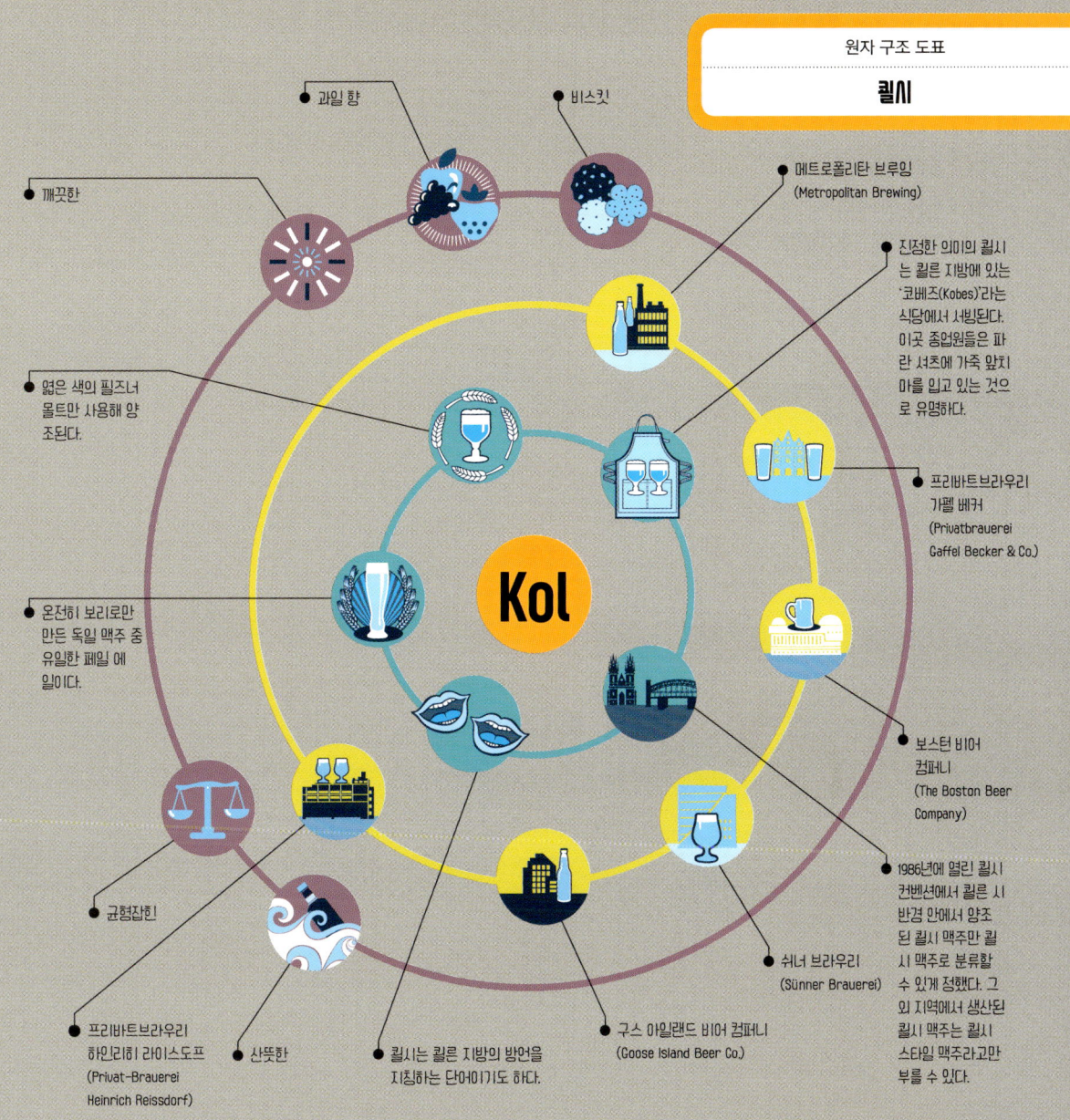

벨기에 스트롱 페일 에일 Belgian Strong Pale Ale

유래 **벨기에**
색 **3.5–5.5 SRM**
알코올 도수(ABV) **7–9%**
쓴맛(IBU) **25–45**
잔 **튤립, 스니프터, 큰 와인잔**

악마의 맥주

밝은 색에서 짐작되는 맛보다 복합적인 맛으로 맥주계의 악동이라 불리는 스타일이다. 그런 명성에 걸맞게 맥주의 이름들도 악마(duvel, 벨기에어로 악마라는 뜻), 지옥(damnation), 타락천사(Lucifer) 같은 단어가 들어가는 경우가 있다. '스트롱 골든(strong golden)', 또는 '스트롱 블론드(strong blonde)'이라고 불린다. 알코올 도수가 높지만 산뜻하고 가벼운 페일 에일이다. 벨기에의 듀벨 무트가트가 만든 맥주에서 유래한 이 스타일은 엷은 노란색을 띠고 마실 때 잔 옆에 하얀 거품 레이스가 많이 남는 것이 특징이다. 과일과 향신료 맛이 어울려 복합적인 맛을 내 높은 알코올 도수에도 불구하고 가볍게 즐길 수 있는 맥주다.

추천 맥주

듀벨(Duvel) 듀벨 무트가트(Brouwerij Duvel Moortgat, 벨기에)
'듀벨'은 벨기에어로 '악마'라는 뜻인데, 맥주계의 악동이라 불리는 이 스타일에 잘 어울리는 이름이다. 이 스타일의 정점이라고 할 수 있는 이 맥주는 8.5%의 비교적 높은 알코올 도수를 잘 커버해준다.

딜리리엄 트레멘스(Delirium Tremens)
브루어리 호이헤(Brouwerij Huyghe, 벨기에)
밝은 시트러스, 효모, 그리고 홉 향이 코를 자극한다. 폭신한 거품층이 생긴다.

라 슈프(La Chouffe) 아슈프(Brasserie d'Achouffe, 벨기에)
효모의 맛과 향이 강하게 느껴진다. 열대과일 맛과 비교적 쓴 홉 맛이 느껴져 이 스타일의 기본적인 맛 프로필과 약간의 차이가 있다.

비에르 드 샴페인 Bière de Champagne

유래 **벨기에**
색 **3-6 SRM**
알코올 도수(ABV) **9-14%**
쓴맛(IBU) **10-30**
잔 **플루트**

샴페인을 현대적으로 해석한 스타일

샴페인을 만드는 것과 비슷하게 양조과정이 까다롭고 길다. 숙성 기간도 보통 맥주보다 길고, 거꾸로 돌린 채로 회전을 하면서 보관을 일정 기간 한 후, 상면에 모인 효모를 걸러내야 하는데, 이는 스파클링 와인을 만들 때와 동일한 과정이다. 결과는 탄산감이 많고 청량감이 좋으며 알코올 도수도 꽤 높은 스파클링 맥주이다. 흔히 볼 수 있는 맥주는 아니지만, 축하의 의미로 저녁 식사 전에 먹기에도 좋고, 가벼운 해산물 요리에 곁들이기도 좋다.

추천 맥주

듀스(Deus) 브루어리 보스틸스(Brouwerij Bosteels, 벨기에)
빛나는 금색 바디에 거품층이 가볍게 자리한다. 과일, 시트러스, 그리고 허브 향이 돌며 부드러우면서 탄산감이 느껴지는 맥주이다.

인피니엄(Infinium) 보스턴 비어 컴퍼니&바이헨슈테판(Boston Beer Company&The Bavarian State Brewery Weihenstephan, 미국&독일)
세계적인 두 양조장들이 합작하여 만든 맥주로, 거품층이 탄산으로 인해 가볍게만 남는다. 시트러스 향과 효모 향이 나며 살짝 쓴맛이 마지막에 느껴진다.

말로 브루트 리저브(Malheur Brut Reserve) 브루어리 말로(Brouwerij Malheur, 벨기에)
12%라는 알코올 도수가 믿기지 않을 만큼 시트러스와 몰트가 잘 어우러진 맛에 드라이한 피니시를 느낄 수 있다. 밝은 담황색에 향신료와 살짝 시큼한 향이 난다.

비에르 드 샴페인 83

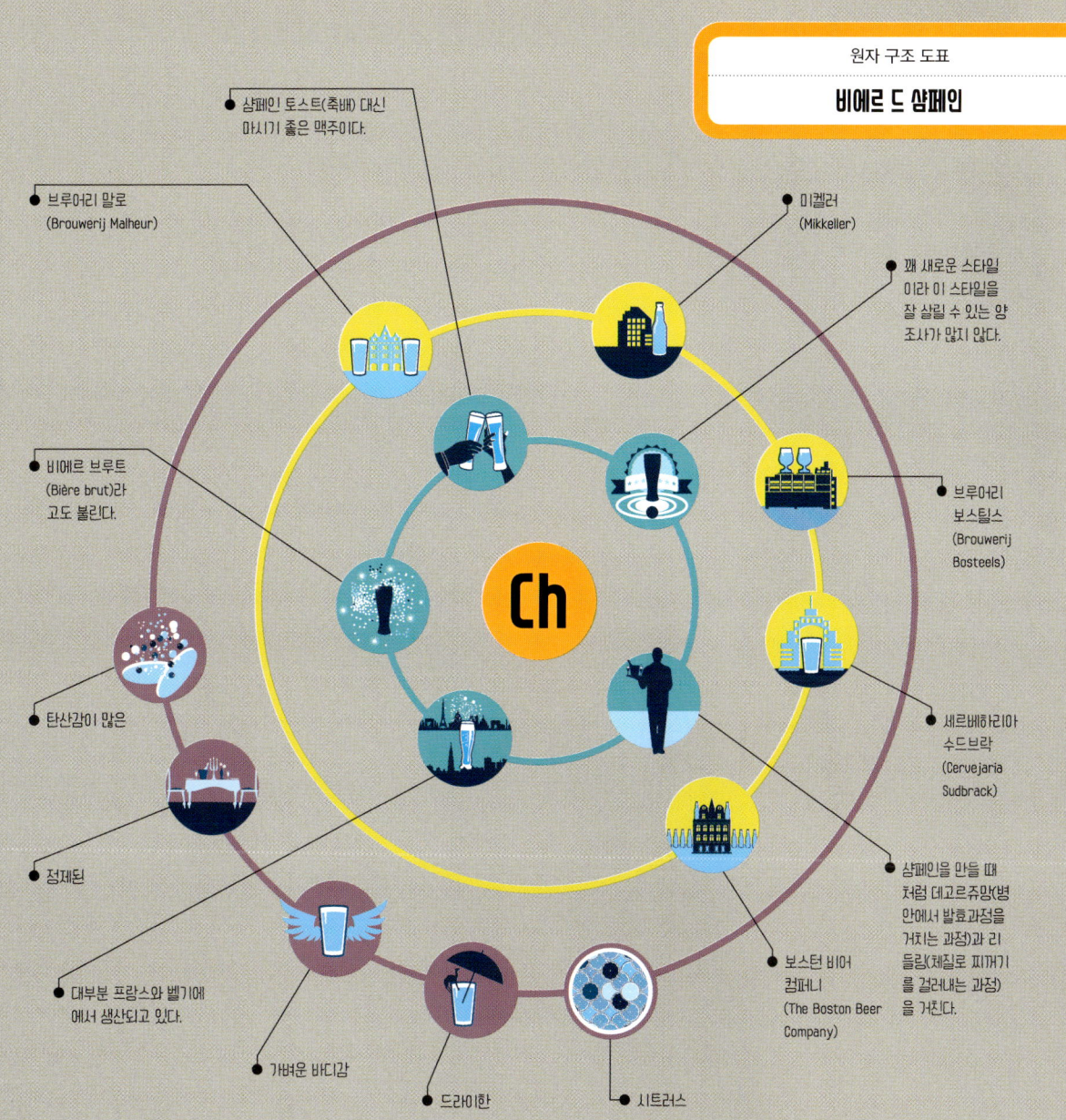

원자 구조 도표
비에르 드 샴페인

어울리는 음식

| 생선 | 베리류 | 조개 |

크리스탈바이젠 Kristalweizen

유래 **독일**
색 **2-8 SRM**
알코올 도수(ABV) **4-5.5%**
쓴맛(IBU) **10-15**
잔 **바이젠**

크리스털처럼 깔끔하고 투명한 스타일

독일 맥주계에서는 양조 중 여과(필터링)를 하지 않아 헤이지(hazy)한, 즉 불투명한, 맥주들을 선호하는 경향이 있는데, 이 맥주는 여과를 한 바이스비어라고 생각하면 된다. 복합적인 맛을 내서 다양한 음식과도 잘 어울린다. 거품층에서는 풍선껌같은 단 향과 바나나 향이 나며 혀에 닿는 느낌을 살리면서도 청량감을 잃지 않는다. 필터링을 통해 깨끗한 느낌을 강조하면서도 다른 가벼운 맥주와는 다르게 밀맥주의 다양한 매력을 잘 살린다.

추천 맥주

바이헨슈테파너 크리스탈바이스비어(Weihenstephaner Kristallweissbier)
바이헨슈테판(Bavarian State Brewery Weihenstephan, 독일)
이 스타일의 표본이라고 해도 될만큼 정석의 맛을 자랑한다. 청량감이 넘치고 과일 향이 깔끔하다.

크리스탈(Kristall) 에르딩거(Erdinger Weissbrau, 독일)
깔끔한 투명하며, 미디엄 바디감에 향신료의 맛이 아주 살짝 느껴진다. 바이스비어로 잘 알려진 양조장에서 생산한다.

크리스탈 바이젠(Kristall Weizen) 투셰르(Tucher Brau, 독일)
가볍고 혀에 기분 좋은 쓴맛이 남는다.

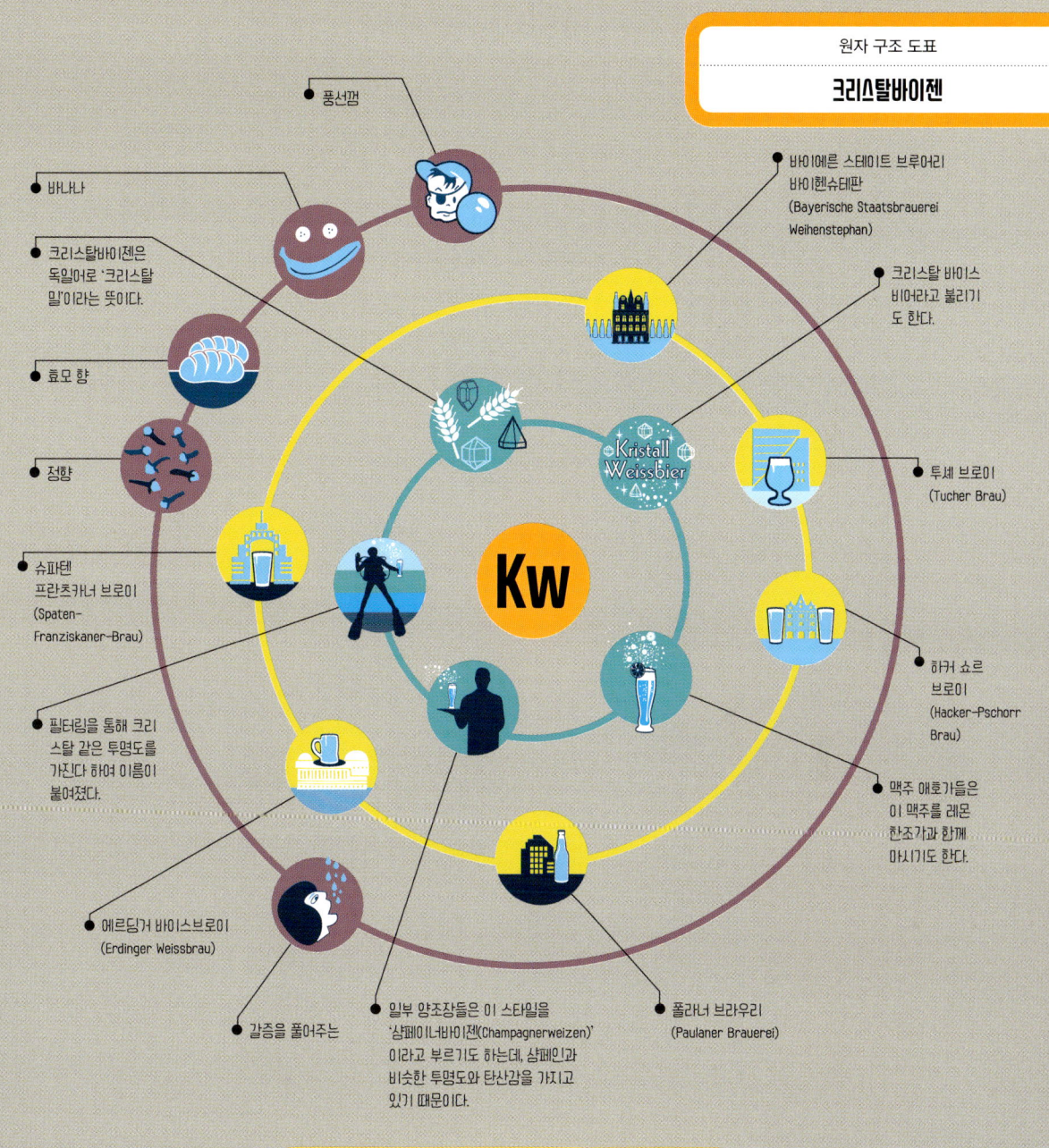

바이스비어 Weissbier

유래 **독일**
색 **2-9 SRM**
알코올 도수(ABV) **4-5.5%**
쓴맛(IBU) **10-18**
잔 **바이젠**

밀맥주계의 아버지

맥주를 분류할 때 미묘한 차이만으로도 새로운 스타일이 탄생할 수 있다. 바이스비어가 그 대표적인 예인데, 전형적인 밀맥주로 알려진 이 맥주 스타일에서 많은 스타일들이 새로 분류되었다. 예를 들면, 바이스비어를 필터링하면 크리스탈바이젠, 어두운 몰트를 사용하면 둔켈바이젠으로 분류되는 식이다. 불투명한 주황색에 탄산감이 좋은 이 스타일은 거품층이 비교적 길게 생긴다. 향과 맛은 주로 바나나, 효모, 시트러스, 그리고 정향이 섞여 다양한 향과 맛을 낼 수 있다. 계란 요리나 사과 파이부터 향신료가 많이 들어간 태국 요리까지 어울리는 음식이 많지만, 단독으로만 마시기에도 좋은 스타일이다.

추천 맥주

바이헨슈테파너 헤페바이스비어(Weihenstephaner Hefeweissbier)
바이헨슈테판(Bavarian State Brewery Weihenstephan, 독일)
아로마와 향신료를 잘 살린 바디로 이 스타일을 대표하는 맥주이다.

헤페바이스비어 나투르트뤼브(Hefe-Weissbier Naturtrüb)
폴라너(Paulaner Brauerei, 독일)
주황색 바디에 효모, 과일, 향신료의 밸런스가 잘 맞는 맥주이다.

바이스비어(Weissbier) 에르딩거(Erdinger Weissbrau,독일)
에르딩거가 생산하는 맥주 중에 최고로 꼽히는 맥주이다. 병에서 3-4주 정도 보관된 것이 제일 마시기 좋다.

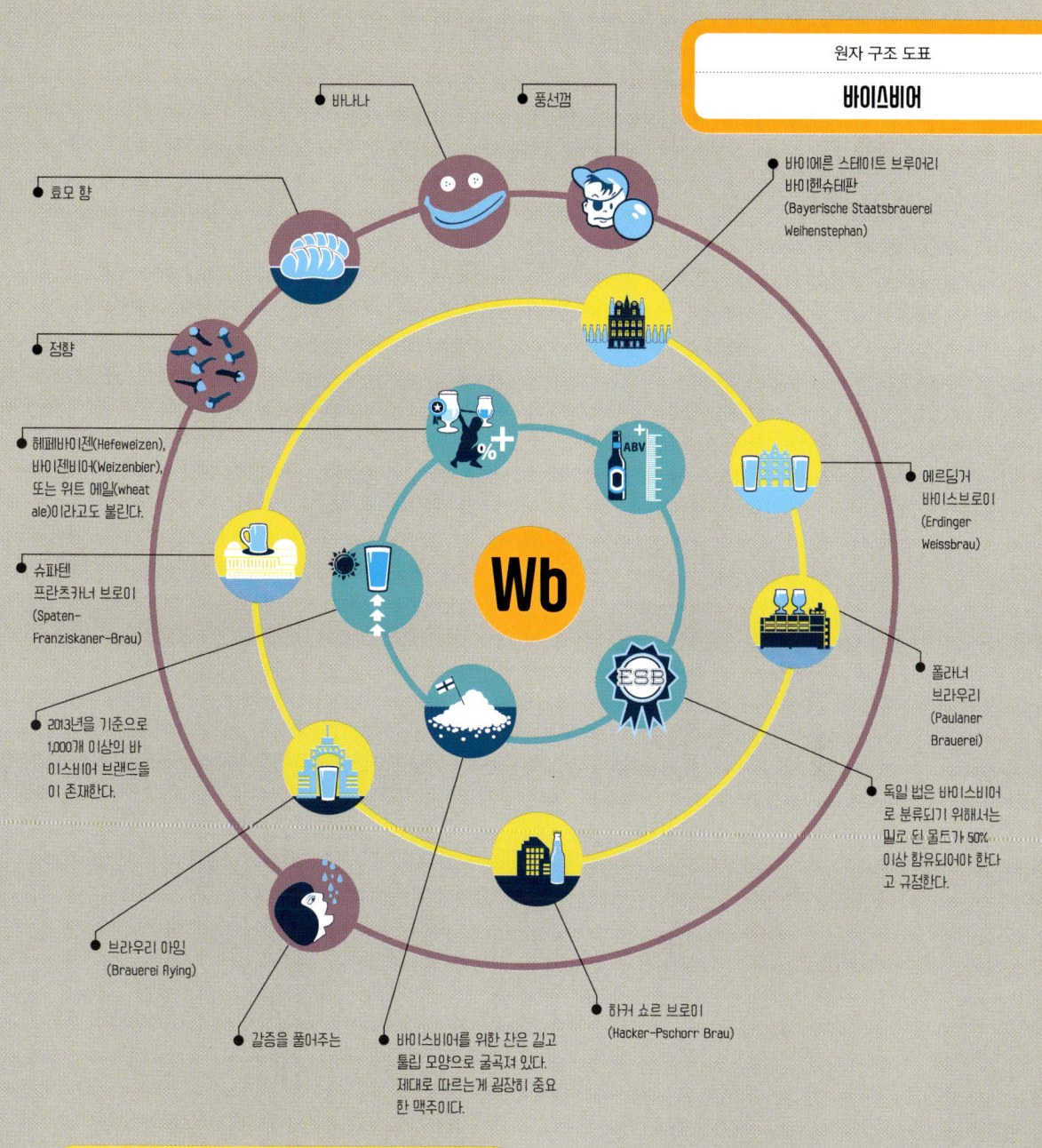

원자 구조 도표
바이스비어

어울리는 음식

| 계란 음식 | 샐러드 | 멕시칸 음식 | 태국 음식 | 독일 음식 |

트리펠 Tripel

유래 **벨기에**
색 **3.5-7 SRM**
알코올 도수(ABV) **7.5-9.5%**
쓴맛(IBU) **20-40**
잔 **튤립, 고블렛**

햇살처럼 밝은 스타일

숙성이 오래되지는 않지만 그렇다고 얕봐서는 안 된다. 복합적인 맛을 살려야 하기 때문에 짧은 기간 안에 숙성이 매우 잘 이뤄져야 하는 맥주이다. 알코올 도수가 높은 편이지만 벨기에 맥주들이 대부분 그러하듯 부담없이 마실 수 있다. 잔에 햇살과 같은 밝은 황금색으로 따라지며 넘칠 듯한 하얀 거품층이 올라간다. 향신료, 몰트, 효모가 섞인 향이 나며 맛은 달면서도 쓴 맛이 나는 것이 특징이다. 트리펠에 사용되는 효모는 계피, 정향, 후추, 바나나, 시트러스, 레몬, 오렌지, 사과, 그리고 복숭아까지 다양한 향과 맛이 나는 것으로 알려져 있다.

추천 맥주

베스트말러 트리펠(Westmalle Tripel) 베스트말러 트라피스트 브루어리(Brouwerij der Trappisten van Westmalle, 벨기에)
밝은 금빛에 하얀 거품층이 부풀어오른다. 시트러스, 정향, 그리고 홉 향이 나며 산뜻하고 가벼운 목넘김이 인상적이다.

라 핀 듀 몽드(La Fin Du Monde) 유니브로우(Unibroue, 캐나다)
금빛이 도는 오렌지색에 하얀 거품층이 생긴다. 부드럽고 크리미하며, 향신료와 은근한 달콤한 맛이 마지막에 쓴맛을 잘 잡아준다.

트리펠 카르멜리에(Tripel Karmeliet) 보스틸스(Brouwerij Bosteels, 벨기에)
7대 동안 가족 양조장으로 운영 되어온 벨기에의 보스틸스 양조장에서 만든 트리펠이다. 시트러스와 허브, 그리고 향신료 향이 강하게 나며, 캐러멜 맛이 나는 바디와 잘 어울려 피니시가 깔끔하다.

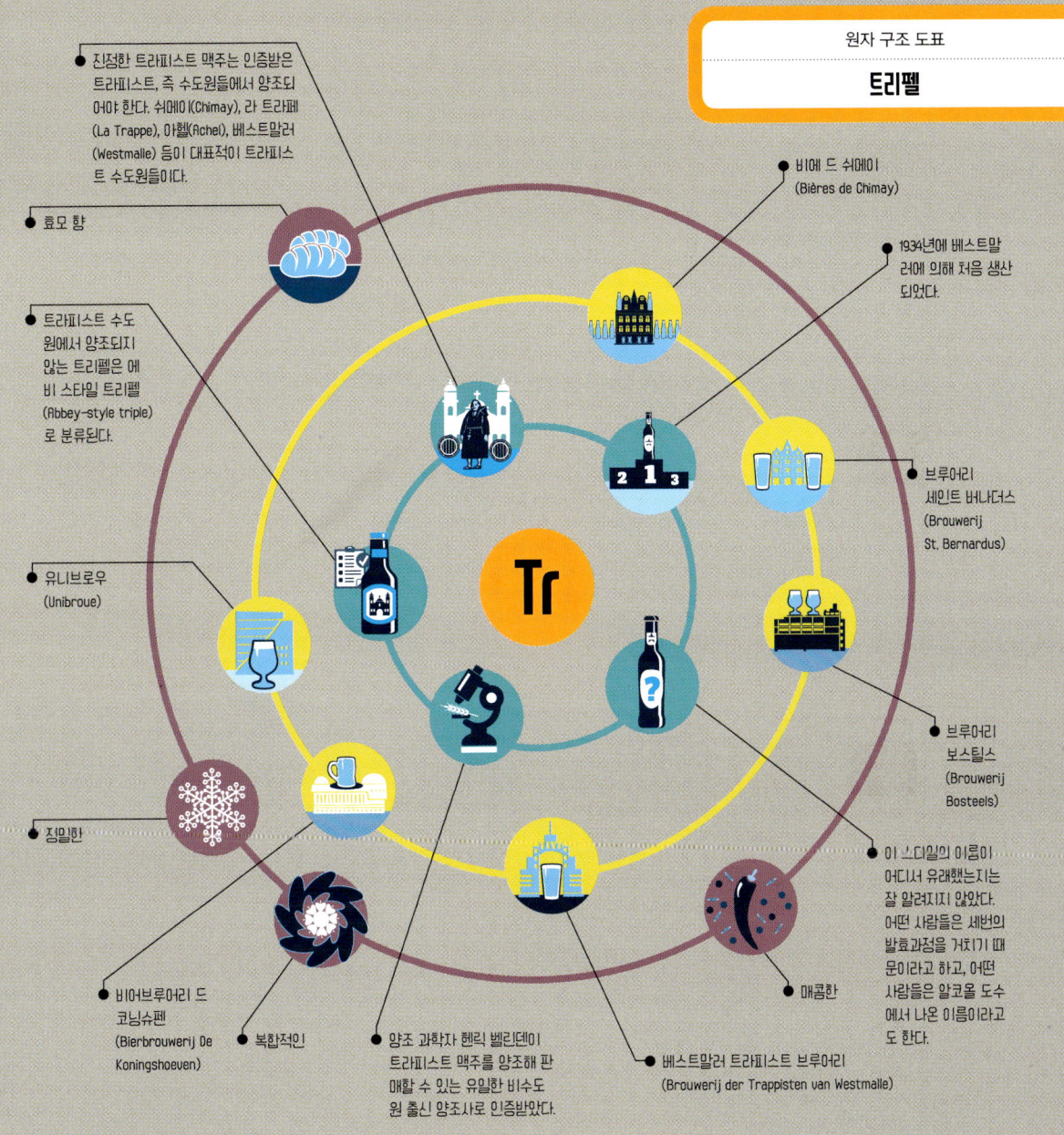

벨기에 페일 에일 Belgian Pale Ale

유래 **벨기에**
색 **4-14 SRM**
알코올 도수(ABV) **3.9-5.6%**
쓴맛(IBU) **20-30**
잔 **스니프터, 튤립, 큰 와인잔**

다양한 맥주의 집합체

양조사든, 맥주 애호가든, 벨기에에서는 맥주 스타일을 구체적으로 분류하는 경우가 거의 없다. 양조되는 모든 맥주가 독자적인 스타일로 분류되어야 할 만큼 다양한 양조방식을 거쳐 맛을 내기 때문이다. 그 와중에도 다른 곳에서는 쉽게 찾아볼 수 없는 페일 에일류가 있는데, 이 맥주들을 벨기에 페일 에일이라고 부르기 시작했다(골든(golden)이나 블론드(blonde)라고 불리기도 한다). 색은 밝은 황동색에서 어두운 구리색까지 다양하고, 바디는 비교적 투명하다. 홉의 쓴맛보다는 효모와 몰트의 복합성을 강조해 과일, 오렌지, 향신료, 계피 등이 어우러진 독특한 몰트 맛을 낸다. 목넘김이 부드럽고 부담없이 즐길 수 있다.

추천 맥주

드 코닌크(De Koninck) 드 코닌크(Brouwerij De Koninck, 벨기에)
벨기에 안트베르펀 지방에 어느 바를 들어가서 볼레크(bolleke)를 찾으면 열이면 열 당신이 무엇을 원하는지 안다. 볼레크는 이 맥주를 일컫는 또 다른 이름인데, 호박색을 띠는 이 맥주는 비스킷과 과일 향이 나며, 쫀득하고 발효된 과일 맛을 느낄 수 있다.

레어 보스(Rare Vos) 오메강(Brewery Ommegang, 미국)
레어 보스는 '교활한 여우'라는 뜻인데, 브뤼셀에 위치한 한 펍의 이름을 따서 지은 것이다. 깊은 호박색을 띠며 벨기에 맥주의 특징과도 같은 오렌지, 향신료, 그리고 캐러멜 향이 난다.

리뎀션(Redemption) 러시안 리버(Russian River Brewing Co., 미국)
살구색에 하얀 거품층을 띤다. 효모의 독특한 향이 코를 자극하고 첫 모금부터 살짝 느낄 수 있는 과일맛은 향신료와 비슷한 맛을 낸다.

벨기에 페일 에일 91

원자 구조 도표

벨기에 페일 에일

- 미묘한 과일맛
- 효모 향
- 스타일의 유래는 300년 전으로 알려져 있지만, 이 스타일이 제대로 양조되고 스타일의 기반을 확립한 것은 지난 70년 사이에 이뤄진 일이다.
- 하우스브루어리 드 할브 만 (Huisbrouwerij De Halve Maan)
- 대부분의 전통 벨기에 카페에서는 전용잔이 있어야만 맥주를 제공한다.
- 러시안 리버 브루잉 컴퍼니 (Russian River Brewing Co.)
- 몰티한
- 뉴벨지엄 브루잉 컴퍼니 (New Belgium Brewing Co.)
- 블론드(blonde), 또는 골든(golden)이라고도 불린다.
- 브루어리 오메강 (Brewery Ommegang)
- 1700년대에 더 가벼운 맥주를 원하던 당시 유행에 맞춰 발전한 스타일이다.
- 브루어리 드 코닌크 (Brouwerij De Koninck)
- 대부분 벨기에식 맥주가 그렇듯, 마지막 남은 침전물은 잔에 따르지 않는 것이 정석이다.
- 레페(Leffe)
- 매콤한

Bpa

어울리는 음식

돼지고기	튀긴 생선 요리	소시지	태국 음식	샐러드

람빅 Lambic

유래 벨기에
색 3-7 SRM
알코올 도수(ABV) 5-6%
쓴맛(IBU) 0-10
잔 플루트, 큰 와인잔

박테리아가 완성하는 스타일

람빅은 역사가 깊고 한번 맛보면 잊을 수 없을 만큼 인상적인 맛을 자랑하지만 최근에는 점점 진귀한 맥주가 되어가고 있다. 의도적으로 양조 중에 박테리아를 넣음으로써 람빅은 다른 맥주와는 비교할 수 없는 독자적인 맛과 향을 구축한다. 벨기에 밖에서는 잘 찾아보기 힘든 이 스타일은 세 가지로 분류가 되는데, 블렌딩되지 않은 기본 람빅(unblended lambic), 괴즈(gueuze), 과일 람빅(fruit lambic)으로 분류된다. 블렌딩되지 않은 람빅은 나머지 두 종류의 베이스가 된다. 숙성기간이 짧을 수도 길 수도 있으며, 어린 람빅은 탄산감이 많고 더 자극적인 신맛이라면, 숙성된 람빅은 신맛이 좀 더 미묘하게 느껴지며 양조 중에 들어가는 박테리아의 영향으로 예상하지 못한 독특한 맛을 내는 경우도 있다. 보통 캐스크에서 바로 서빙되며 탄산감이 거의 없이 드라이한 것이 일반적이다.

추천 맥주

그랑 크루 브루셀라 람빅 바이오(Grand Cru Bruocsella Lambic Bio)
깐띠용(Brasserie Cantillon, 벨기에)
오크 통에 3년간 숙성해 허브 향이 강하게 나고 혀에 닿는 촉감부터 맛까지 독특하다.

아이리스(Iris) 깐띠용(Brasserie Cantillon, 벨기에)
브뤼셀 괴즈 박물관의 개관 20주년을 기념해 만든 맥주이다. 호박색을 띠며 다른 람빅에 비해 쓴맛이 강한 편이다.

아우데 람빅(Oude Lambeik) 드캠(Geuzestekerij De Cam, 벨기에)
머스크 향과 과일 향이 복합적이고 강한 맛을 낸다.

람빅

원자 구조 도표

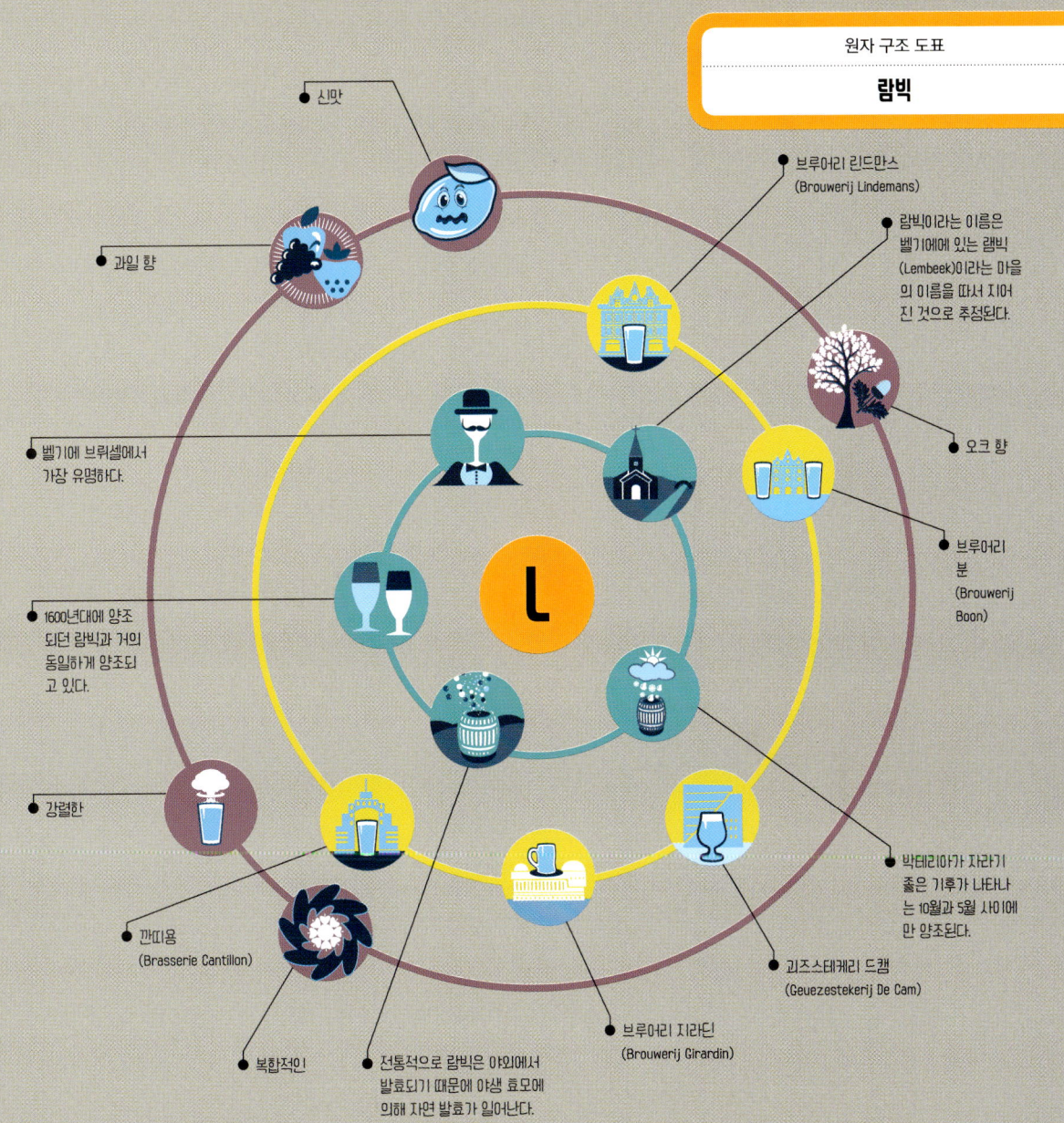

어울리는 음식

| 스튜 | 생선 | 사우어크라우트(독일식 소금에 절인 양배추) |

괴즈 Gueuze

유래 벨기에
색 3-13 SRM
알코올 도수(ABV) 5-8%
쓴맛(IBU) 0-23
잔 플루트

완벽한 블렌딩을 자랑하다

블렌딩이 아예 되지 않은 람빅은 사실 흔한 스타일은 아니다. 그보다는 괴즈 맥주가 훨씬 찾기 쉬운데, 신맛이 강하게 나고 독특한 향과 맛을 자랑하는 람빅의 특색은 모두 가지고 있다. 보통 3가지 어린 람빅과 숙성이 오래된 람빅을 섞어 만든다. 양조사에 따라 7가지를 섞는 경우도 있는데, 양조사의 레시피에 따라 맛이 많이 좌우된다. 병에서 3개월에서 9개월 정도 또 한번 숙성되어 산뜻해진다.

추천 맥주

괴즈 100% 람빅 바이오(Gueuze 100% Lambic Bio)
깐띠용(Brasserie Cantillon, 벨기에)
어두운 주황색에 거품층이 두터운 편이다. 머스크 향을 기본으로 레몬과 오크 향이 난다. 깐띠용의 전체 생산량 중 반을 차지하는 제품이다.

아우데 괴즈 큐베 레이네(Oude Gueuze Cuvée René)
린데만스(Brouwerij Lindemans, 벨기에)
달콤한 꿀과 상큼한 과일 맛이 섞여 처음부터 목넘김까지 상쾌한 맛이다.

아우데 괴즈 비에(Oude Geuze Vieille) 아우드 비어셀(Brouwerij Oud, 벨기에)
황금빛이 도는 바디에 강한 신맛에도 불구하고 부드럽다. 청량감이 느껴질 정도의 쓴맛도 느낄 수 있다.

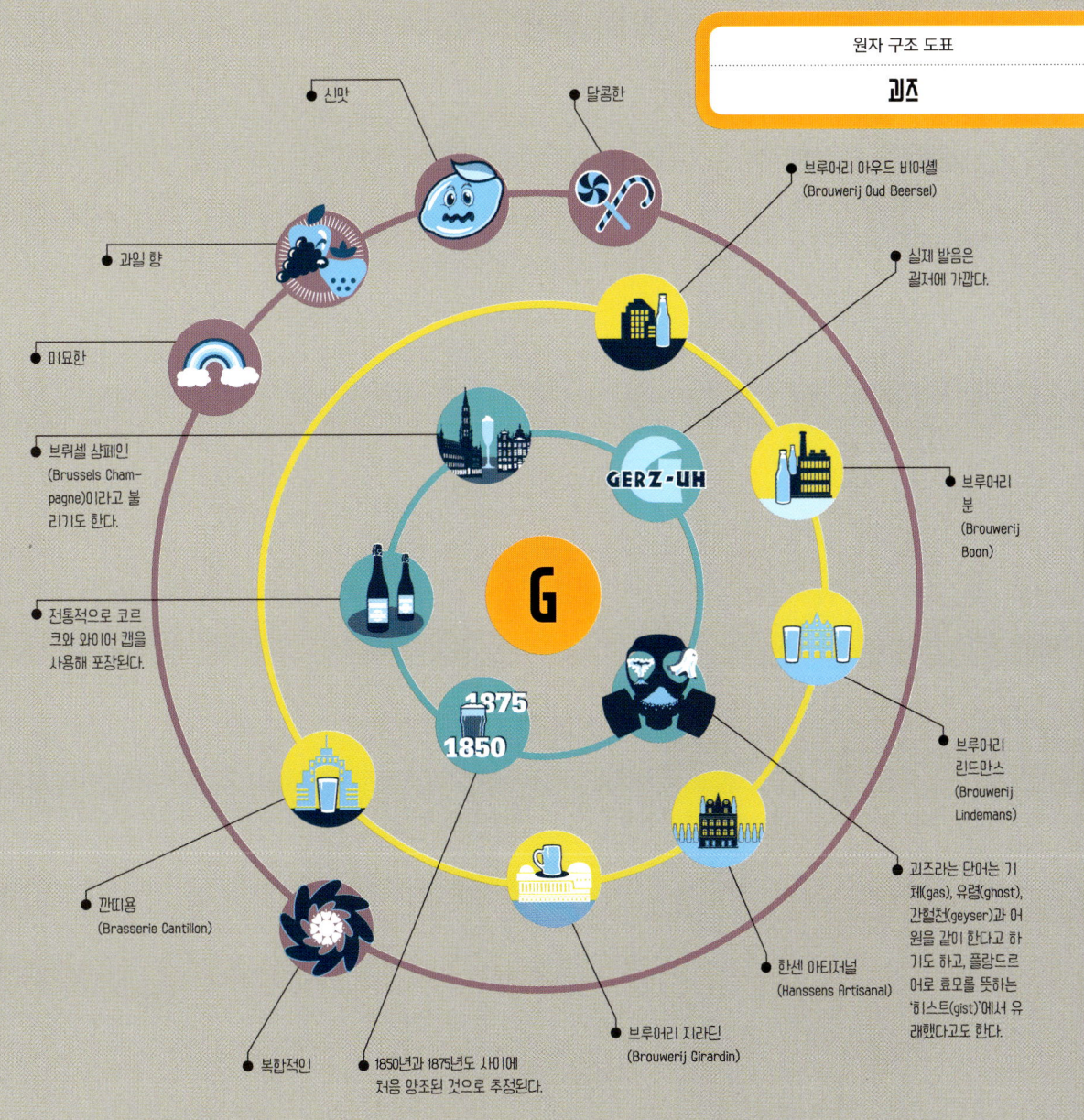

과일 람빅 Fruit Lambic

유래 **벨기에**
색 **3-7 SRM**
　(과일에 따라 상이함)
알코올 도수(ABV) **5-7%**
쓴맛(IBU) **0-10**
잔 **플루트**

디저트로 마시는 스타일

맥주라고 믿기 어려울 만큼 과일맛을 잘 살린 이 맥주는 숙성이 짧게 된 람빅과 숙성이 오래 된 람빅을 섞은 맥주를 베이스로 만든다. 베이스의 균형을 맞춘 후 과일을 더해 2차 숙성을 시키게 된다. 양조사가 과일을 선택하게 되는데, 주로 체리, 산딸기, 건포도, 사과, 또는 복숭아가 많이 사용된다. 과일에 따라 맛이 좌우되기 때문에 정해진 맛은 없으나, 대부분 상큼하고 가벼우며 산뜻하다. 단독으로 마셔도 좋고 다른 디저트와 함께 해도 좋다.

추천 맥주

크리크 분(Kriek Boon) 분(Brouwerij Boon, 벨기에)
강렬한 빨간색 바디 위에 엷은 분홍색 거품층이 자리한다. 체리 향이 강하게 나며 너무 달지 않게 입에 감긴다.

로제 데 감브리너스(Rosé de Gambrinus) 깐띠용(Brasserie Cantillon, 벨기에)
세계에서 람빅을 가장 잘 만드는 양조장으로 유명한 깐띠용에서 생산하는 딸기 람빅이다. 깊은 분홍색에 균형잡힌 과일 맛이 난다.

페시(Pêche) 린데만스(Brouwerij Lindemans, 벨기에)
복숭아로 만든 람빅이다. 강한 복숭아 향과 맛 사이에 허브 향이 살짝 난다.

과일 람빅 **97**

원자 구조 도표
과일 람빅

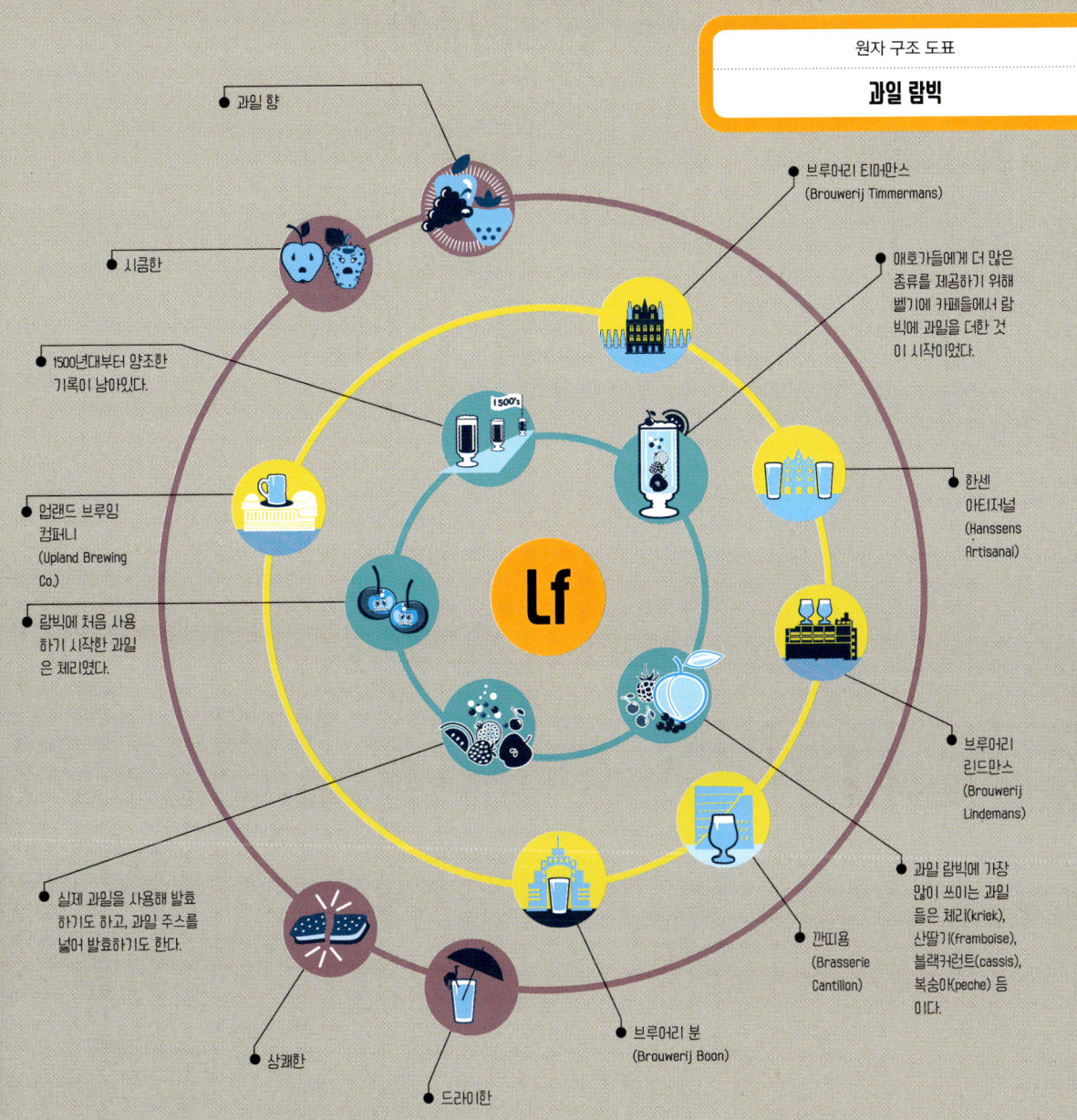

어울리는 음식

| 초콜릿 디저트 | 치즈케이크 | 단맛이 강한 치즈류 |

벨기에 IPA Belgian IPA

유래 **벨기에**
색 **3-19 SRM**
알코올 도수(ABV) **6-10.5%**
쓴맛(IBU) **50-80**
잔 **튤립**

가장 벨기에다운 스타일

전세계적으로 쓴맛이 강한 IPA가 인기를 얻자 벨기에 양조사들이 홉을 가지고 실험을 하기 시작했다. 결과는 불투명한 황금빛을 띄는 흥미로운 맥주였다. 다양하고 창의적인 효모의 사용으로 유명한 벨기에 양조사들의 레시피에 홉 맛을 추가하는 거라 이목을 많이 끌었다. 미국 양조장들이 IPA를 양조할 때 홉으로 맛을 내는데 집중하는 데 반해, 벨기에 양조장들은 효모로 맛을 낸다. 실험적인 홉의 혼합과 독특한 허브 향과 비스킷 향이 나는 효모를 사용해 벨기에만의 IPA를 만들어낸 것이다.

추천 맥주

하블론 슈프(Houblon Chouffe) 다슈프(Brasserei d'Achouffe, 벨기에)
2006년에 처음 양조된 이 맥주는 이 스타일의 선구자로 여겨진다. 밝은 금색에 푹신한 하얀 거품층이 생기며, 첫 모금부터 홉의 맛을 강렬하게 느낄 수 있다. 나머지 바디의 프로필은 트리펠과 비슷하다.

스톤 칼리-벨지크(Stone Cali-Belgique IPA) 스톤(Stone Brewing, 미국)
홉은 미국에서 선호하는 시트러스와 플로럴 향이 강한 홉을 사용해 쓴맛이 나지만, 벨기에 효모의 맛을 오히려 잘 살려준다.

XX-비터(XX-Bitter) 드 랑케(Brouwerij De Ranke, 벨기에)
플로럴 향과 홉 향이 진하게 나며, 홉의 쓴 맛과 향신료 맛이 나는 효모의 밸런스가 인상적이다.

원자 구조 도표
벨기에 IPA

- 브루어리 듀벨 무트가트 (Brouwerij Duvel Moortgat)
- 효모 향
- 화이트 IPA(white IPA)라고 부르기도 한다.
- 지속적으로 발전하고 있는 스타일이다.
- 스톤 브루잉 컴퍼니 (Stone Brewing Co.)
- 브라세리 아슈프 (Brasserie d'Achouffe)
- 브루어리 드 레여트 (Brouwerij De Leyerth)
- 대부분 미국산 홉을 사용한다.
- 데슈츠 브루어리 (Deschutes Brewery)
- 브루어리 드 랑케 (Brouwerij De Ranke)
- 플로럴
- 강한 홉맛에 익숙치 않은 벨기에인들은 이 스타일의 쓴맛을 부담스러워하기도 한다.
- 시트러스
- 쌉싸름한
- 대부분 트라피스트 에일 효모를 쓴다.

Bli

어울리는 음식

| 후라이드 치킨 | 매콤한 해산물 요리 | 고르곤졸라 치즈 | 태국음식 |

세종 Saison

- 유래 벨기에
- 색 5-14 SRM
- 알코올 도수(ABV) 4.5-8%
- 쓴맛(IBU) 20-45
- 잔 튤립

계절에 맞춰 준비하다

겨울이나 이른 봄에 양조되어 농부들이 3월부터 10월까지 즐길 수 있도록 만들어진 맥주이다(세종(saison)은 계절(season)이란 뜻이다). 여름에는 더위로 양조를 하기 어려워 추운 날씨에 미리 양조를 해놓는 것이다. 보통 색은 엷은 주홍빛을 띠고, 바닐라색 거품층에 허브 향과 후추 향과 같은 향신료 향이 난다. 밝고 산뜻한 이 맥주는 끝에 약간 신맛이 난다. 여러 계절을 날 수 있도록 많은 홉이 사용되는데, 균형잡힌 맛에 풍미를 더한다.

추천 맥주

세종 듀퐁(Saison Dupont) 듀퐁(Brasserie Dupont, 벨기에)
가장 대표적인 세종이다. 꼭 한번 맛봐야 하는 맥주 중 하나이다. 후추, 고수, 그리고 여러 가지 과일이 어우러진 향이 인상적이다. 엷은 금색에 불투명하고, 쓴맛에 달콤한 맛도 감돈다. 전체적으로 산뜻한 느낌이다.

세종 데리제 프린템(Saison d'Erezée-Printemps) 판톰(Brasserie Fantome, 벨기에)
판톰은 다양한 종류의 세종을 생산하는 것으로 유명한데, 그 중에서도 이 맥주는 드라이한 레몬을 중심으로 세종 특유의 독특한 향과 맛을 낸다. 가벼우면서 홉의 맛을 제대로 느낄 수 있다.

헤네핀 팜하우스 세종(Hennepin Farmhouse Saison) 오메강(Brewery Ommegang, 미국)
불투명한 금색을 띠는 이 맥주는 시트러스와 향신료가 어우러진 맛을 유지한다. 달콤하면서도 마지막은 드라이하다.

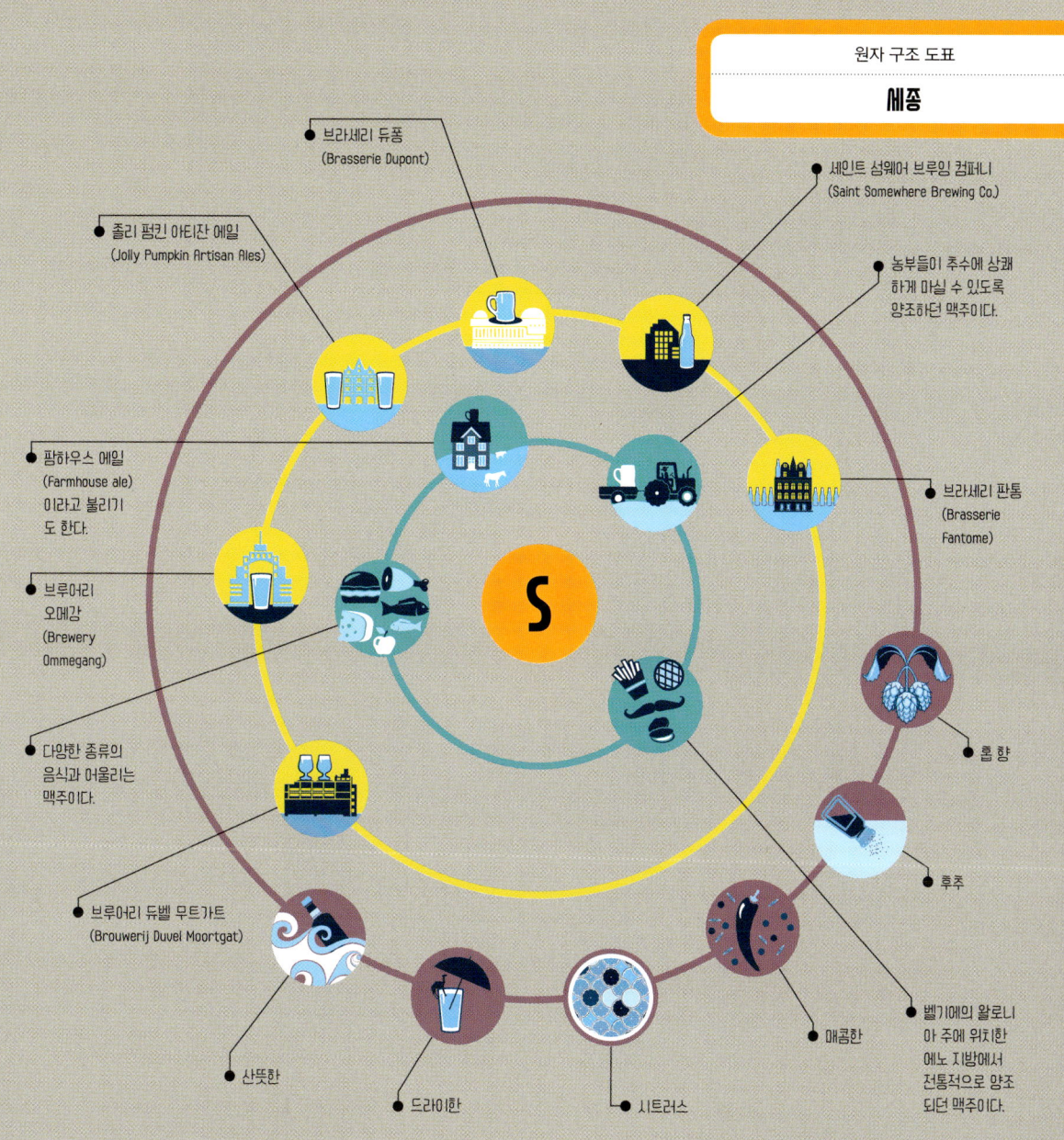

비에르 드 가르드 Bière de Garde

유래 **프랑스**
색 **6-19 SRM**
알코올 도수(ABV) **6-8.5%**
쓴맛(IBU) **18-30**
잔 **튤립**

자유로운 맥주

비에르 드 가르드는 프랑스어로 '보관을 위한 맥주'라는 뜻이다. 프랑스 북부에서 유래한 이 맥주는 색깔에 따라 브라운, 블론드, 그리고 앰버로 분류된다. 사실 이런 분류는 처음 양조한 취지와는 조금 어긋나는 부분이 있는데, 양조사에게 최대한 맥주를 자유롭게 이해하고 표현할 수 있는 재량을 강조하는 스타일이기 때문이다. 부드러운 몰트힘을 기본적인 성향으로 정의하고 향신료와 약간의 머스크 향으로 특색을 준 다음, 홉으로 이 향들의 균형을 잡는다. 그로 인해 독특하면서 산뜻하고 깨끗한 맛이 난다.

추천 맥주

쥬레 앙브레(Jenlain Ambree) 듀이크(Brasserie Duyck, 프랑스)
이 스타일의 명맥을 잇고 있는 맥주이다. 그을린 호박색에 벨벳 같이 부드러운 거품층이 생긴다. 달콤한 몰트가 부드러우면서도 마무리가 깔끔하다.

슈티 블롱드(Ch'ti Blonde) 캐스툴랑(Brasserie Castelain, 프랑스)
전통적인 비에르 드 가르드에 라거 효모를 사용하는 것으로 유명하다. 균형이 잘 잡힌 이 맥주는 황금빛을 띠고, 허브 향에 살짝 시트러스의 신맛과 향신료 향이 어우러져 코를 자극한다.

라 비에르 데 상 쿨로뜨(La Biére Des Sans Culottes)
라 슐레뜨(Brasserie La Choulette, 프랑스)
허브 향이 가장 먼저 나고 향신료 맛과 끝에 홉의 쓴맛이 남는다.

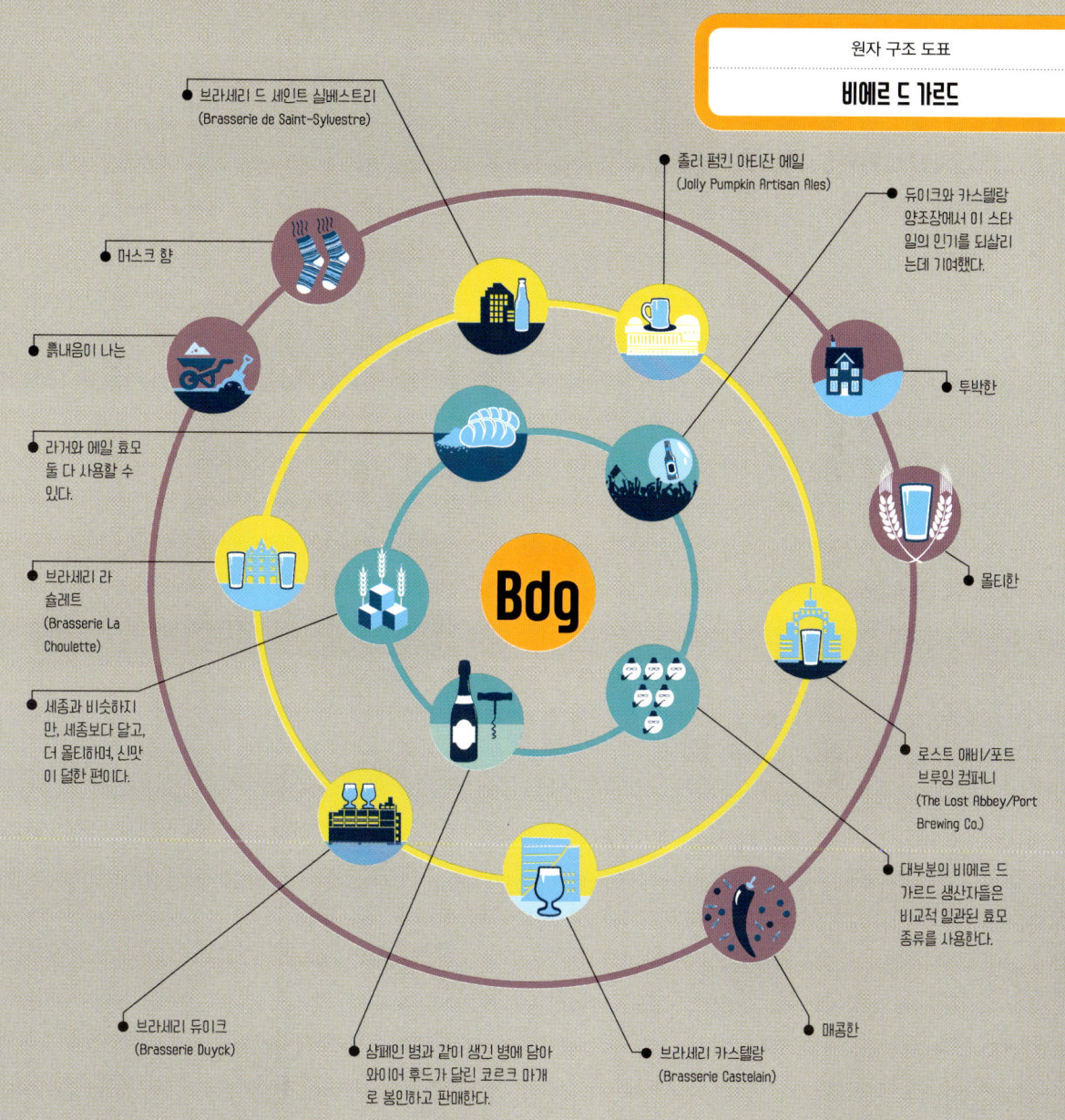

둔켈바이젠 Dunkelweizen

유래 **독일**
색 **9-13 SRM**
알코올 도수(ABV) **4.5-6%**
쓴맛(IBU) **10-18**
잔 **바이젠**

바이스의 어두운 형제

여름에 마시기 좋은 바이스와 비교해 색부터 알코올 도수까지 좀 더 무거운 느낌을 가졌다. 맛도 바이스비어에 비해 깊은 편이지만 바이스처럼 부담없이 마실 수 있으며, 청량감이 있다. 바이스비어보다 날씨가 좀 선선할 때 마시기 좋은 맥주이다. 색은 불투명한 주홍빛이며 잔에 따랐을 때 탄산이 올라오는 것을 바로 볼 수 있다. 보리와 로스팅된 몰트의 향이 가장 먼저 느껴지며 초콜릿이나 과일맛이 가볍게 느껴진다. 혀에서 크리미하고 부드럽게 느껴지지만 마지막에는 산뜻하게 넘어간다.

추천 맥주

바이헨슈테파너 헤페바이스비어 둔켈(Weihenstephaner Hefeweissbier Dunkel)
바이헨슈테판(Bavarian State Brewery Weihenstephan, 독일)
부드럽지만 너무 혀에 달라붙지 않는다. 복합적인 맛이지만 청량감이 인상 깊다.

아잉거 우르바이스(Ayinger Ur-Weisse) 아잉거(Ayinger Privatbrauerei, 독일)
몰트 향과 맛을 베이스로 과일과 향신료로 맛의 깊이를 더했다.

프란치스카너 바이스비어 둔켈(Franziskaner Weissbier Dunkel)
슈파텐(Spaten-Franziskaner-Lowenbrau-Gruppe, 독일)
달콤하고 몰트의 존재감이 비교적 강한 편이다. 미디엄 바디감에 드라이한 피니시를 가진다.

원자 구조 도표
둔켈바이젠

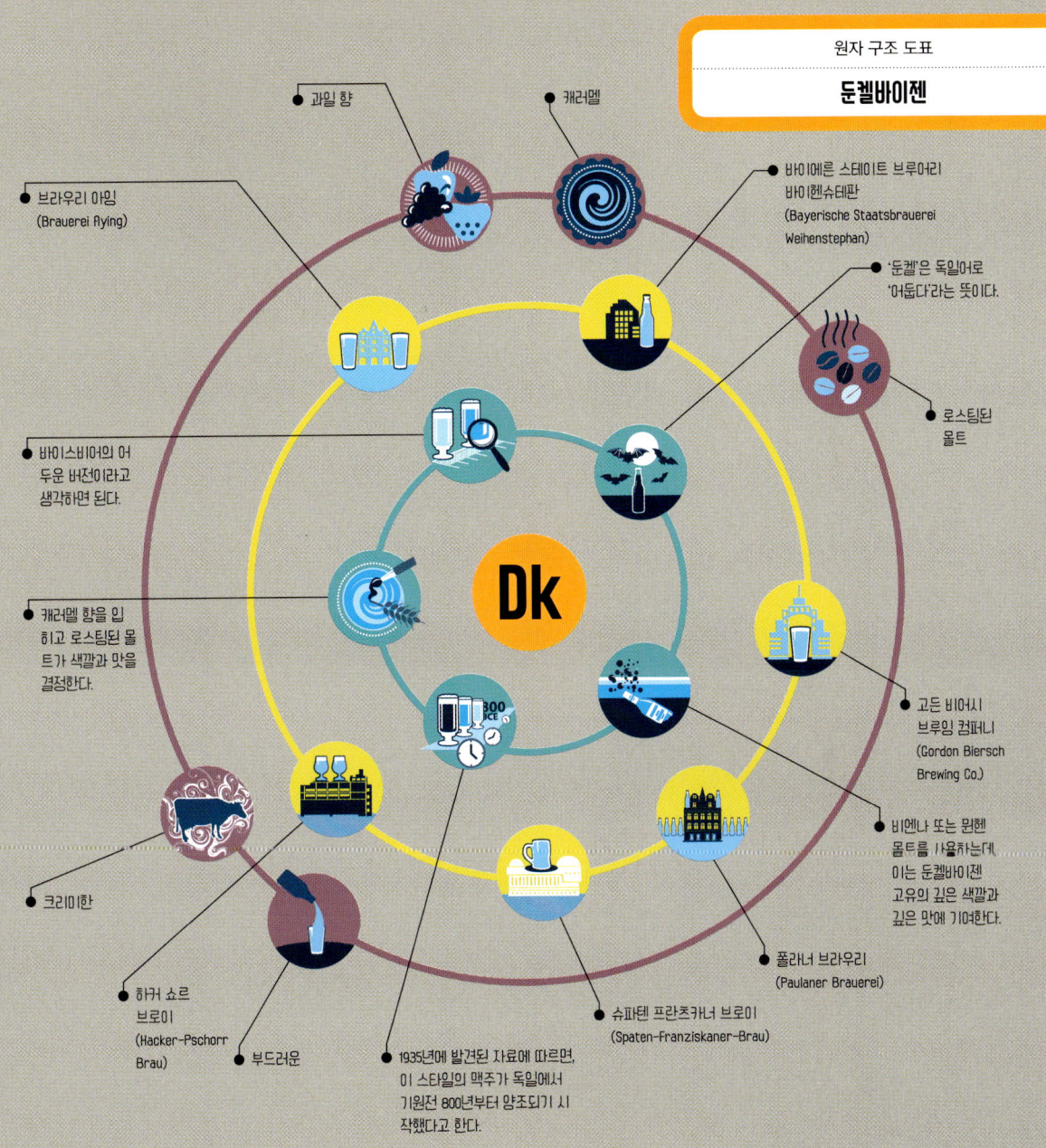

어울리는 음식

| 독일 음식 | 소시지 | 엔칠라다(옥수수 빵에 고기를 넣고 매운 소스를 뿌린 멕시코 음식) | 바베큐 소스 돼지고기 |

플란더스 레드 Flanders Red

유래 **벨기에**
색 **10-16 SRM**
알코올 도수(ABV) **4.5-6.5%**
쓴맛(IBU) **10-25**
잔 **플루트, 튤립**

보석같이 빛나는 스타일

벨기에 서부 지방에서 유래한 스타일이다. 보통 어린 맥주와 숙성된 맥주를 블렌딩해 3년 이상 오크 통에 숙성한다. 숙성기간 동안 효모를 추가적으로 넣어 독특한 산미를 살린다. 이름에 걸맞게 석류색이나 갈색을 띤다. 처음에 마셨을 때 허브 향, 독특한 효모 맛, 그리고 달콤함과 산미의 균형이 가장 강렬하게 느껴지지만, 바닐라, 오크, 레몬, 셰리, 그리고 체리 향도 은은하게 느껴진다. 독특한 맛 탓에 마니아층까지 생기는 맥주이다.

추천 맥주

로덴바흐 그랑 크루(Rodenbach Grand Cru)
로덴바흐(Browerij Rodenbach, 벨기에)
이 스타일을 생산하는 양조장 중 가장 유명한 양조장의 맥주이다. 갈색에 가까운 바디에 시트러스와 허브 향이 섞인 독특한 향이 난다. 신맛이 나지만 산뜻하다.

더체스 데 부르고뉴(Duchesse de Bourgogne)
베르하게(Brouwerij Verhaeghe, 벨기에)
붉은색에 구릿빛이 약간 돈다. 신 과일과 몰트의 향이 나고, 과일의 신맛을 허브 향이 잡아주면서 균형감을 잃지 않는다.

큐베 데 자코뱅 루즈(Cuvée des Jacobins Rouge)
오메르 반더 긴스테(Brouwerij Omer Vander Ghinste, 벨기에)
1892년부터 가족 양조장으로 남아있는 오메르 반더 긴스테에서 이 달콤함과 산미의 균형을 잘 잡은 맥주를 만든다.

플란더스 레드 107

원자 구조 도표
플란더스 레드

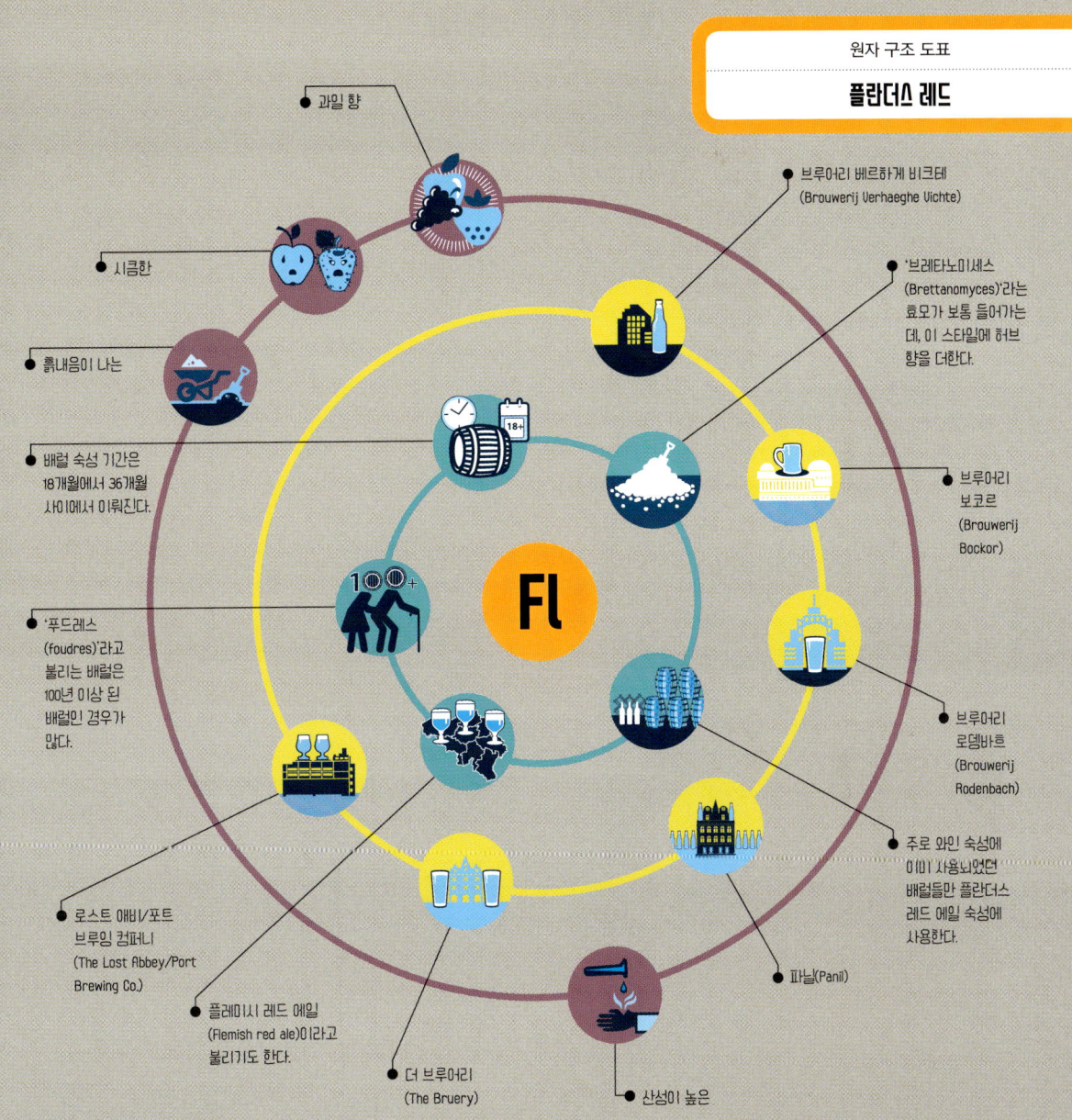

어울리는 음식

| 조개류 | 계란 요리 | 홍합 | 신맛이 나는 치즈 |

알트비어 Altbier

유래 **독일**
색 **11-17 SRM**
알코올 도수(ABV) **4.5-5.2%**
쓴맛(IBU) **35-50**
잔 **스테인지**

감칠나는 스타일

평온한 기후의 독일 뒤셀도르프 지방에서 탄생한 알트비어는 세계에서 가장 오래된 맥주 스타일 중 하나이다. 독일 대부분 지방은 라거를 선호하지만, 에일과 라거의 장점만을 따서 만든 이 맥주는 비교적 높은 온도에서 발효를 거쳐 차가운 온도에서 숙성된다. 색깔은 투명한 구리색을 띠고, 더 짙은 갈색을 띠는 것들도 있다. 황갈색 거품층에 에일의 특징인 과일 향이 나지만, 부드러운 몰트에 가려지는 경우가 대부분이다. 마시면 홉의 쓴 맛도 같이 느낄 수 있고, 피니시가 드라이하다. 부담 없이 마시기 좋은 스타일이다.

추천 맥주

알트(Alt) 외리그(Uerige Obergarige Hausbrauerei, 독일)
알트비어 중 가장 유명한 맥주 중 하나이다. 강렬한 아로마에 쓴맛이 인상적이다. 풍부한 몰트의 맛으로 마무리된다.

프랑캔하임 알트(Frankenheim Alt) 프랑캔하임(Frankenheim Brauerei, 독일)
홉의 특색이 짙게 나면서 너무 부담스럽지 않게 다가온다. 캐러멜 몰트가 균형을 잡아주다가 마지막에는 다시 홉 맛으로 마무리된다.

알래스칸 앰버(Alaskan Amber)
알래스칸 브루잉 컴퍼니(Alaskan Brewing Co., 미국)
캐러멜과 과일 맛이 나는 몰트를 중심으로 홉의 맛은 미약한 편이다.

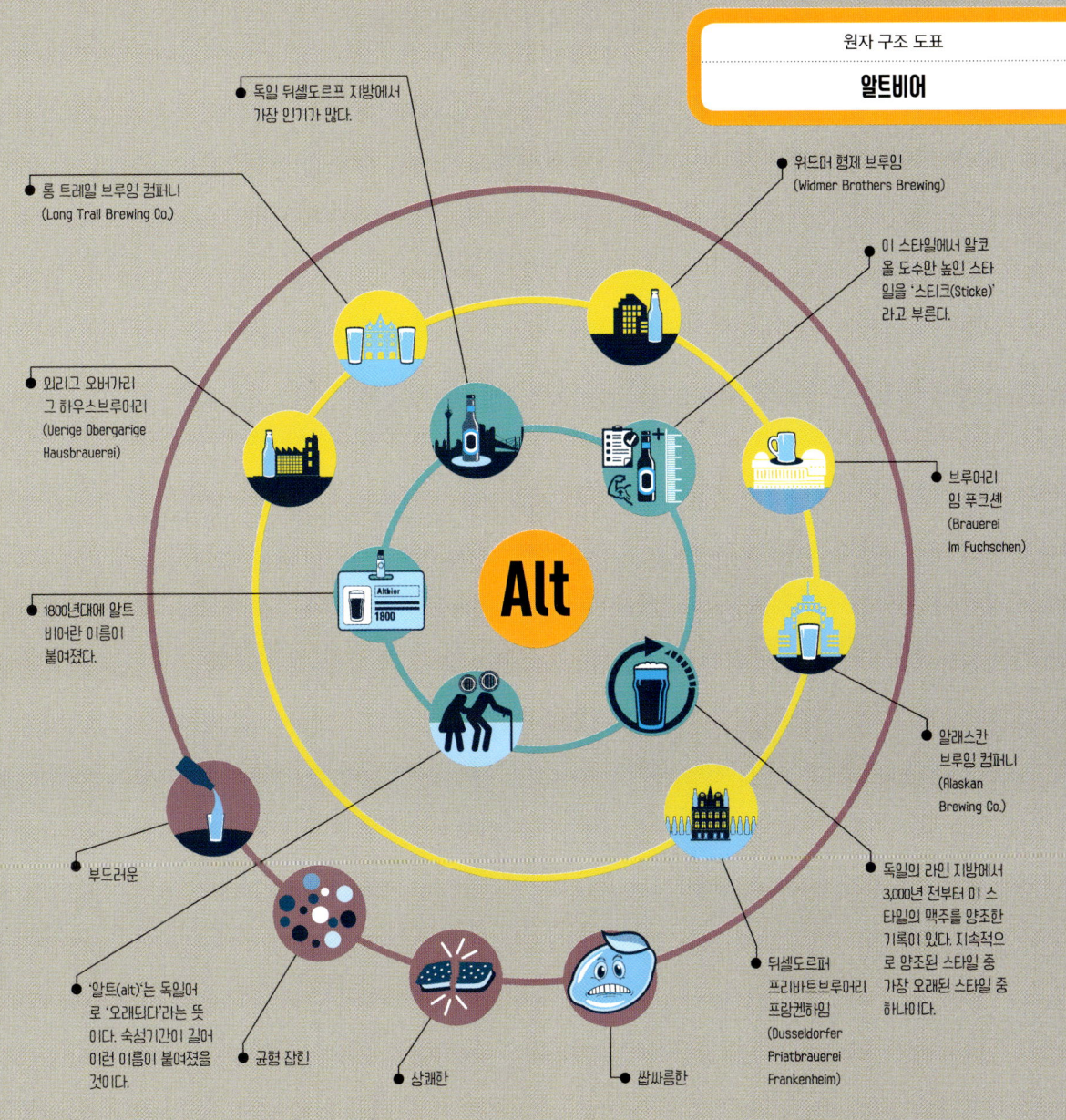

로겐비어 Roggenbier

유래 **독일**
색 **14-19 SRM**
알코올 도수(ABV) **4.5-6%**
쓴맛(IBU) **10-20**
잔 **머그**

호밀 맥주의 귀환

독일 바이에른 주에 있는 리겐베르그의 양조사들이 양조할 때 들어가는 밀 대신 호밀을 사용하면서 개발한 맥주이다. 1516년 맥주 순수령(물, 보리, 효모, 홉 외에 어떤 재료도 양조에 들어갈 수 없다는 법)에 의거해 호밀이 더 이상 양조 재료에 포함될 수 없게 되자 로겐비어는 자취를 감추게 되었다. 1980년대에 다시 나타나기 시작한 이 스타일은 현재 세계 곳곳에서 드물게 양조되고 있다. 색은 밝은 오렌지색부터 구릿빛이 도는 갈색까지 다양하고, 여과가 되지 않아 불투명하다. 크리미한 거품층에 호밀빵, 약한 향신료, 허브, 그리고 효모 향이 난다. 맛도 이와 비슷하게 과일에 호밀, 효모, 그리고 향신료 맛이 섞여 난다. 마지막에는 쓴 맛과 약간 시큼한 맛이 드라이하게 넘어간다.

추천 맥주

본자흐 로겐비어(Wolnzacher Roggenbier)
본자흐(Burgerbrau Wolnzach, 독일)
바나나, 정향, 효모 향이 나고, 이와 비슷한 맛이 난다. 달달한 빵과 독특한 허브 맛이 느껴진다.

턴 앤 텍시즈 로겐(Thurn and Taxis Roggen)
폴라너(Paulaner Brauerei, 독일)
바이젠과 비슷한 과일과 몰트가 중심이 되는 바디를 가지고 있다. 깊은 호박색에 황백색 거품층이 따라진다.

로그 팜 로겐비어 라이(Rogue Farms Roguenbier Rye)
로그(Rogue Ales & Spirits, 미국)
로그 브루어리의 자체 생산 홉, 보리, 그리고 호밀로 만들어진 맥주이다. 호밀, 후추, 가벼운 과일과 훈제 향이 섞여 난다.

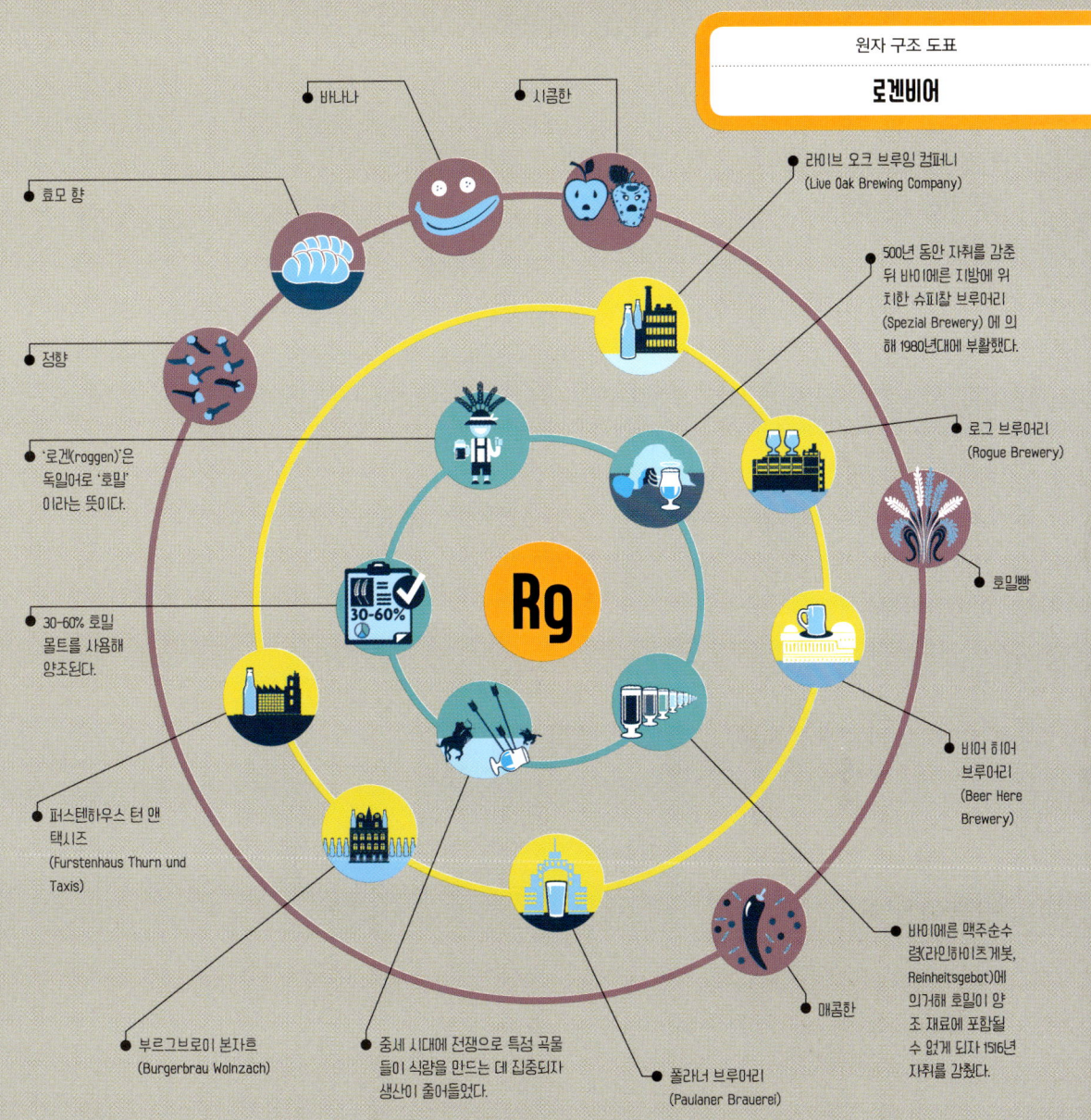

원자 구조 도표
로겐비어

어울리는 음식

| 돼지고기 바베큐 | 소시지 | 소금에 절인 쇠고기 |

더벨 Dubbel

유래 **벨기에**
색 **10-20 SRM**
알코올 도수(ABV) **6-7.8%**
쓴맛(IBU) **15-25**
잔 **고블렛**

몰트, 과일, 향신료의 집합체

선선한 저녁에 따뜻한 음식과 함께하기 좋은 맥주이다. 색은 마호가니 갈색에 끈적한 황갈색 거품층을 가진다. 향은 자두, 건포도, 또는 체리 향이 나고, 효모는 향과 맛에서 모두 느낄 수 있다. 맛은 정향, 후추, 계피, 육두구가 주를 이룬다. 향과 맛뿐만 아니라 혀에 닿는 느낌도 효모, 몰트, 과일이 다양하게 어우러져 부드럽고 독특한 느낌을 자아낸다. 홉은 몰트와 효모와의 균형을 이루는 역할을 한다.

추천 맥주

쉬메이 프리미에르(Chimay Première) 쉬메이(Bieres de Chimay, 벨기에)
레이블로 인해 쉬메이 레드로도 불린다. 과일, 계피, 허브가 어우러진 복합적인 맛에 부드러운 바디감을 가졌다.

베스트말러 트라피스트 더벨(Westmalle Trappist Dubbel)
베스트말러(Brouwerij der Trappisten van Westmalle, 벨기에)
첫 맛은 자극적이나 끝으로 갈수록 초콜릿 맛과 함께 부드러운 알코올 맛이 난다. 드라이한 피니시에 건포도 맛이 혀에 남는다.

로쉬포르 6(Rochefort 6)
아베이 노트레 담 데 생레미(Abbaye Notre-Dame de Saint-Remy, 벨기에)
효모와 향신료의 향이 초콜릿 향과 약하게 섞여 난다. 가볍고 부드러우며 캐러멜, 과일, 그리고 약간 새콤한 맛이 난다.

더벨 113

원자 구조 도표
더벨

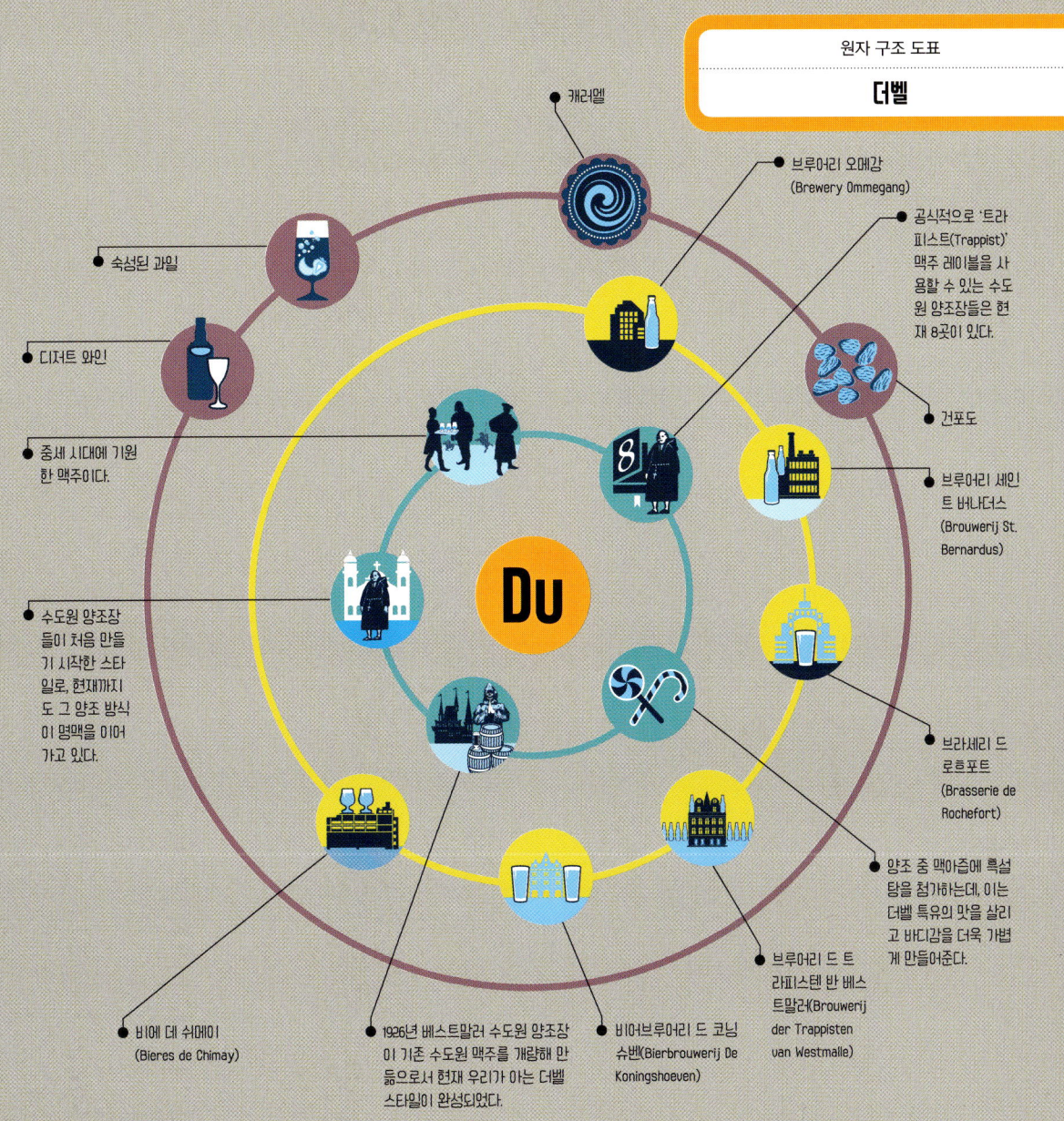

어울리는 음식

| 비프 스튜 | 붉은 고기 | 구운 닭고기 또는 돼지고기 | 올리브 |

유래 벨기에
색 12-18 SRM
알코올 도수(ABV) 4.8-5.2%
쓴맛(IBU) 15-25
잔 플루트, 튤립

플란더스 브라운 Flanders Brown

기대 이상의 강렬함

'오드 브루인(oud bruin)'으로 불리기도 한다. 블렌딩을 함으로써 스타일 내에서 다양한 결과를 얻어낼 수 있어 양조를 예술의 경지로 끌어올린다. 붉은빛이 도는 갈색에 황갈색 거품층을 가진다. 향은 독특하게 초콜릿, 건포도, 견과류, 셰리, 몰트 과일, 그리고 가죽이 섞인 듯한 머스크 향이다. 맛은 향보다는 단순한 맛을 내는데, 주로 과일의 시큼함과 몰트의 달콤함을 잘 살린 것이 특징이다. 미디엄 바디감에 탄산감은 낮다.

추천 맥주

구덴밴드(Goudenband) 브루어리 리프만(Brouwerij Liefmans, 벨기에)
모든 병이 박엽지로 싸여있다. 밝은 붉은 빛이 도는 갈색에 과일의 시큼함이 균형감 있게 느껴진다.

립스 오브 페이스—라 폴리(Lips of Faith—La Folie)
뉴 벨지엄(New Belgium Brewing Co., 미국)
일년에 한번만 양조되는 맥주이다. 1년에서 3년 정도 숙성하는 것을 추천하며, 사과와 몰트 맛이 난다. 오크와 과일이 섞인 독특한 향이 나며 시큼하면서도 상쾌하다.

페트러스 오드 브루인(Petrus Oud Bruin) 브루어리 바빅(Brouwerij Bavik, 벨기에)
자연적인 허브 향에 시트러스 향이 하이라이트처럼 난다. 살짝 신맛이 나며, 과일과 몰트의 달콤함과 잘 어울린다.

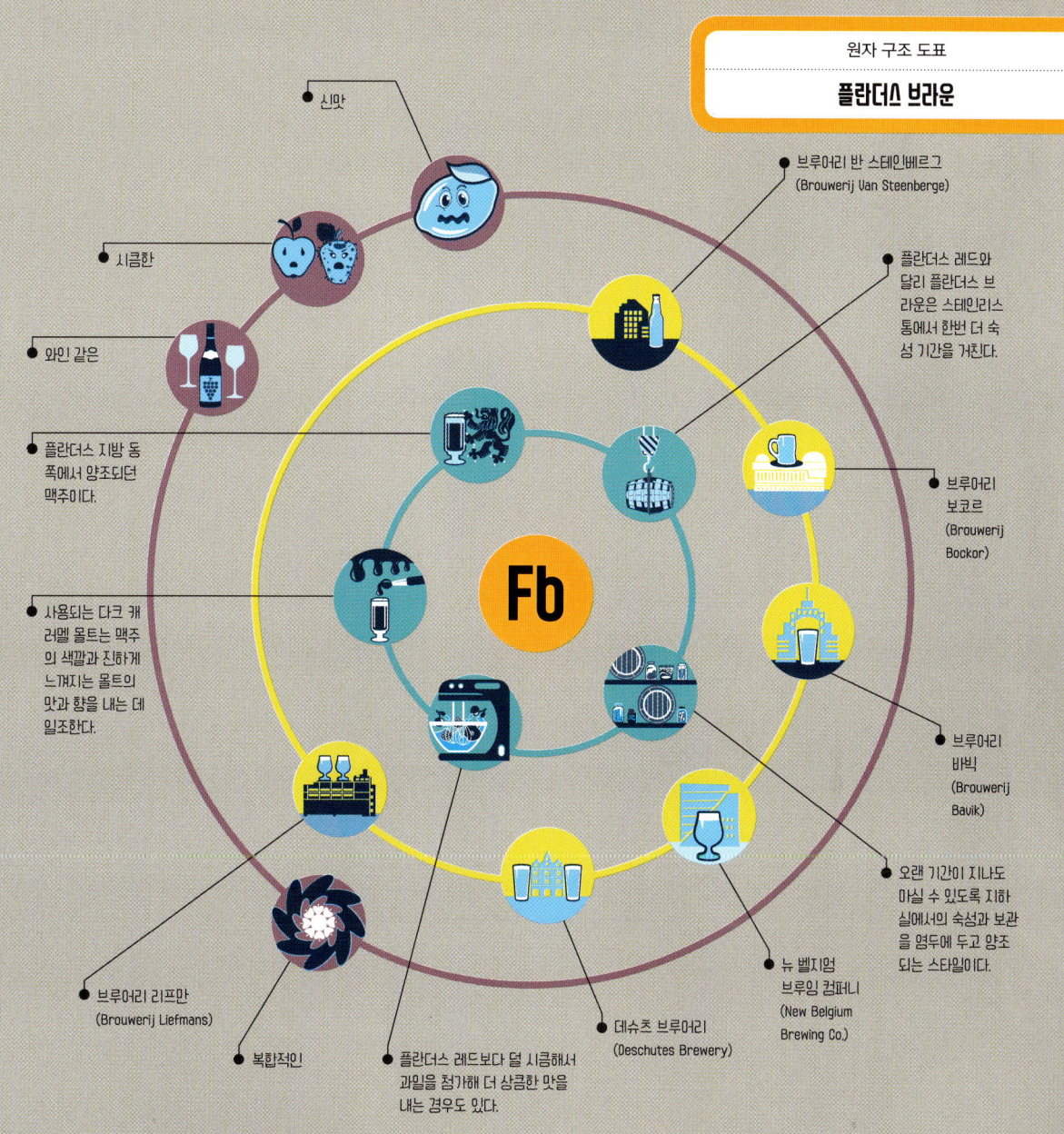

벨기에 스트롱 다크 에일 Belgian Strong Dark Ale

유래 **벨기에**
색 **7-22 SRM**
알코올 도수(ABV) **7-11%**
쓴맛(IBU) **20-50**
잔 **고블렛**

진정한 맥주 애호가라면 이 맥주를

세계에서 가장 탁월한 맥주들이 이 스타일에 속해 있어, 진정한 맥주 애호가라면 이 스타일을 선호할 가능성이 높다. 깊은 호박색부터 갈색까지 색이 다양한 편이고, 거품층 색도 다양한 베이지 계열의 색이다. 건포도, 대추, 향신료, 다양한 과일, 캐러멜, 빵, 허브, 후추 등이 섞인 강렬한 아로마가 코를 자극하고, 몰트가 중심을 잡아 이런 향들이 맛을 너무 좌우하지 않도록 한다. 매혹적이며 알코올 도수를 쉽게 느낄 수 없을만큼 복합적인 맛이다.

추천 맥주

쉬메이 그랑 리저브(Chimay Grande Réserve)
비에 드 쉬메이(Bieres de Chimay, 벨기에)
쉬메이 블루로 더 잘 알려져 있다. 이 스타일의 대표적인 예로, 달콤한 몰트와 과일, 그리고 향신료가 잘 어울리는 맥주이다. 숙성해서 마시기 좋은 맥주이다.

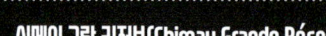

베스트블레트론 12(Westvleteren 12) 베스트블레트른(Brouwerj Westvleteren, 벨기에)
'베스티(westy)'라는 애칭으로 잘 알려진 이 맥주는 2012년 미국에서 수도원 밖에서 처음 출시되었다. 이 스타일을 접하기 좋은 맥주이면서 대중이 좀 더 쉽게 접할 수 있는 맥주이다.

로쉬포트 10(Rochefort 10)
아베이 노트레 담 데 생레미(Abbaye Notre-Dame de Saint-Remy, 벨기에)
깊은 갈색에 빵 같은 허브 향이 건포도, 캐러멜, 정향과 함께 난다. 달콤한 몰트 맛을 잘 살리면서 드라이한 피니시를 가진다. 11.3%의 알코올 도수로 높은 축에 속한다.

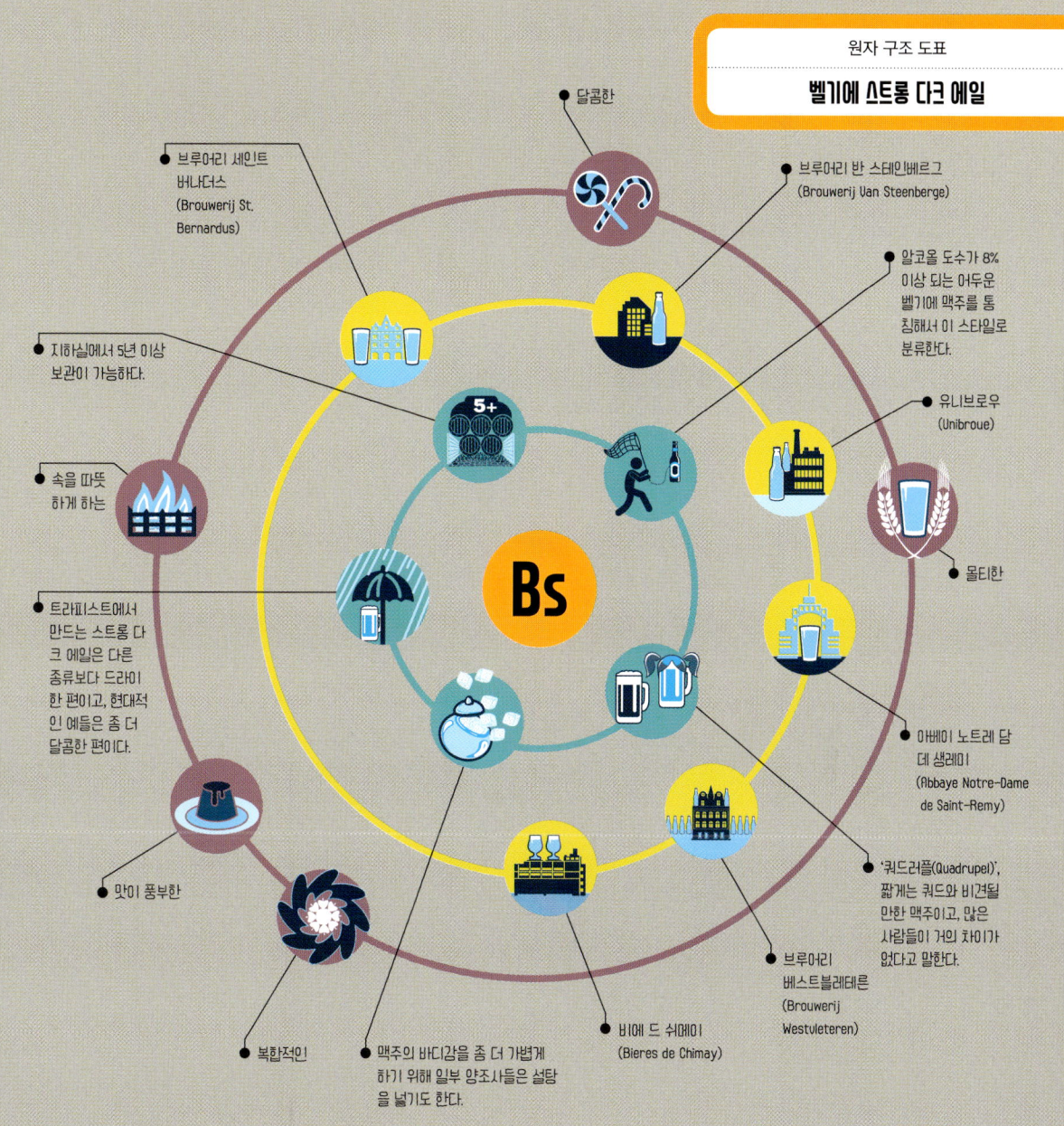

바이젠바크 Weizenbock

유래 독일
색 15-20 SRM
알코올 도수(ABV) 6-8.5%
쓴맛(IBU) 15-30
잔 바이젠

따뜻한 겨울 맥주

바이젠류 중 가장 알코올 도수가 높고 색깔이 어두운 스타일이다. 알코올 도수가 높은 만큼 추운 겨울에 마시기 좋은 맥주이다. 몰트와 효모가 독특하게 어울리면서 인상적인 향을 만드는데, 바나나, 정향, 향신료 향이 나면서도 몰트의 캐러멜 향은 잃지 않는다. 과일과 몰트, 달콤한 알코올이 어우러져 가볍지는 않지만 쉽게 마실 수 있고 부드럽게 넘어간다.

추천 맥주

슈나이더 바이스 마인 아벤티누스 탭 6 (Schneider Weisse Mein Aventinus Tap 6)
슈나이더 앤 손(Schneider Weisse G. Schneider & Sohn, 독일)
바나나와 정향이 기본 뼈대를 이루고, 달콤한 캐러멜이 따뜻하게 감싼다.

바이헨슈테파너 비투스 (Weihenstephaner Vitus)
바이헨슈테판(Bavarian State Brewery Weihenstephan, 독일)
빵과 같은 몰트 향을 주축으로 과일과 정향 향이 섞여난다. 맛은 향과 비슷하며 복합적인 피니시가 인상적이다.

문글로우 바이젠바크 (Moonglow Weizenbock)
빅토리(Victory Brewing Co., 미국)
사과와 바나나 향에 캐러멜과 향신료 향이 같이 나며, 굉장히 부드럽다. 맛이 굉장히 강렬하게 느껴진다.

벨기에 블랙 에일 Belgian Black Ale

유래 벨기에
색 30-40 SRM
알코올 도수(ABV) 4-6.2%
쓴맛(IBU) 20-40
잔 튤립, 스니프터, 큰 와인잔

상반된 이미지의 스타일

이 스타일에 대한 언급은 1500년부터 기록에 나오기 시작하지만, 정확한 양조의 역사는 불분명한 부분들이 많다. 어두운 색의 바디에 벨기에산 효모를 쓰는 것이 이 스타일의 특징인데, 흑색에 가까운 색을 띠지만 마시면 의외로 부드럽고 가볍다. 벨기에산 효모는 강한 풍미를 가진 것으로 유명한데, 고수, 후추, 생강 같은 향신료가 섞인 맛에 초콜릿, 커피, 토피 맛이 나는 몰트 맛에 깊이를 더한다. 한번 마시면 자꾸 생각이 날 것 같은 맥주이다.

추천 맥주

샹블리 느와르(Chambly Noire) 유니브로우(Unibroue, 캐나다)
색깔에 비해 가벼운 바디감을 가졌다. 커피, 로스팅된 몰트 그리고 향신료 맛이 나며 끝에 훈제 향이 남는다.

1554 뉴 벨지엄(New Belgium Brewing Co., 미국)
쌉싸름한 초콜릿, 로스팅된 몰트, 과일 맛이 혀에 느껴져 달콤쌉싸름한 균형이 잘 맞는다. 드라이한 피니시를 가진다.

틸버그 더치 브라운 에일(Tilburg's Dutch Brown Ale)
코닝슈벤(Bierbrouwerij De Koningshoeven, 네덜란드)
네덜란드의 유일한 수도원 양조장에서 생산된다. 초콜릿과 토피가 전체적으로 달콤하고 크리미한 바디를 만든다.

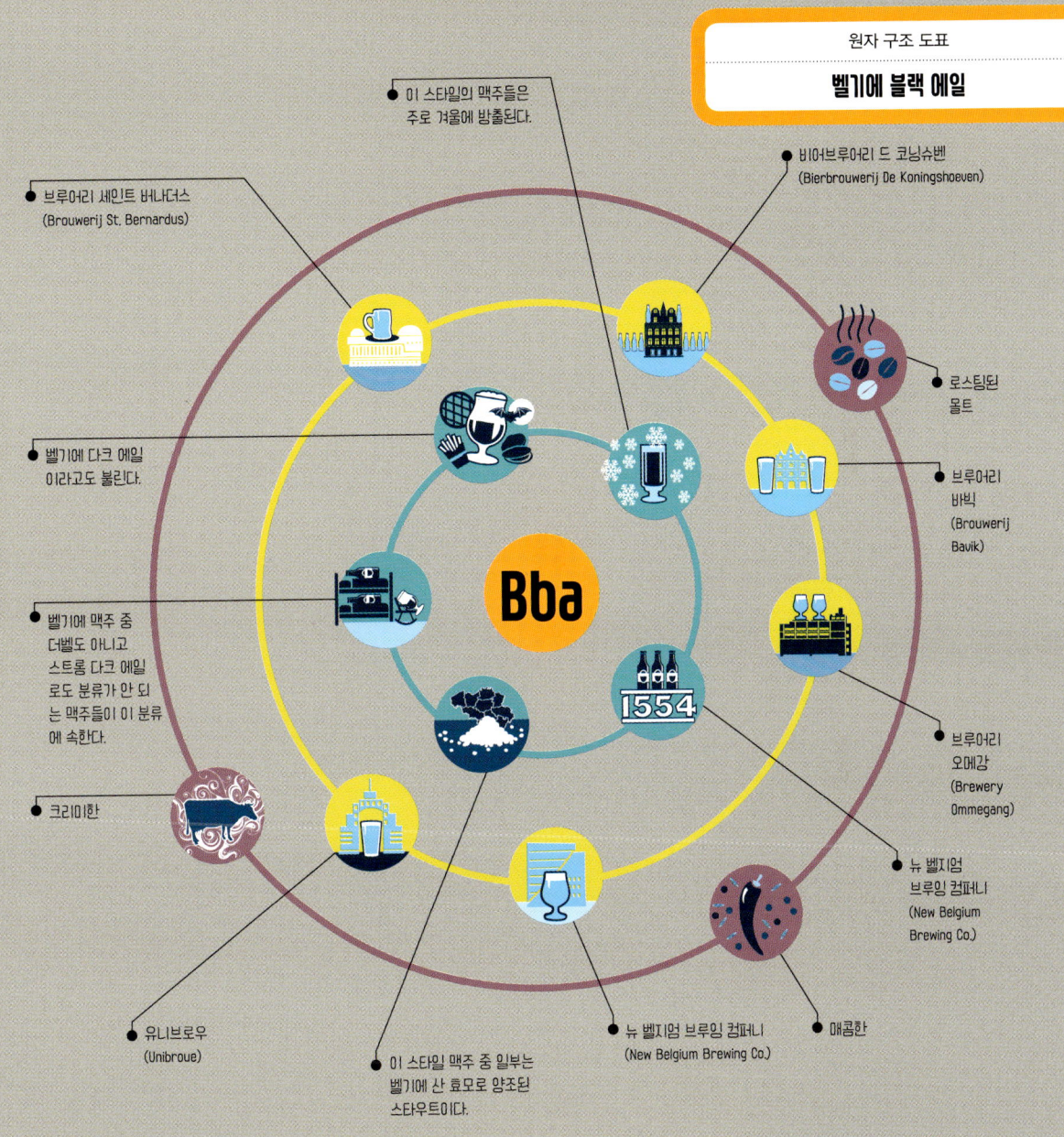

유럽에서 유래한 라거 스타일

유럽에서 유래한
라거 스타일

유서 깊은 이 분류의 맥주 스타일들은 최근 대형 양조회사들이 생산하면서
많은 사람들에게 그저 대량생산되는 단조로운 맥주라는 인식이 강하다.
하지만 우리에게 익숙한 페일 라거류 외에도 다양한 맛을 자랑하는 라거들이 많다.
많은 이들이 구분조차 제대로 할 수 없는 그저 색이 옅은 라거라고 치부해버리는
경우가 많지만, 사람들이 모르는 다양하고 깔끔한 맛이 매력적인 맥주들이
이 분류 안에 포진되어 있다.

맥주를 가장 크게 나누면 라거와 에일로 나눌 수 있다(물론 예외도 있다). 종류의 숫자로만 보면 에일이 대다수이지만, 전세계 소비량으로 보면 라거가 압도적으로 높다. 이 인기가 라거가 단조롭다는 잘못된 인식을 불러오기도 했다.

라거는 주로 에일보다 낮은 온도(섭씨 4-7도)에서 발효과정을 거치는데, 이를 '라거링(lagering)'이라고 지칭한다. '라거(lager)'라는 단어 자체는 독일어로 '저장고'라는 의미인데, 에일과 차별되는 가장 큰 특징을 지칭한다. 낮은 온도에서 더 길게 하면 발효되는 라거 효모는 에일에서 자주 볼 수 있는 과일향이나 진한 맛을 걸러내는 역할을 하며, 결과적으로 깔끔하고 투명한 맛을 만들어낸다. 맛이 깔끔해지는 만큼 양조 중에 작은 결점도 다 드러나기 때문에, 양조 중에 절대 실수가 있어서는 안 된다.

세계에서 사람들이 가장 많이 마시는 맥주들이 이 스타일에 속하는데, 최근에 들어 미국식 스타일이 유행하고 있기는 하지만, 이 엷은 라거들은 주로 독일에서 유래한 경우가 많다. 1400년대에 독일 바이에른 지방의 양조사들은 온도가 낮은 동굴에 맥주를 보관하면 더운 날씨에도 맥주를 잘 유지할 수 있다는 것을 알게 되었다. 이 때부터 발효와 숙성을 차가운 온도에서 시도하기 시작했고, 1553년 이 양조법은 바이에른의 공작 알브레히트 5세에 의해 법령으로까지 지정되었다. 이 법령으로 효모를 따뜻한 온도에서 발효하는 양조법은 거의 사라지다시피 하였고,

라거가 이 지방의 대표적인 맥주로 자리하게 된 것이다. 처음 탄생한 스타일들은 색이 어두웠지만, 주변 국가에서 색이 엷은 맥주들이 유행하면서 독일 양조사들도 곧 이 트렌드를 따라 필즈너와 헬러스 같은 색이 엷은 라거들을 개발하기 시작했다. 이 맥주들은 깔끔하면서 질 좋은 몰트와 톡 쏘는 홉 맛의 균형을 잘 잡은 것이 특징이었다. 보헤미안 필즈너에서 파생된 비엔나 라거는 독일의 마르젠과 옥토버훼스트에서 영감을 받았다. 바크 종류들은 앞서 말한 스타일들보다 색이 훨씬 어두운 편이다. 마이바크는 색은 엷지만 풍미가 깊은 몰트를 느낄 수 있고, 이에 비해 기본 바크는 색은 더 어둡지만 여전히 부드럽다. '액체로 만든 빵'이라고도 불리는 도펠바크는 알코올 도수도 높고 색은 흑색에 가깝다. 아이즈바크는 바크 중 가장 알코올 도수가 높고, 맥아즙을 얼리는 방법으로 맥주의 단맛과 알코올 맛을 극대화시킨다. 슈바츠비어는 라거 중 가장 어두운 맥주에 속해 달콤쌉싸름한 견과류 맛을 느낄 수 있으면서 깔끔하고 산뜻해 부담 없이 마실 수 있다. 이런 어두운 라거를 마셔 본다면 라거에 대한 편견이 깨질 것이다.

에일만큼 복합적인 맛은 아니지만, 라거도 분명 라거 스타일만의 매력이 있다. 오히려 특별한 부재료나 특수한 양조법 없이도 진한 아로마와 다양한 색을 만들어내 끝없는 맥주의 세계를 탐험할 계기를 준다.

독일 필즈너 German Pilsner

유래 독일
색 2-5 SRM
알코올 도수(ABV) 4.5%-5.2%
쓴맛(IBU) 25-45
잔 필즈너, 플루트, 머그

황금빛 매력에 빠지다

인접한 체코 지방에서 황금빛 라거를 만든 후, 독일 양조사들이 이 엷은 색 라거에 매료되는 것은 시간 문제였다. 독일식으로 해석해서 탄생한 이 스타일은 이제 독일에서 가장 생산이 많이 되는 맥주 스타일로 자리매김 했다. 색은 밀집같이 엷은 황금색을 띠며, 탄산감이 느껴지는 하얀색 거품 층이 생긴다. 산뜻한 홉의 쓴맛을 방해할 만한 맛의 요소는 없지만, 몰트의 맛이 전체적인 맛의 균형을 잡고 홉의 맛을 지지하는 역할을 해 끝맛이 깔끔하다. 보헤미안 필즈너보다 더 색이 엷고, 드라이하며, 탄산감이 높고, 아로마가 살짝 덜한 편이다.

추천 맥주

비트버거 프리미엄 필즈(Bitburger Premium Pils)
비트버거(Bitburger Braugruppe, 독일)
독일에서 가장 잘 팔리는 생맥주 브랜드이다. 엷은 황금색에 깔끔한 쓴맛이 나면서 특유의 독일 몰트의 맛도 느낄 수 있다.

예베 필즈너(Jever Pilsener)
프리즈시셰 브로이하우스 주 예베(Friesisches Brauhaus zu Jever, 독일)
홉 향이 가장 강하게 난다. 홉 향 뒤에 빵 같은 몰트의 향이 난다. 산뜻한 쓴맛으로 끝맛이 깔끔하다.

프리마 필즈(Prima Pils) 빅토리(Victory Brewing Co., 미국)
미국에서 이 스타일을 가장 잘 해석한 맥주 중 하나이다. 플로럴 향이 나는 홉이 몰트와 유난히 잘 어울린다.

독일 필즈너 127

원자 구조 도표
독일 필즈너

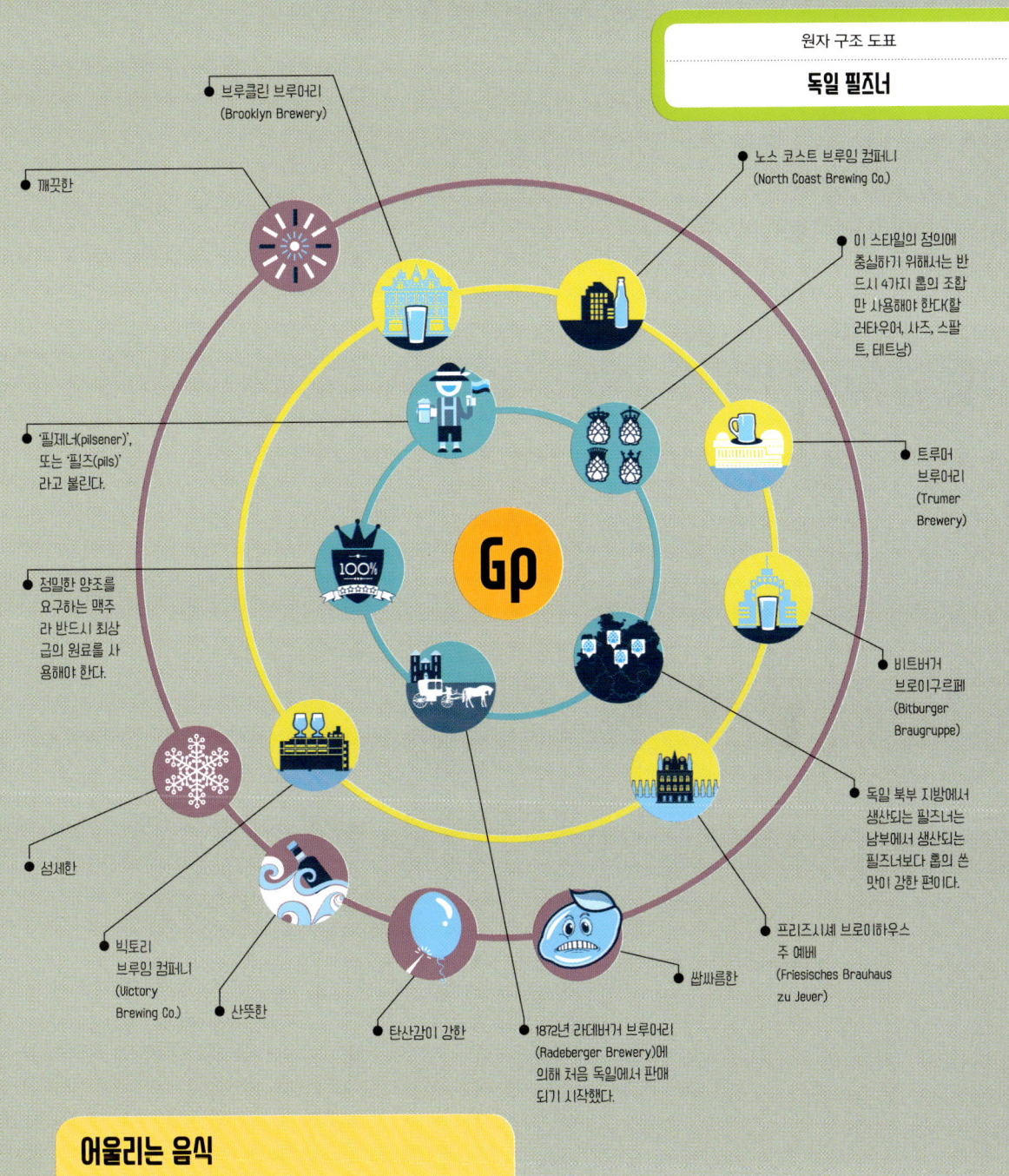

어울리는 음식

| 조개류 | 매콤한 소시지 | 인도 음식 | 튀긴 생선 | 자메이칸 음식 |

보헤미안 필스너 Bohemian Pilsner

유래 **보헤미아(현 체코)**
색 **3.5-6 SRM**
알코올 도수(ABV) **4-5.5%**
쓴맛(IBU) **35-45**
잔 **필스너, 플루트, 머그**

한치의 오차도 허용되지 않는 스타일

1842년에 보헤미아 지방(현 체코)에 필젠(Plzen)이라는 도시에서, 바이에른에서 온 양조사가 이제까지 나온 몰트 중 가장 색이 옅은 몰트를 만들어냈다. 이 몰트의 제조로 풍미가 깊은 황금색 맥주가 탄생하게 되었다. 양조사들은 이 맥주를 '발가벗은 맥주'라고 표현하기도 했는데, 워낙 색깔이 옅어 양조 중에 생긴 어떤 불순물이나 실수도 다 드러나버리기 때문이다. 크리미한 하얀색 거품층에 향은 복합적인 몰트 향과 향신료, 또는 플로럴 향이 나는 홉(주로 사츠Saaz라는 홉 종류가 쓰인다)의 조화가 주를 이룬다. 독일 필스너와 비슷한 점이 많지만, 보헤미안 필스너가 색이 조금 더 어둡고, 탄산감은 적으며, 향은 더 풍부한 편이다.

추천 맥주

필스너 우르켈(Pilsner Urquell) 필젠스키 프라즈드로이(Plzensky Prazdroj, 체코)
'우르켈'은 독일어로 '원천'이라는 뜻이다. 이 스타일의 가장 클래식한 예로 꼽히는데, 풍미가 깊고 쌉싸름하면서 달콤한 몰트로 균형 잡혔다.

버드와이저 부드바 오리지널(Budweiser Budvar B:Original)
버드와이저 부드바 브루어리(Budweiser Budvar Brewery, 체코)
약간 어두운 황금색을 띠는 이 맥주는 풍부한 바디감에 새콤한 홉 향과 달콤한 빵 향이 잘 어우러져 있다. 다른 필스너에 비해 쓴맛은 덜한 편이라 부드럽다.

새뮤얼 아담스 노블 필즈(Samuel Adams Noble Pils)
보스턴 비어 컴퍼니(The Boston Beer Company, 미국)
이 스타일의 다른 맥주들보다 쓴맛이 더 강한 편이지만 산뜻하고 살짝 신맛이 난다.

원자 구조 도표
보헤미안 필즈너

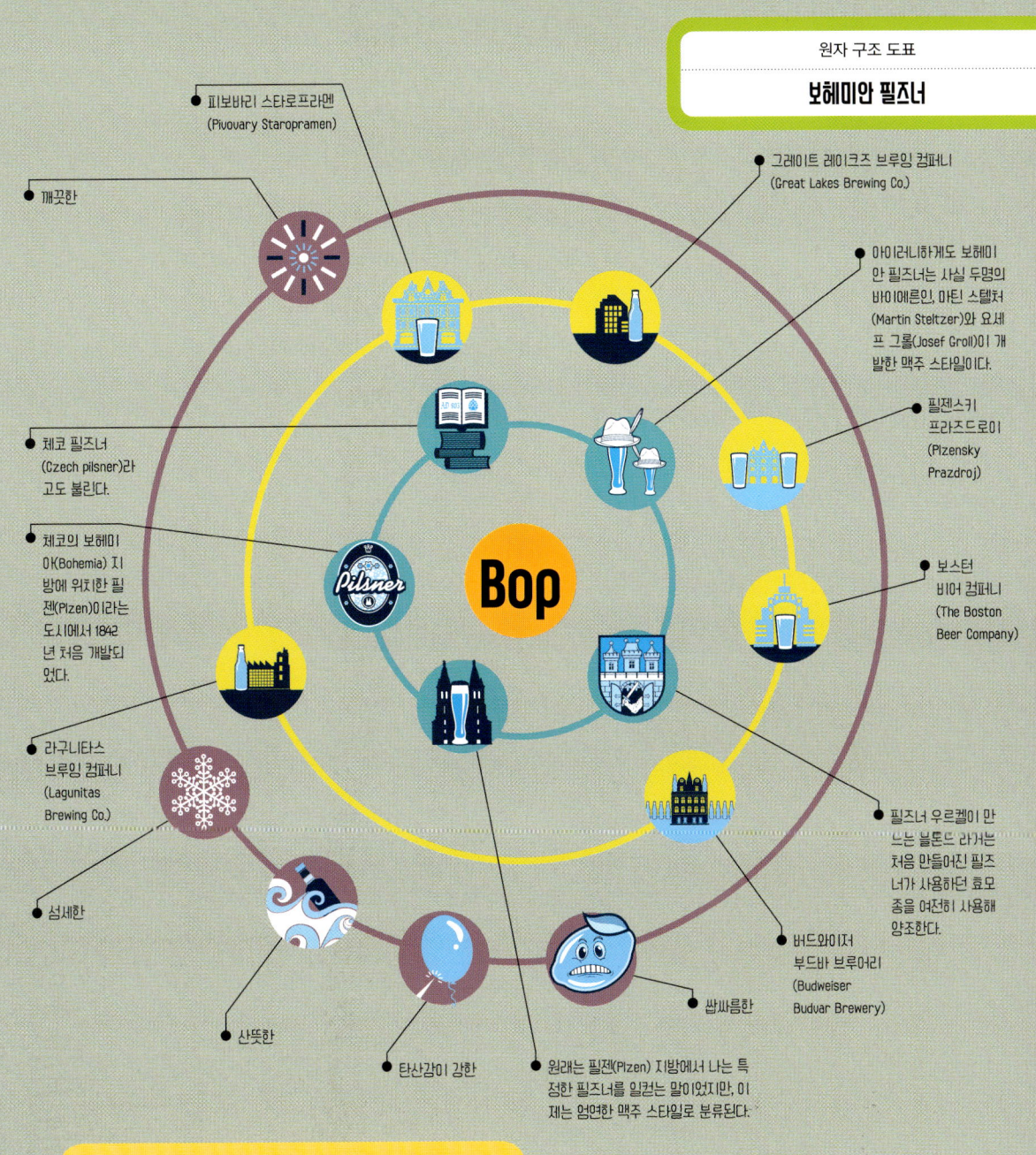

어울리는 음식

조개류	매콤한 소시지	인도 음식	연어	햄

헬러스 Helles

유래 독일
색 3-5 SRM
알코올 도수(ABV) 4.7-5.4%
쓴맛(IBU) 16-22
잔 필즈너, 플루트, 머그

뮌헨의 자존심을 세우다

바이에른의 양조사들이 주도권을 체코(보헤미안) 필즈너에 넘겨주고 있다는 위기감에서부터 탄생한 스타일. 보기 좋은 투명한 금색에 깨끗하게 자리한 흰색 거품층 때문에 잔에 담긴 모습이 이상적이다. 너무 튀지 않는 홉 향에 부드럽고 달콤한 몰트 향이 난다. 바디감은 너무 가볍지 않고 부드러워 이 스타일이 인기를 얻은 이유를 어렵지 않게 알 수 있다. 필즈너보다 조금 더 몰트맛이 강하고 덜 쌉싸름해 머그로 마셔도 부담이 없다.

추천 맥주

바이헨슈테파너 오리지널(Weihenstephaner Original)
바이헨슈테판(Bavarian State Brewery Weihenstephan, 독일)
1040년에 설립된 바이헨슈테판에서 만드는 헬러스는 이 스타일의 정석이라고도 할 수 있다. 몰트가 메인이지만, 부드럽고 산뜻하다.

호프브로이 오리지널(Hofbräu Original) 호프브로이(Hofbrau Munchen, 독일)
뮌헨의 상징과도 같은 호프브로이에서 만든 맥주이다. 금색을 띠고 몰트 프로필에 강하게 느껴지는 편이다.

슈파텐 프리미엄 라거(Spaten Premium Lager)
슈파텐(Spaten-Franziskaner-Lowenbrau-Gruppe, 독일)
이 스타일을 개발한 슈파텐에서 만든 맥주이다. 달콤하고 균형잡힌 몰트 바디에 홉을 살짝 더했다.

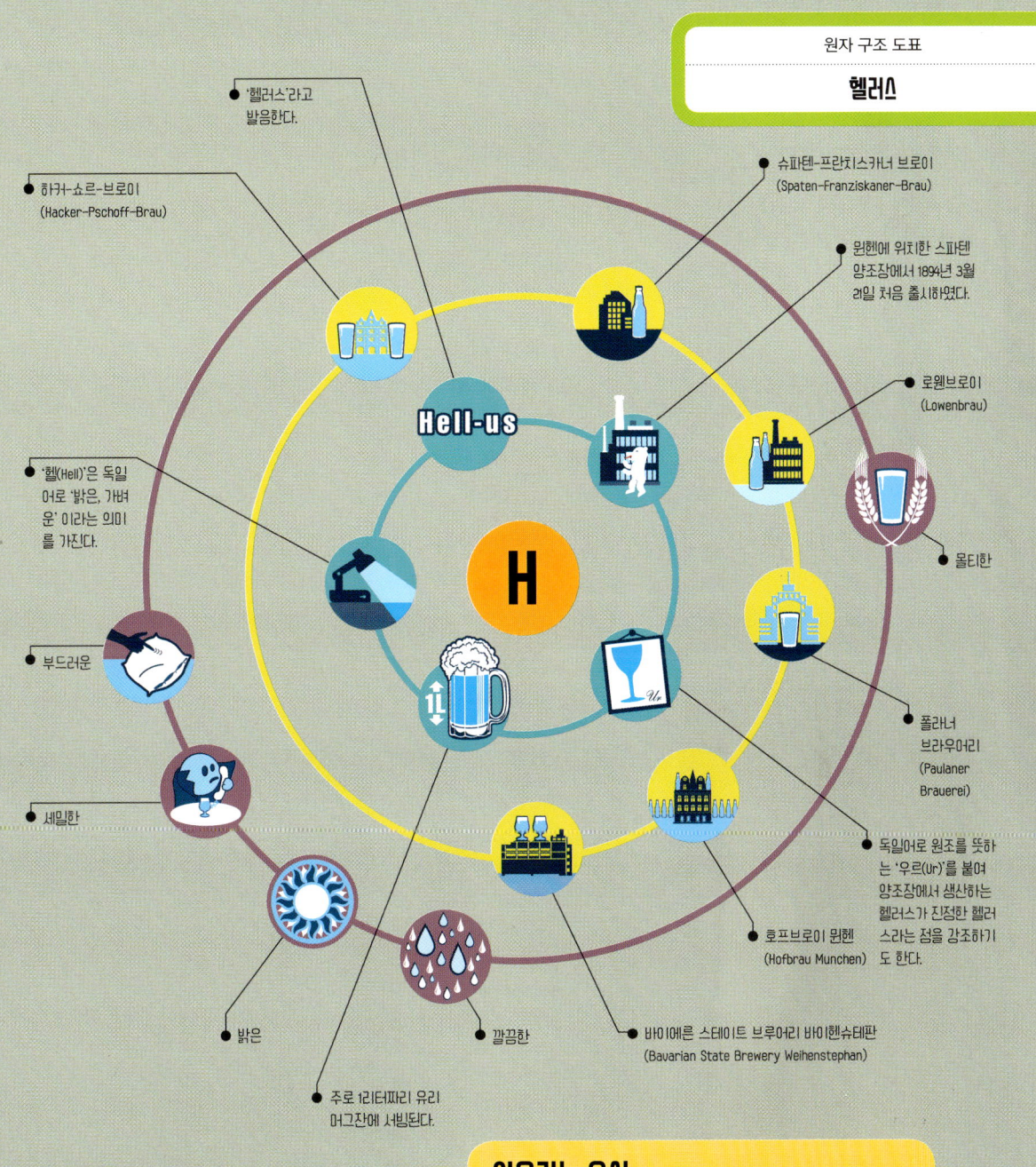

도르트문더 엑스포트 Dortmunder Export

유래 **독일**
색 **4-6 SRM**
알코올 도수(ABV) **4.8-6%**
쓴맛(IBU) **23-30**
잔 **필즈너, 플루트, 파인트**

열심히 일한 하루의 보상

역사가 깊은 맥주들이 그만큼 맛있는 것은 느낌 탓일까? 19세기에 독일의 루르 지방의 광산 도시 도르트문트에서 탄생한 라거는 헬러스보다는 쓰고 필즈너보다는 약한, 열심히 일한 광부들의 갈증을 해소하기 딱 좋은 맥주였다. 황금빛에 홉과 몰트가 잘 어우러진 아로마가 난다. 첫 모금은 캐러멜 향이 나는 몰트 맛이지만, 홉을 가릴 정도는 아니다. 알코올 도수도 낮은 편이라 여러 잔 마시기에 부담이 없다.

추천 맥주

발티카 #7 엑스포트(Baltika #7 Export) 발티카(Baltika Breweries, 러시아)
빵같은 향이 나는 몰트에 시트러스와 레몬 향이 나는 홉을 사용해 지나치게 단 맛을 제한했다.

DAB 오리지널(DAB Original)
도르트문더 액티엔 브라우어리(Dortmunder Actien-Brauerei, 독일)
도르트문트에서 생산되는 몇 안되는 도르트문트 엑스포트이다. 가벼운 몰트에 깨끗하고 홉과의 균형이 조화롭다.

도르트문더 골드(Dortmunder Gold)
그레이트 레이크스(Great Lakes Brewing Co., 미국)
이 스타일치고는 색이 어두운 편이며, 세계적으로도 인정 받은 이 맥주는 호박색에 복합적인 맛이며 드라이한 피니시를 자랑한다.

마이바크 Maibock

유래 **독일**
색 **6-11 SRM**
알코올 도수(ABV) **6.3-7.5%**
쓴맛(IBU) **23-35**
잔 **머그**

새로운 바크

비교적 새로운 맥주 스타일에 속하는 마이바크는 봄을 맞이하며 마시기 좋은 스타일이다. 바크는 14세기부터 양조되기 시작했지만, 19세기 들어 양조 기술이 발전하고 나서야 바크는 변화를 거듭하며 진화하기 시작했다. 현대의 마이바크는 황금빛이나 엷은 호박색을 띠며 투명하다. 크림 같은 하얀색 거품층이 자리하며 로스팅된 몰트나 캐러멜 향을 찾기 어렵다. 몰트의 풍미를 느낄 수 있지만, 다른 바크 스타일에 비해 홉의 쓴 맛이 더 강한 편이다. 너무 복합적이지 않으면서 충분한 풍미를 선사하는 스타일이다.

추천 맥주

아인베커 마이-우르-바크(Einbecker Mai-Ur-Bock)
아인베커(Einbecker Brauhaus, 독일)
깊은 호박색에 균형이 잡힌 전형적인 마이바크이다.

호프브로이 마이바크(Hofbräu Maibock)
호프브로이(Hofbrau Munchen, 독일)
구릿빛이 도는 붉은색에 베이지색 거품층이 생긴다. 달콤하고 풍미가 깊은 몰트에 홉으로 깔끔한 마무리를 선사한다.

쎄인트 보이스트러스(St. Boisterous)
빅토리(Victory Brewing Co., 미국)
부드럽고 맛이 풍부하다. 깨끗하고 산뜻해 부담없이 마실 수 있다.

마이바크 135

원자 구조 도표
마이바크

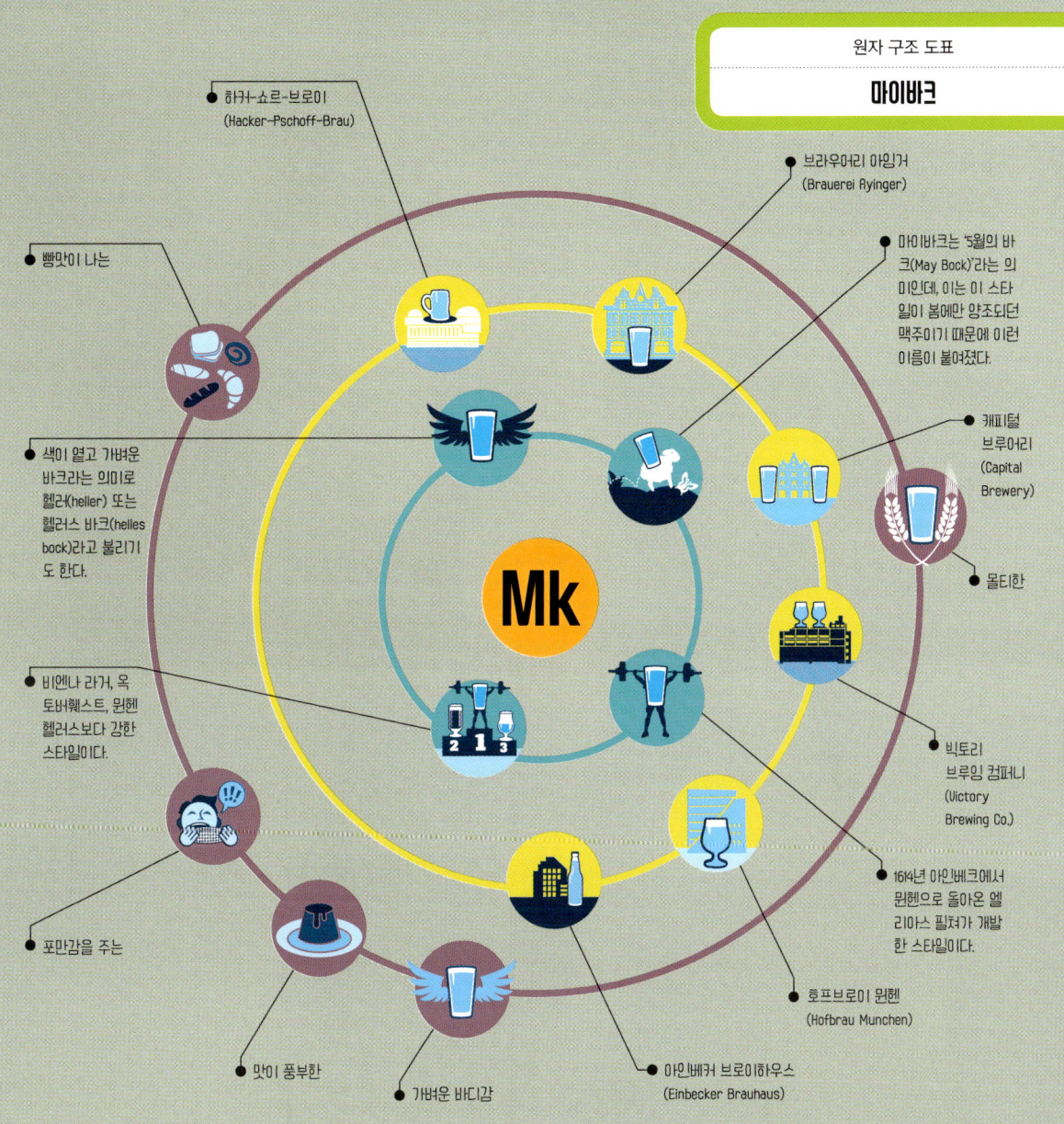

- 하커-쇼르-브로이 (Hacker-Pschoff-Brau)
- 빵맛이 나는
- 색이 옅고 가벼운 바크라는 의미로 헬러(heller) 또는 헬러스 바크(helles bock)라고 불리기도 한다.
- 비엔나 라거, 옥토버훼스트, 뮌헨 헬러스보다 강한 스타일이다.
- 포만감을 주는
- 맛이 풍부한
- 가벼운 바디감
- 아인베커 브로이하우스 (Einbecker Brauhaus)
- 호프브로이 뮌헨 (Hofbrau Munchen)
- 1614년 아인베크에서 뮌헨으로 돌아온 엘리아스 필쳐가 개발한 스타일이다.
- 빅토리 브루잉 컴퍼니 (Victory Brewing Co.)
- 몰티한
- 캐피털 브루어리 (Capital Brewery)
- 마이바크는 '5월의 바크(May Bock)'라는 의미인데, 이는 이 스타일이 봄에만 양조되던 맥주이기 때문에 이런 이름이 붙여졌다.
- 브라우어리 아잉거 (Brauerei Ayinger)

어울리는 음식

| 매콤한 태국 음식 | 구운 돼지고기 | 조개류 | 바베큐 | 당근 케이크 |

마르젠/옥토버훼스트 Märzen/Oktoberfest

유래 **독일**
색 **7-14 SRM**
알코올 도수(ABV) **4.8-5.9%**
쓴맛(IBU) **20-28**
잔 **파인트, 머그**

오랜 전통을 자랑하는 스타일

옥토버훼스트와 마르젠이라는 스타일의 분류는 점점 의미를 잃어 이제는 같은 스타일의 맥주라고 여겨진다. 3월에 양조되어 10월달에 열리는 맥주 축제인 옥토버훼스트 때까지 보관된다. 독일의 슈파텐 양조장에 있던 양조사 제들마이어(Sedlmayr)가 비엔나 라거의 개발자 안톤 드레허(Anton Dreher)와 합작해 만든 스타일이라 비엔나 라거와 역사가 엮여있다. 이 스타일에 가장 충실한 맥주들은 깊은 황금색 또는 호박색을 띠고, 황백색 거품층을 가진다. 마르젠과 옥토버훼스트 모두 몰트를 중심으로 풍미가 깊고, 적당한 홉으로 균형을 잡았다. 신선한 빵 맛과 토피, 달콤한 몰트, 그리고 약한 향신료 맛이 섞여 부드럽고 포만감을 주는 맥주이다.

추천 맥주

슈파텐 옥토버훼스트 우르-마르젠(Spaten Oktoberfest Ur-Märzen)
슈파텐(Spaten-Franziskaner-Lowenbrau-Gruppe, 독일)
'우르(Ur)'를 이름에 붙혀 원조라는 점을 강조했다. 가장 처음 양조된 마르젠 스타일 맥주이다. 투명한 구리색에 몰트의 균형이 잘 잡힌 클래식한 맥주이다.

아잉거 옥토버 훼스트-마르젠(Ayinger Oktober Fest-Märzen)
아잉거(Brauerei Ayinger, 독일)
이 스타일의 또다른 대표 맥주이다. 몰트하지만 적당히 쓰고, 풍미가 깊으면서 깔끔하고 부담스럽지 않은 맛이다.

하커-쇼르 오리지널 옥토버훼스트(Hacker-Pschorr Oktoberfest Marzen)
하커-쇼르-브로이(Hacker-Pschoff-Brau, 독일)
달콤한 몰트와 신선한 홉이 만나 부드럽고 깔끔한 맥주가 탄생한다.

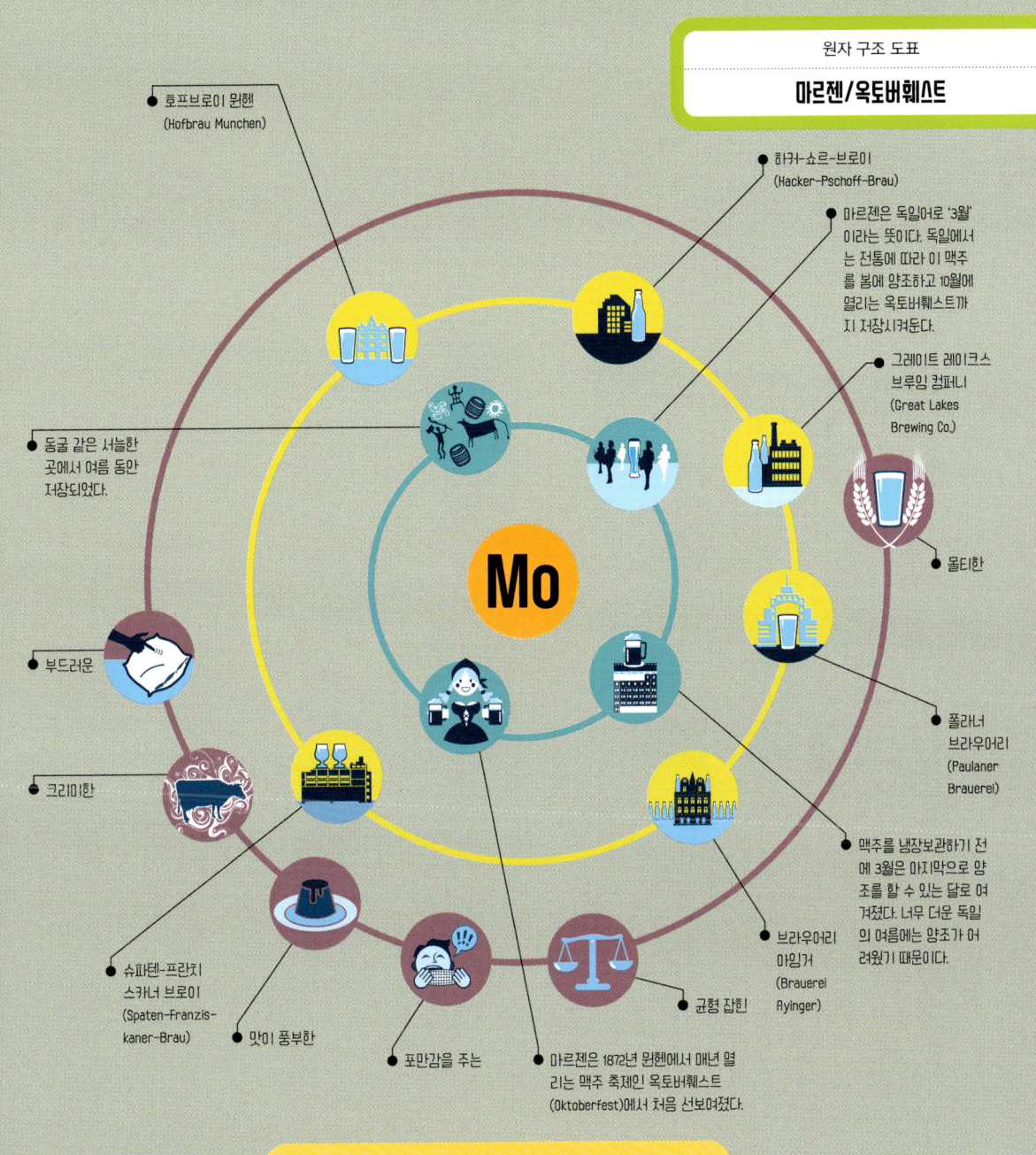

비엔나 라거 Vienna Lager

유래 오스트리아
색 10-16 SRM
알코올 도수(ABV) 4.5-5.9%
쓴맛(IBU) 18-30
잔 머그, 필즈너, 플루트, 튤립

오스트리아의 수도에서 탄생한 스타일

19세기 초에 유행하던 보헤미안 필즈너 같은 엷은 색 맥주들에서 영감을 받아 탄생한 스타일이다. 이제는 오스트리아 내 생산량은 그렇게 많지 않다. 호박색부터 구리색까지 다양한 색깔에, 거품층도 하얀색부터 황갈색까지 다양하다. 독일의 마르젠 스타일과 비슷한 점들이 많다. 달콤한 몰트의 아로마가 주를 이루고, 마르젠보다 알코올 도수는 좀 낮지만 몰트에 들어가는 힘을 좀 빼서 홉 맛은 더 많이 느껴지고, 피니시도 훨씬 드라이한 편이다.

추천 맥주

새뮤얼 아담스 보스턴 라거(Samuel Adams Boston Lager)
보스턴 비어 컴퍼니(The Boston Beer Company, 미국)
보스턴 비어 컴퍼니의 대표 맥주. 1984년에 처음 양조되어 미국의 크래프트 맥주 시장을 선도하는데 앞장선 선구자 같은 맥주.

엘리엇 네스(Eliot Ness) 그레이트 레이크스(Great Lakes Brewing Co., 미국)
이 스타일로는 알코올 도수가 높은 편이며, 밝은 구릿빛을 띤다. 잘 혼합된 몰트 프로필이 갈증을 해소하기에 제격이다.

네그라 모델로(Negra Modelo) 그루포 모델로(Grupo Modelo, 멕시코)
구릿빛에 가까운 호박색에 몰트맛이 나서 부드럽다. 쓴맛은 강하지 않고, 몰트 맛으로 마무리된다.

비엔나 라거 139

원자 구조 도표
비엔나 라거

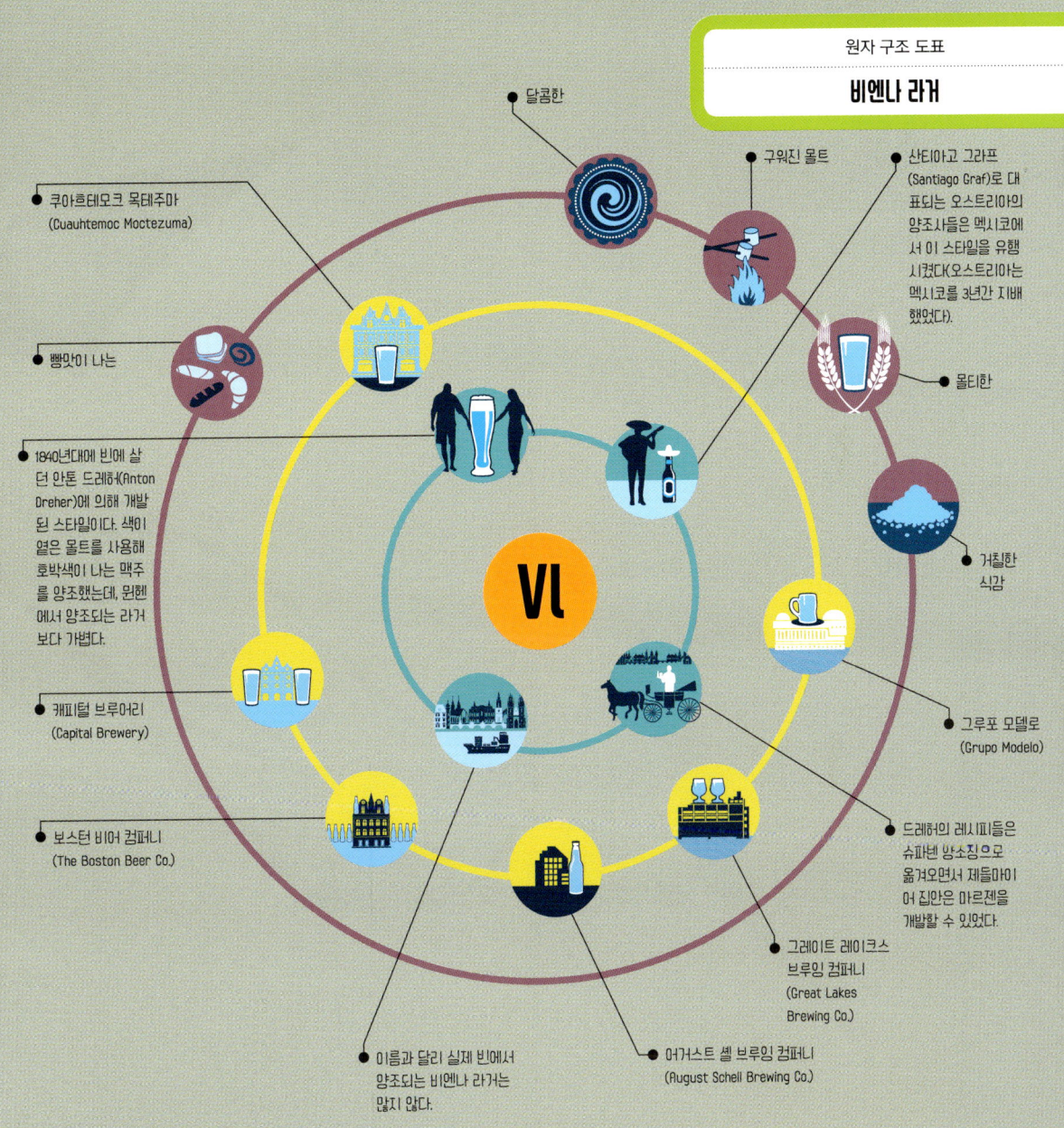

- 달콤한
- 구워진 몰트
- 산티아고 그라프(Santiago Graf)로 대표되는 오스트리아의 양조사들은 멕시코에서 이 스타일을 유행시켰다(오스트리아는 멕시코를 3년간 지배했었다).
- 쿠아흐테모크 목태주마 (Cuauhtemoc Moctezuma)
- 몰티한
- 빵맛이 나는
- 1840년대에 빈에 살던 안톤 드레허(Anton Dreher)에 의해 개발된 스타일이다. 색이 옅은 몰트를 사용해 호박색이 나는 맥주를 양조했는데, 뮌헨에서 양조되는 라거보다 가볍다.
- 거칠한 식감
- 캐피털 브루어리 (Capital Brewery)
- 그루포 모델로 (Grupo Modelo)
- 보스턴 비어 컴퍼니 (The Boston Beer Co.)
- 드레허의 레시피들은 슈파텐 양조장으로 옮겨오면서 제들마이어 집안은 마르젠을 개발할 수 있었다.
- 그레이트 레이크스 브루잉 컴퍼니 (Great Lakes Brewing Co.)
- 이름과 달리 실제 빈에서 양조되는 비엔나 라거는 많지 않다.
- 어거스트 셸 브루잉 컴퍼니 (August Schell Brewing Co.)

어울리는 음식

| 구운 고기 및 야채 | 햄 | 생선튀김 |

켈러비어 Kellerbier

유래 **독일**
색 **10-20 SRM**
알코올 도수(ABV) **5-5.5%**
쓴맛(IBU) **25-35**
잔 **머그, 스테인지**

라거의 차별화

독일의 프랑켄 지방에서 처음 생산되어 요새는 찾아보기 힘든 스타일이지만 단조로운 라거들과 다른 독자적인 스타일이다. 라거의 상징과도 같은 투명함 대신 낮은 온도에서 오크 캐스크에 뚜껑을 완전히 닫지 않고 숙성된다. 이런 과정을 거치면 발효 중에 나오는 이산화탄소가 밖으로 새어 탄산감이 낮아지고 색깔도 불투명한 호박색을 띤다. 거품층은 거의 없는 편이며 홉 아로마가 은은하게 난다. 맛은 향보다 홉 맛이 강하게 난다. 저온 살균 과정을 거치지 않기 때문에 유통기한이 매우 짧아 생산지 밖에서 맛보기 힘든 맥주이다.

추천 맥주

켈러비어(Keller Bier) 세인트 조젠 브로이(St. Georgen Brau, 독일)
호박빛이 도는 갈색에 베이지색 거품층이 생긴다. 몰트와 홉의 복합적인 조화에 좀 더 허브 향이 나는 홉 맛이 난다.

필질라(Pilzilla) 부두(Voodoo Brewing Co., 미국)
불투명한 황금색에 하얀 거품층이 생긴다. 허브 향이 도는 아로마에 첫 모금에는 플로럴 풍미가 느껴진다. 끝맛은 쓴 편이다.

새뮤얼 아담스 알파인 스프링(Samuel Adams Alpine Spring)
보스턴 비어 컴퍼니(The Boston Beer Company, 미국)
켈러비어로 분류되지는 않지만, 켈러비어의 특성을 여러 가지 가지고 있다. 여과 과정을 거치지 않은 것이 대표적인데, 몰트의 맛도 부드럽고 쌉싸름한 홉 맛도 맛볼 수 있다.

켈러비어 141

원자 구조 도표
켈러비어

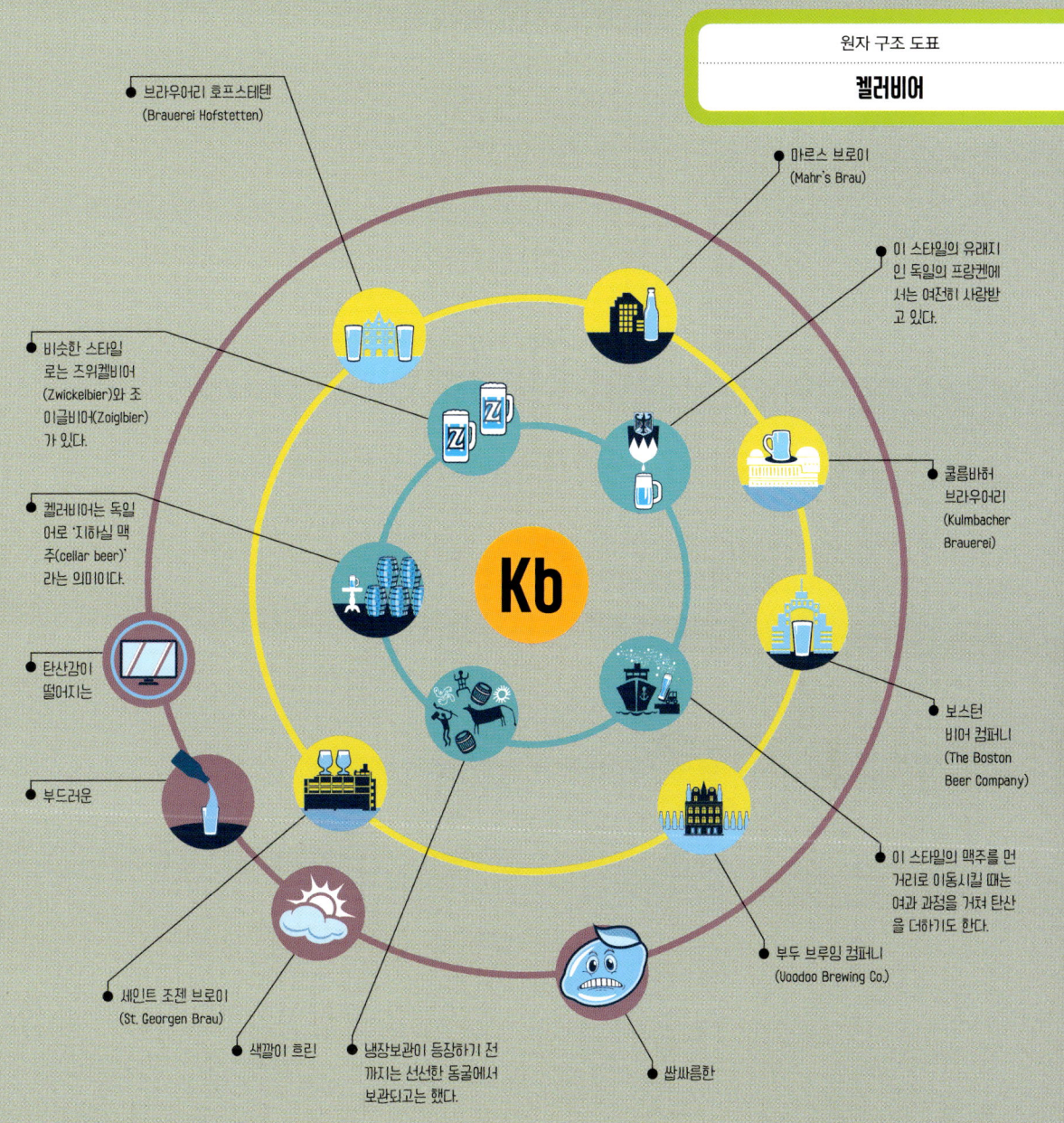

- 브라우어리 호프스테텐 (Brauerei Hofstetten)
- 마르스 브로이 (Mahr's Brau)
- 이 스타일의 유래지인 독일의 프랑켄에서는 여전히 사랑받고 있다.
- 비슷한 스타일로는 즈위켈비어(Zwickelbier)와 조이글비어(Zoiglbier)가 있다.
- 쿨름바허 브라우어리 (Kulmbacher Brauerei)
- 켈러비어는 독일어로 '지하실 맥주(cellar beer)'라는 의미이다.
- 탄산감이 떨어지는
- 보스턴 비어 컴퍼니 (The Boston Beer Company)
- 부드러운
- 이 스타일의 맥주를 먼 거리로 이동시킬 때는 여과 과정을 거쳐 탄산을 더하기도 한다.
- 세인트 조젠 브로이 (St. Georgen Brau)
- 부두 브로잉 컴퍼니 (Voodoo Brewing Co.)
- 색깔이 흐린
- 냉장보관이 등장하기 전까지는 선선한 동굴에서 보관되고는 했다.
- 쌉싸름한

어울리는 음식

독일 음식	소시지	햄버거	매운 음식

라우흐비어 Rauchbier

유래 독일
색 12-22 SRM
알코올 도수(ABV) 4.8-6%
쓴맛(IBU) 20-30
잔 스테인지

연기를 병에 담다

훈제 맥주라는 게 낯설게 느껴질 수도 있다. 라우흐비어는 훈제 맥주 중 한 종류인데, 예전에 양조 도구가 원시적이었을 때는 몰트를 건조하는 중에 어쩔 수 없이 연기가 들어갔다. 연기를 없앨 수 있는 기술이 나온 후에도 일부 양조사들은 이 연기를 간직하거나 오히려 더 많이 담을 수 있는 방법을 연구했다. 대부분의 라우흐비어는 마르젠 같은 어두운 라거를 베이스로 하지만, 최근에는 에일 베이스도 많이 사용한다. 훈제 향과 함께 달콤하게 로스팅된 몰트 향을 맡을 수 있다. 색이 어두운 것에 비해 바디감은 가벼운 편이며, 부드럽고 라거의 깔끔한 느낌도 간직하고 있다.

추천 맥주

아크트 슐렝케를라 라우흐비어 마르젠(Aecht Schlenkerla Rauchbier-Marzen)
헬러-브로이 트룸(Heller-Brau Trum, 독일)
나무를 태운 향 뒤에 대담한 몰트와 홉의 조화가 인상적이다. 훈제 향은 전체적으로 남는 편이고, 마실수록 더욱 매력을 느낄 수 있다.

라우흐비어(Rauchbier) 아이젠반(Cervejaria Eisenbahn, 브라질)
캐러멜, 훈제 향, 토피 향이 섞였다. 맛도 향과 비슷한 맥락으로 이어져 달콤한 끝맛이 난다. 이 스타일의 다른 맥주에 비해 달콤한 맛이 더 강한 편이다.

라거 라우흐비어(Lager Rauchbier) 브라우어리 스페지알(Brauerei Spezial, 독일)
로스팅된 몰트에 너무 강하지 않은 훈제 향이 난다. 부드럽고 너무 무겁지 않은 바디감이다. 끝에 훈제된 맛이 약간 남는다.

원자 구조 도표
라우흐비어

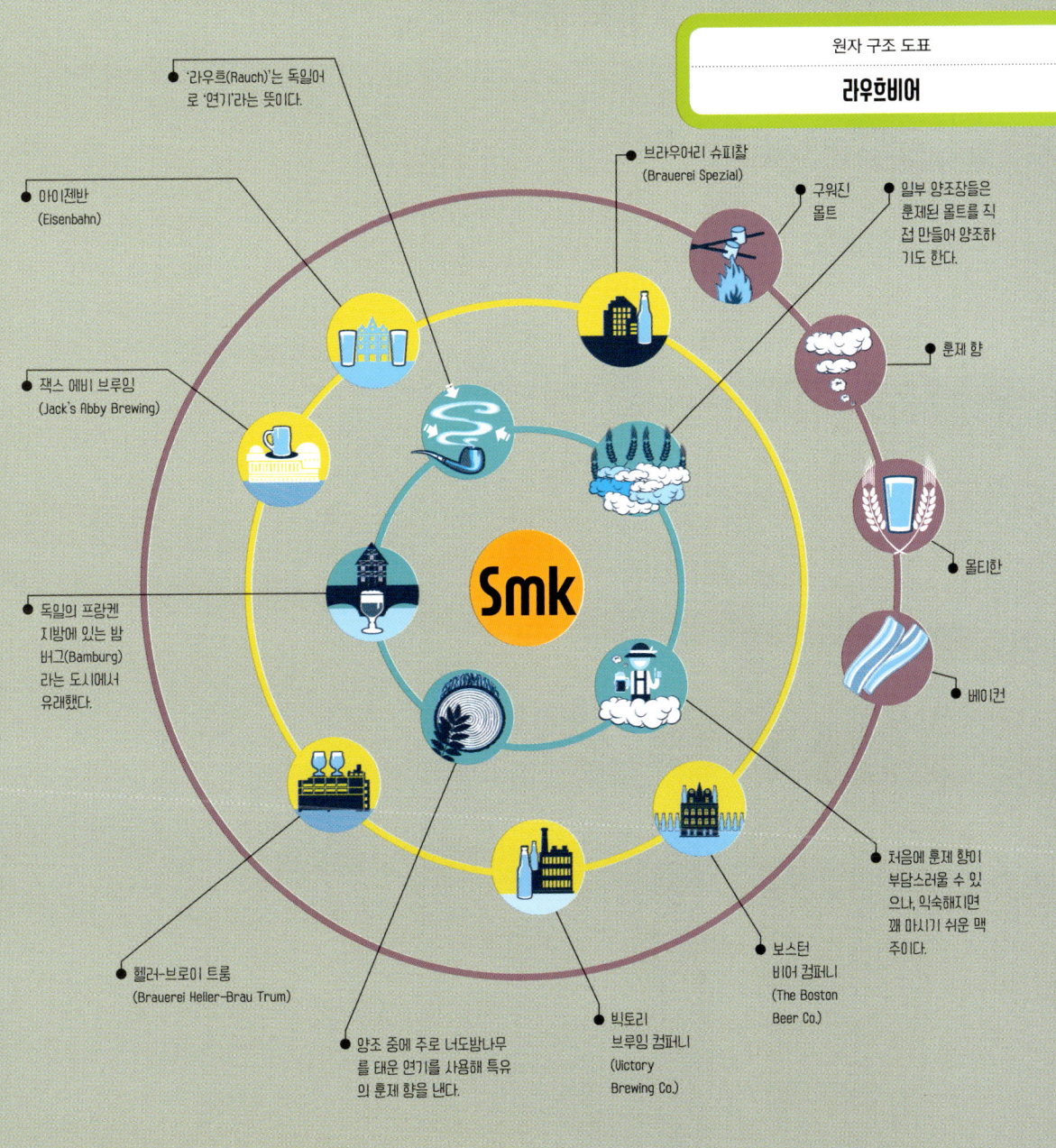

어울리는 음식

| 바베큐 | 베이컨 | 햄 | 훈제연어 | 소시지 |

기본 바크 Traditional Bock

유래 **독일**
색 **14-22 SRM**
알코올 도수(ABV) **6.2-7.2%**
쓴맛(IBU) **20-27**
잔 **포칼, 머그, 스테인지**

시작과 끝을 몰트와 함께

아인베크에서 온 양조사가 개발한 이 맥주는 큰 인기를 얻으며 뮌헨의 대표적인 맥주 스타일로 자리매김했다. 아인베크는 수질이 좋아 오랫동안 신선한 홉과 보리와 밀을 재배한 지역이다. 이 지역 양조사들은 몰트를 만드는 기술이 뛰어나고 겨울철에도 양조를 하는 법을 알았다. 어둡지만 투명한 구리색이나 갈색을 띠고, 향은 로스팅된 몰트에 약간 캐러멜 향이 돈다. 거의 몰트로만 맛을 내는데, 너무 달게 느껴지지 않을 정도로만 홉을 넣는다. 부드럽고 맛이 풍부하며, 알코올 도수도 높아 만족스러운 맥주이다.

추천 맥주

아인베커 우어-바크 둔켈(Einbecker Ur-Bock Dunkel)
아인베커(Einbecker Brauhaus, 독일)
구리색 바디에 거품층은 황갈색이다. 캐러멜과 로스팅된 몰트가 섞인 달콤한 맛이지만 적당한 쓴맛을 더해 드라이한 피니시를 가진다.

바크(Bock) 오스 브리게리(Aass Bryggeri, 노르웨이)
갈색 바디에 목넘김이 부드러우며 마지막까지 달콤하다.

새뮤얼 아담스 윈터 라거(Samuel Adams Winter Lager)
보스턴 비어 컴퍼니(The Boston Beer Company, 미국)
밀로 만든 바크에 향신료를 더해 전통적인 바크와는 또다른 맛을 추구한다.

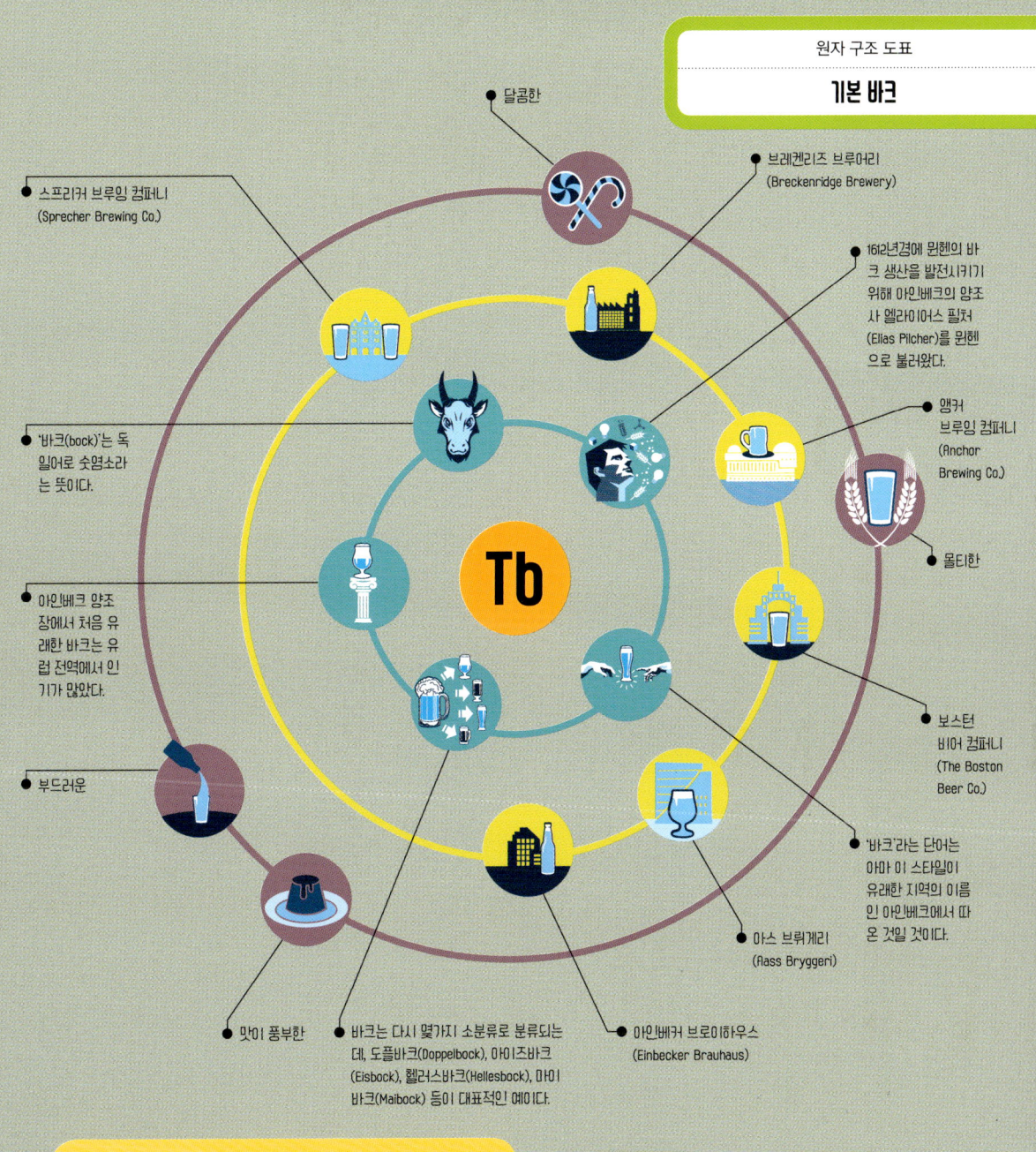

뮌헨 둔켈 Munich Dunkel

유래 독일
색 14-28 SRM
알코올 도수(ABV) 4.5-5.6%
쓴맛(IBU) 16-30
잔 필즈너, 머그

몰트의 색과 향을 간직하다

독일 바이에른 지방에서 500년전부터 양조되기 시작한 스타일이다. 500년동안 시행착오를 거쳐 완벽해진 스타일이라 그런지 복합적이지만 너무 강하지 않은 맛이 인상적이다. 이 스타일은 보통 뮌헨 몰트 한 가지만 사용하는데, 색은 이 몰트에서 나오는 어두운 적갈색으로 보통 나타난다. 황갈색의 단단한 거품층이 생기고, 향은 몰트가 주를 이루고 홉은 약간 느껴질 정도이다. 캐러멜, 토피, 커피, 초콜릿이 섞인 달콤한 몰트 향을 홉으로 조절한다.

추천 맥주

아잉거 알트바이리시 둔켈(Altbairisch Dunkel) 아잉거(Brauerei Ayinger, 독일)
'알트바이리시'는 '옛날 바이에른의'라는 의미이다. 루비색이 도는 마호가니색에 달콤한 몰트의 맛이 혀에 산뜻하게 느껴진다.

슈파텐 뮌헨 둔켈(Spaten Munchen Dunkel)
슈파텐(Spaten-Franziskaner-Lowenbrau-Gruppe, 독일)
부담없이 마실 수 있는 호박색 맥주이다. 몰트맛이 강하지만 너무 달지 않고 목넘김이 깔끔하다.

펜 다크(Penn Dark) 펜실베니아 브루잉 컴퍼니(Pennsylvania Brewing Co., 미국)
캐러멜과 신선한 빵의 아로마가 나고, 맛은 몰트 덕분에 달콤한 맛이다. 부드럽고 포만감을 주는 맥주이다.

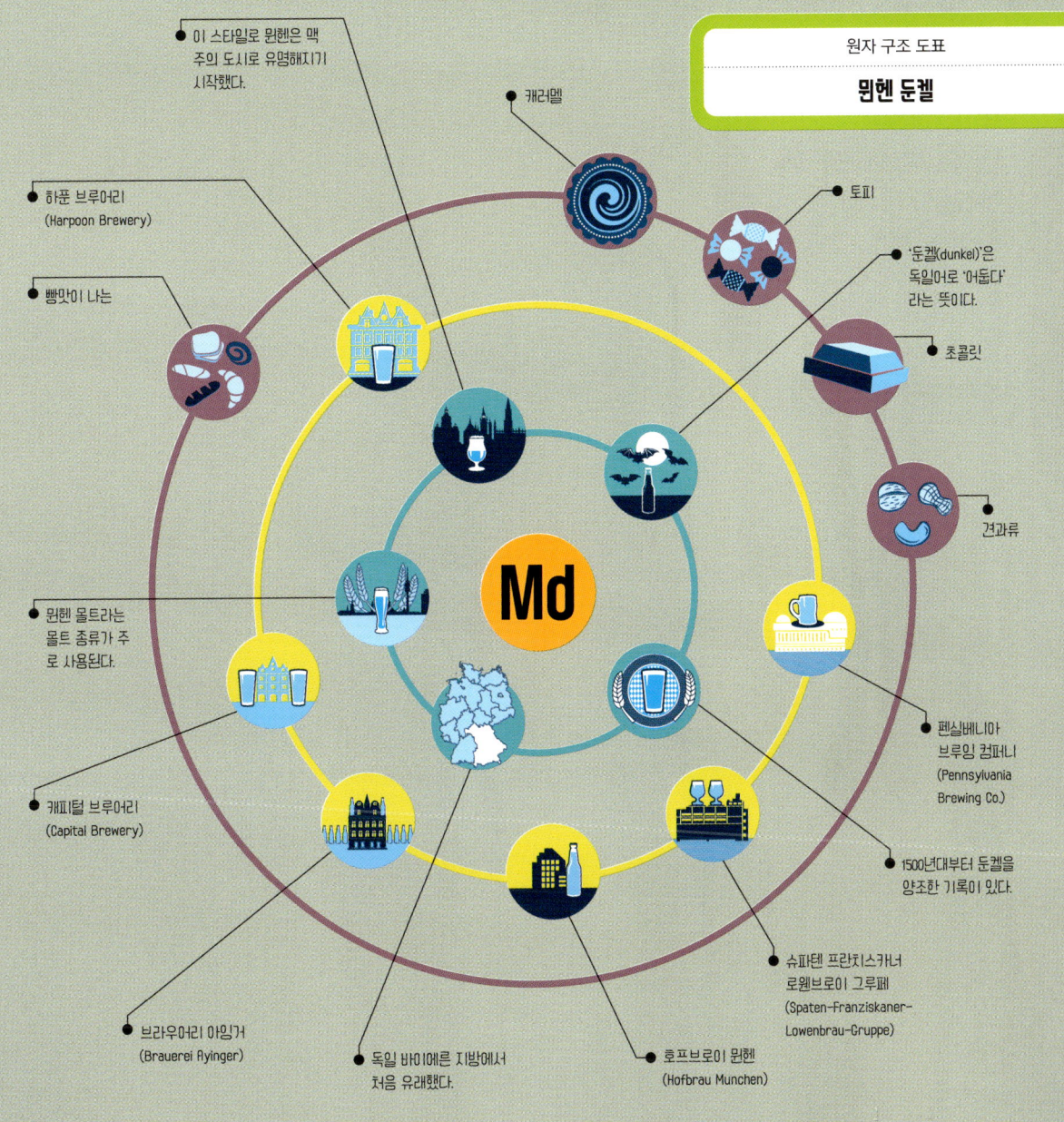

도펠바크 Doppelbock

유래 독일
색 15-30 SRM
알코올 도수(ABV) 6.5-10%
쓴맛(IBU) 12-30
잔 필스너, 플루트

수도사들의 식사를 책임지다

맥주만으로도 끼니를 해결할 수 있을 정도로 진득한 맥주라 천주교인들에게 중요한 사순절(Lent) 중에 식사를 제대로 할 수 없게 되자 폴라너의 수도사들은 식사 대신 이 맥주를 마시기 시작했다. 짙은 갈색부터 흑색까지 색이 어두운 편이며, 향은 갓 구운 빵과 고소한 곡물 향이 섞여있다. 부드럽고 빵 맛이 나는 몰트가 높은 알코올 도수를 잘 커버한다. 마셔보면 왜 식사대용으로 이 맥주를 마셨는지 이해할 수 있을 것이다.

추천 맥주

살바토르(Salvator) 폴라너(Paulaner Brauerei, 독일)
이 스타일의 원조 격인 맥주로, 여전히 사랑받고 있다. 짙은 호박색 바디에 옅은 갈색 거품층이 자리하고, 달콤하고 풍미가 깊은 몰트 맛이 쓴맛으로 균형 잡혀 있다.

셀레브라토르(Celebrator) 아잉거(Brauerei Ayinger, 독일)
어두운 갈색 바디에 약간 끈적한 밝은 갈색 거품층을 가진다. 로스팅되어 달콤한 몰트 맛이 주를 이루고, 끝맛은 약간 쌉싸름해 균형이 잡혔다.

슈파텐 옵티마토르(Spaten Optimator)
슈파텐(Spaten-Franziskaner-Lowenbrau-Gruppe, 독일)
캐러멜 향과 맛이 인상적이다. 도펠바크의 매력을 극대화해 맛이 풍부하다.

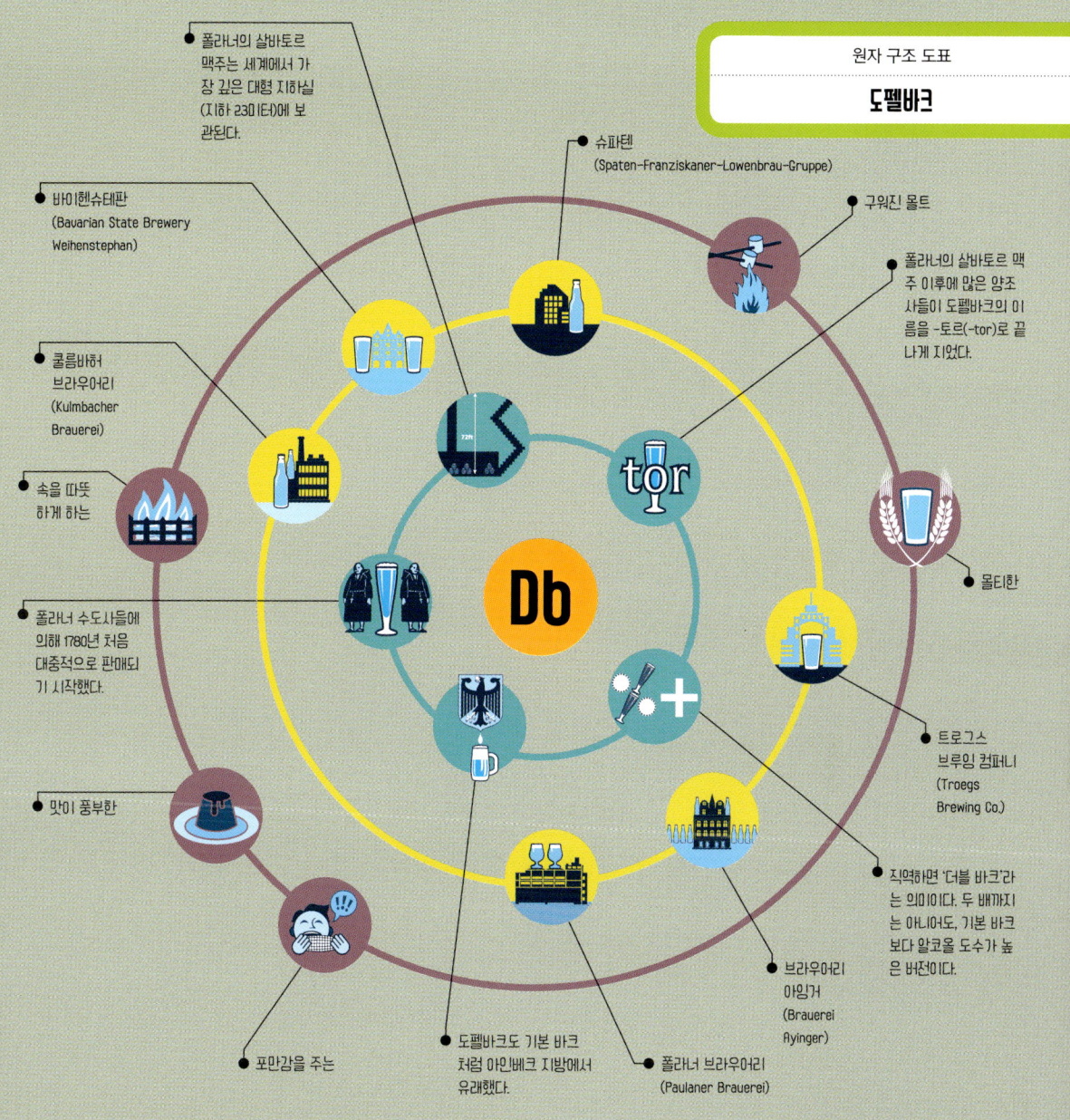

유래 독일
색 18-30 SRM
알코올 도수(ABV) 9-14%
쓴맛(IBU) 25-35
잔 스니프터, 플루트, 큰 와인잔, 바이젠

아이스바크 Eisbock

얼음에서 의외의 결과를 얻다

아이스바크의 유래에 대해선 의견이 분분하지만, 독일의 쿨름바흐 지방에 있는 한 술집 주인이 추운 겨울에 바크가 담긴 배럴을 실수로 밖에 내놓으면서 살짝 언 맥주가 아이스바크라는 일화가 가장 잘 알려져 있다. 얼음이 생기면서 맛을 더 깊이 있게 만들고 알코올 도수도 높여 강렬한 맛의 라거가 탄생했다. 바크 종류가 대부분 그러하듯, 몰트가 맛의 중심이 되지만, 알코올 도수가 높은 만큼 속을 따뜻하게 해주면서 달콤하고 향신료의 새콤한 맛이 난다.

추천 맥주

쿨름바허 아이즈바크(Kulmbacher Eisbock)
쿨름바허 브라우어리(Kulmbacher Brauerei, 독일)
어두우며 진득한 거품층이 생긴다. 캐러멜과 과일의 조화가 향부터 맛까지 일관된다. 마시면서 높은 알코올 도수를 느낄 수 있다.

아이스파이어(EisPhyre) 캐피털(Capital Brewery, 미국)
과일, 견과류, 그리고 향신료의 복합적인 조화가 향에서부터 느껴진다. 풍미가 깊고 부드러우며, 끝까지 균형잡히고 부드러운 맛을 자랑한다.

라즈베리 아이즈바크(Kuhnhenn Raspberry Eisbock)
쿤헨(Kuhnhenn Brewing Co., 미국)
복합적이면서 조금씩 음미하기 좋은 맥주이다. 라즈베리의 신맛과 달콤함을 적당히 갖추어 몰트와의 조화가 좋다.

아이스바크 151

원자 구조 도표
아이스바크

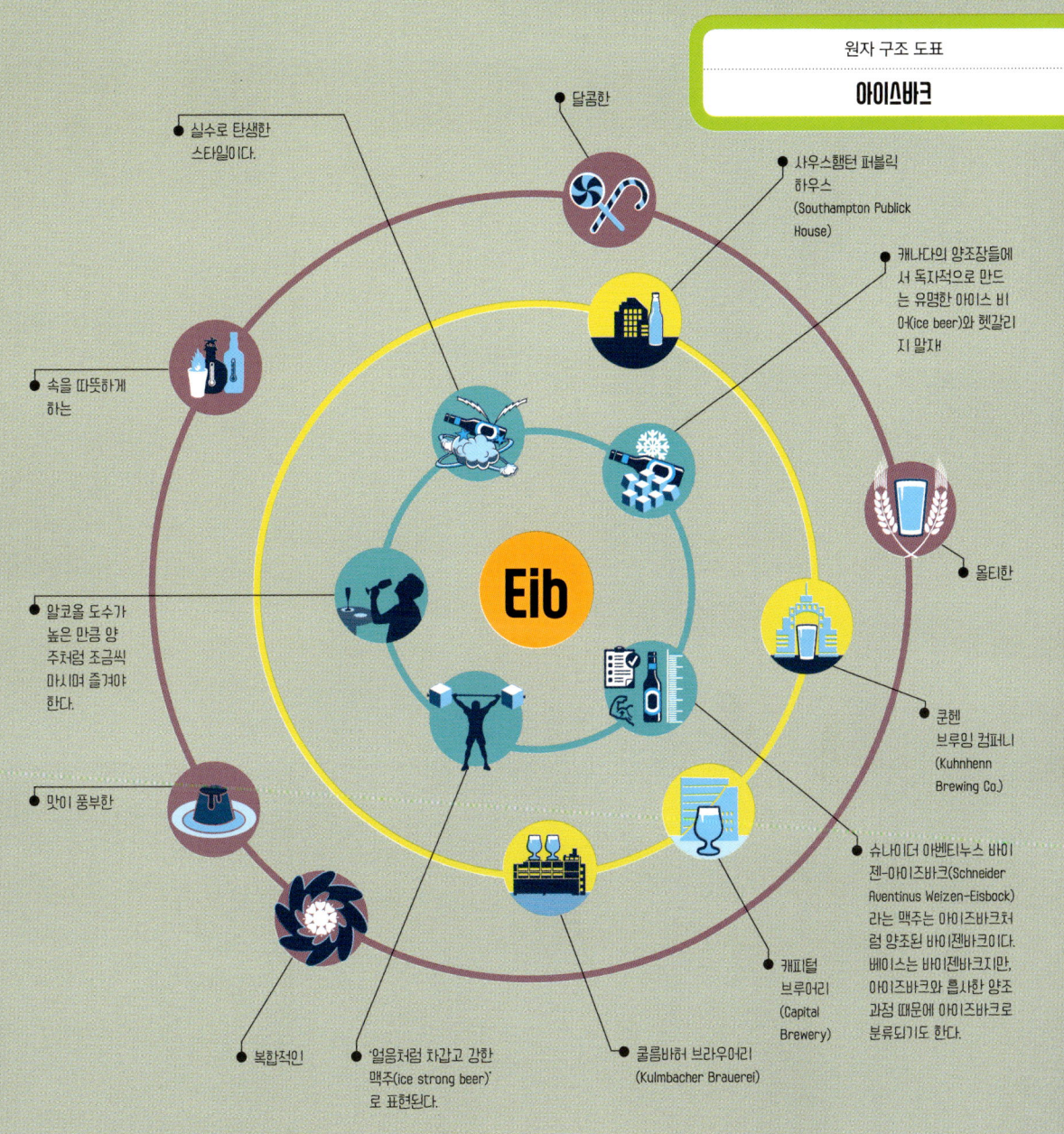

- 실수로 탄생한 스타일이다.
- 달콤한
- 사우스햄턴 퍼블릭 하우스 (Southampton Publick House)
- 캐나다의 양조장들에서 독자적으로 만드는 유명한 아이스 비어(ice beer)와 헷갈리지 말자.
- 속을 따뜻하게 하는
- 몰티한
- 알코올 도수가 높은 만큼 양주처럼 조금씩 마시며 즐겨야 한다.
- 쿤헨 브루잉 컴퍼니 (Kuhnhenn Brewing Co.)
- 맛이 풍부한
- 슈나이더 아벤티누스 바이젠-아이즈바크(Schneider Aventinus Weizen-Eisbock)라는 맥주는 아이스바크처럼 양조된 바이젠바크이다. 베이스는 바이젠바크지만, 아이즈바크와 흡사한 양조 과정 때문에 아이스바크로 분류되기도 한다.
- 캐피털 브루어리 (Capital Brewery)
- 복합적인
- '얼음처럼 차갑고 강한 맥주(ice strong beer)'로 표현된다.
- 쿨름바허 브라우어리 (Kulmbacher Brauerei)

어울리는 음식

| 들오리, 꿩 같은 엽조류 | 구운 돼지고기 | 맛이 풍부한 디저트 | 크렘 브륄레 |

슈바츠비어 Schwarzbier

유래 **독일**
색 **25-30 SRM**
알코올 도수(ABV) **3-3.9%**
쓴맛(IBU) **22-30**
잔 **플루트, 필즈너, 파인트**

라거계의 스타우트

가장 오랫동안 지속적으로 양조되어온 맥주 중 하나이지만, 의외로 과소평가되는 맥주 중 하나이기도 하다. 깨끗하고 부담없이 마실 수 있는 라거의 특성을 살리면서 로스팅된 몰트로 풍미를 더한다. 아이리시 드라이 스타우트와 비슷하지만, 스타우트의 강렬함은 좀 더 부드럽게 살렸다. 색이 흑색에 가까울 정도로 매우 어두운 편이며, 약간 붉은 빛이 돌기도 한다. 견과류와 토피의 달콤한 향과 홉의 쌉싸름한 향이 섞여있으며, 달콤함과 쌉싸름함의 조화가 중요해, 이를 살리기 위해 색은 어둡지만 맛과 느낌은 가벼움을 강조했다. 복합적인 맛이지만 부담없이 마시기 좋다.

추천 맥주

블랙 바바리안(Black Bavarian) 스프리커(Sprecher Brewing Co., 미국)
거의 흑색에 가까우며, 갈색 거품층이 생긴다. 쌉싸름한 다크 초콜릿의 맛이 난다.

쾨스트리처 슈바츠비어(Köstritzer Schwarzbier)
쾨스트리처 슈와츠비어브라우어리(Kostritzer Schwarzbierbrauerei, 독일)
드라이하고 허브 향이 나는 몰트를 중심으로 혀에 부드럽게 달으며 끝맛이 강한 편이다.

묑크쇼프 슈바츠비어(Mönchshof Schwarzbier)
쿨름바허 브라우어리(Kulmbacher Brauerei, 독일)
맛이 강렬하다. '오리지널 블랙(the original black)' 으로 불리며, 커피, 초콜릿, 로스팅된 몰트의 맛이 약간의 홉 맛과 조화를 이룬다.

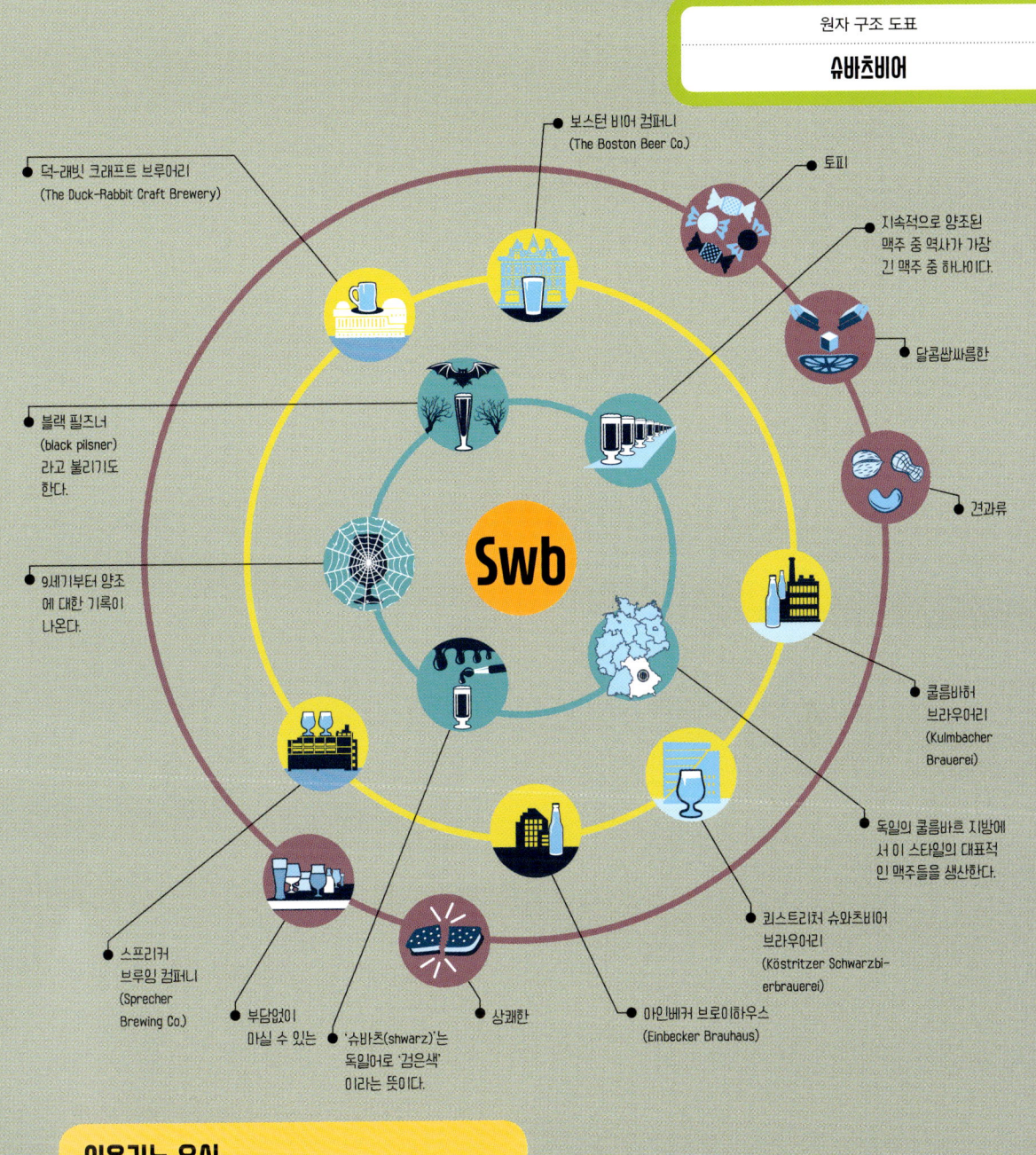

미국에서 유래한 맥주

미국에서 유래한 맥주

전세계적으로 가장 많이 소비되는 맥주는

미국에서 유래한 것이라고 해도 과언이 아니다.

가볍고 거의 무미에 가깝던 노란색 맥주 일색이던 미국의 맥주 시장은

이제 독자적인 맥주 문화를 구축했다.

대형 양조회사들이 전세계 맥주 시장을 지배하는 동안

미국 내에서는 소규모 양조 회사들이 맥주에 대한 열정으로

수제 맥주 트렌드를 이끌어나가고 있다.

어떤 맥주 스타일이든 간에 '미국식'이라는 설명이 붙으면 기존 스타일보다 홉이 많이 들어가고 알코올 도수도 높다고 생각해도 무방하다. 일부 스타일에서는 전혀 다른 해석으로 의외의 조합과 맛들이 나오기도 한다. 1970년대 후반부터 홈 브루잉(집에서 하는 소규모 양조)이 합법화되면서 다시 수제 맥주에 대한 관심이 높아졌다. 1980년대와 1990년대를 거치면서 꾸준히 발전해왔고, 대형 양조회사에서 만드는 가벼운 라거류가 맥주 시장을 독점하던 시장에 점차 활기를 불어넣었다.

미국에서 유래한 에일류는 영국식 맥주와 이름이 똑같이 붙여져 비슷한 맛을 예상을 할 수도 있으나, 실제는 재해석보다는 새로운 스타일을 창조한 것이 더 걸맞은 표현일 정도로 맛의 차이가 크다. 미국식 브라운 에일은 더 과감하고 홉 맛이 강한 편이다. 미국식 페일 에일은 시트러스, 자몽, 그리고 솔 향이 많이 나는 것이 특징이다. 특히 IPA는 영국식과 차이가 많이 나는데, 미국산 홉을 다량 사용해서 홉의 쓴맛을 전면으로 내세운 스타일이라고 할 수 있다. 이 스타일만으로도 전세계 수제 맥주 시장에 미국이 지대한 영향을 끼쳤다고 할 수 있을 것이다. 홉에 대한 미국인들의 애착은 다른 스타일에서도 나타나는데, 어떤 스타일이든 홉을 아끼지 않고 넣어 양조해, IBU가 높은(쓴맛이 강한) 임페리얼 또는 더블 버전들이 만들어지기도 한다. 벨기에 양조사들이 그러하듯 미국의 양조사들도 야생 효모종을 사용해서 실험적인 맥주들을 내놓기도 한다. 다른 곳에서는 찾아볼 수 없는 독특하고 복합적인 맥주들이 그렇게 탄생한 경우가 많다. 미국식 스타우트는 거의 모든 미국 흑맥주를 아우르는 넓은 스타일로 발전했는데, 끈적하고 풍미가 깊은 것이 특징이고, 주로 커피, 초콜릿, 말린 과일이 섞인 맛이 난다. 이런 맥주들을 배럴에 숙성시키는 것은 이제 미국 양조장들의 시그니처 한정판으로 거듭나게 되었다.

가장 잘 알려져 있는 미국식 라거 이외에도 금주법 이전에 유행하던 프리-프로히비션 라거와 아메리칸 몰트 리쿼도 미국에서 유래한 라거류이다. 전자는 한때 잊혀졌다가 최근에 다시 관심을 받기 시작했고, 후자는 맛보다는 알코올 도수를 높이는 데에 집중한 맥주이다.

대부분의 맥주는 에일이나 라거로 분류되기 마련이지만, 미국에서 유래한 일부 스타일은 에일과 라거의 혼합체인 경우도 있다. 크림 에일은 라거를 양조하기 어려운 환경에 적응하기 위해 에일 효모를 사용해 낮은 온도에서 발효시켜 깔끔한 맛을 낸다. 스팀 비어라고도 불리는 캘리포니아 커먼 역시 양조하기 어려웠던 당시 상황에 적응하면서 탄생한 스타일이다. 하면 발효를 하는 라거 효모(특히 높은 온도에 잘 적응하는 캘리포니아 라거 효모)를 사용하지만 에일 양조를 할 때처럼 따뜻한 온도에서 발효를 한다.

유래 미국
색 2-3 SRM
알코올 도수(ABV) 2.8-4.2%
쓴맛(IBU) 5-14
잔 파인트

아메리칸 라거 American Lager

깨끗하고 밝은 스타일

수제 맥주를 좋아하는 많은 사람들이 무시하는 스타일이지만, 전세계적으로 가장 많이 소비되는 맥주 스타일인만큼 맥주계에서는 무시할 수 없는 위치에 있다. 예상이 될 수도 있지만, 색이 엷은 만큼 아로마, 풍미, 칼로리, 알코올 도수 모든 면에서 가볍다. 무미에 가까운 맛이라 수제 맥주 애호가들은 외면할 수도 있지만, 어엿한 맥주 스타일임은 분명하다. 엷은 노란색에 빨리 사라지는 하얀색 거품층이 생긴다. 알코올 도수가 낮은 만큼 쉽게 넘어가고, 탄산감으로 다른 잡맛을 잡기 좋다. 플로럴 향이 나는 홉이 아주 약간 느껴지는 경우도 있다. 더운 여름 날 스포츠 경기를 관람하면서 즐기기 딱 좋은 맥주!

추천 맥주

밀러 라이트(Miller Lite) 밀러(Miller Brewing Co., 미국)
1975년에 처음 출시되어 저칼로리 맥주로는 가장 처음 알려진 맥주이다.

버드와이저(Budweiser) 앤하이저-부시(Anheuser-Busch, 미국)
1876년에 처음 양조되어 이제는 세계에서 가장 큰 대형 양조회사 앤하이저-부시에 의해 생산되고 있다. 세계에서 가장 많이 팔리는 맥주 중 하나이다.

레드 스트라이프(Red Stripe) 데노스&게데스(Desnoes&Geddes, 자메이카)
기네스를 소유한 디아지오(Diageo)에서 생산하는 브랜드이다. 이 스타일에 속한 다른 맥주들보다 맛에 대한 인정을 더 받는 편이다.

아메리칸 라거 159

원자 구조 도표
아메리칸 라거

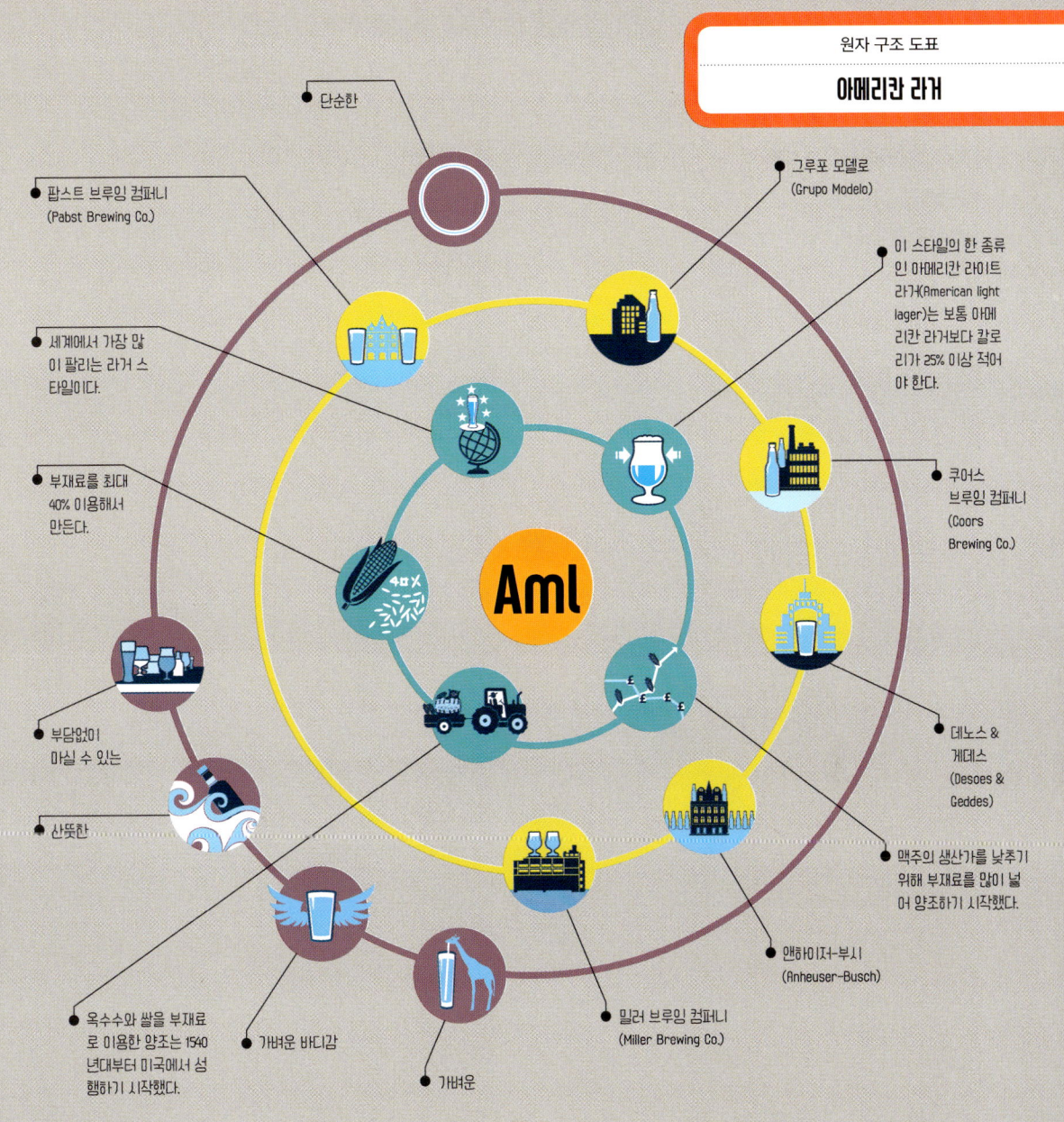

- 단순한
- 팝스트 브루잉 컴퍼니 (Pabst Brewing Co.)
- 세계에서 가장 많이 팔리는 라거 스타일이다.
- 부재료를 최대 40% 이용해서 만든다.
- 부담없이 마실 수 있는
- 산뜻한
- 옥수수와 쌀을 부재료로 이용한 양조는 1540년대부터 미국에서 성행하기 시작했다.
- 가벼운 바디감
- 가벼운
- 밀러 브루잉 컴퍼니 (Miller Brewing Co.)
- 앤하이저-부시 (Anheuser-Busch)
- 맥주의 생산가를 낮추기 위해 부재료를 많이 넣어 양조하기 시작했다.
- 데노스 & 게데스 (Desoes & Geddes)
- 쿠어스 브루잉 컴퍼니 (Coors Brewing Co.)
- 이 스타일의 한 종류인 아메리칸 라이트 라거(American light lager)는 보통 아메리칸 라거보다 칼로리가 25% 이상 적어야 한다.
- 그루포 모델로 (Grupo Modelo)

어울리는 음식

| 샐러드 | 바베큐 | 피자 | 햄버거 |

유래 **미국**
색 **2-8 SRM**
알코올 도수(ABV) **4.3-5%**
쓴맛(IBU) **13-23**
잔 **필즈너, 파인트**

페일 라거 Pale Lager

몰트로 강도를 높인 스타일

이름만 들어서는 맥주의 특성을 예측하기 어려울 수도 있다. 아메리칸 라거에서 한 단계 업그레이드한 스타일이라 생각하면 된다. 아메리칸 라거와 비슷한 색과 거품층에 탄산감으로 산뜻해 역시 가볍다. 다른 부재료를 거의 첨가하지 않고 몰트의 양을 늘려 알코올 도수가 높아졌다. 덩달아 좀 더 복합적인 홉 프로필에 몰트의 단맛도 더해졌다. 맥주가 글로벌화되면서 이 스타일의 유럽 버전도 미국에서 최근에 유행이다.

추천 맥주

롱보드 아일랜드 라거(Longboard Island Lager) 코나(Kona Brewing Co., 미국)
1998년부터 코나에서 생산한 이 맥주는 전형적인 산뜻한 몰트의 맛에 새콤한 홉이 더해졌다.

이치반(Ichiban) 키린(Kirin Brewery Co., 일본)
'이치반'은 일본어로 '1등, 최상의'이라는 의미이다. 깔끔한 바디에 깔끔한 피니시를 가진다.

스텔라 아르투아(Stella Artois) 스텔라 아르투아(Stella Artois, 벨기에)
벨기에의 루벤(Leuven) 지방에서 양조되는 맥주이다. 투명하고 엷은 바디 위에 밝은 흰색 거품층이 자리한다.

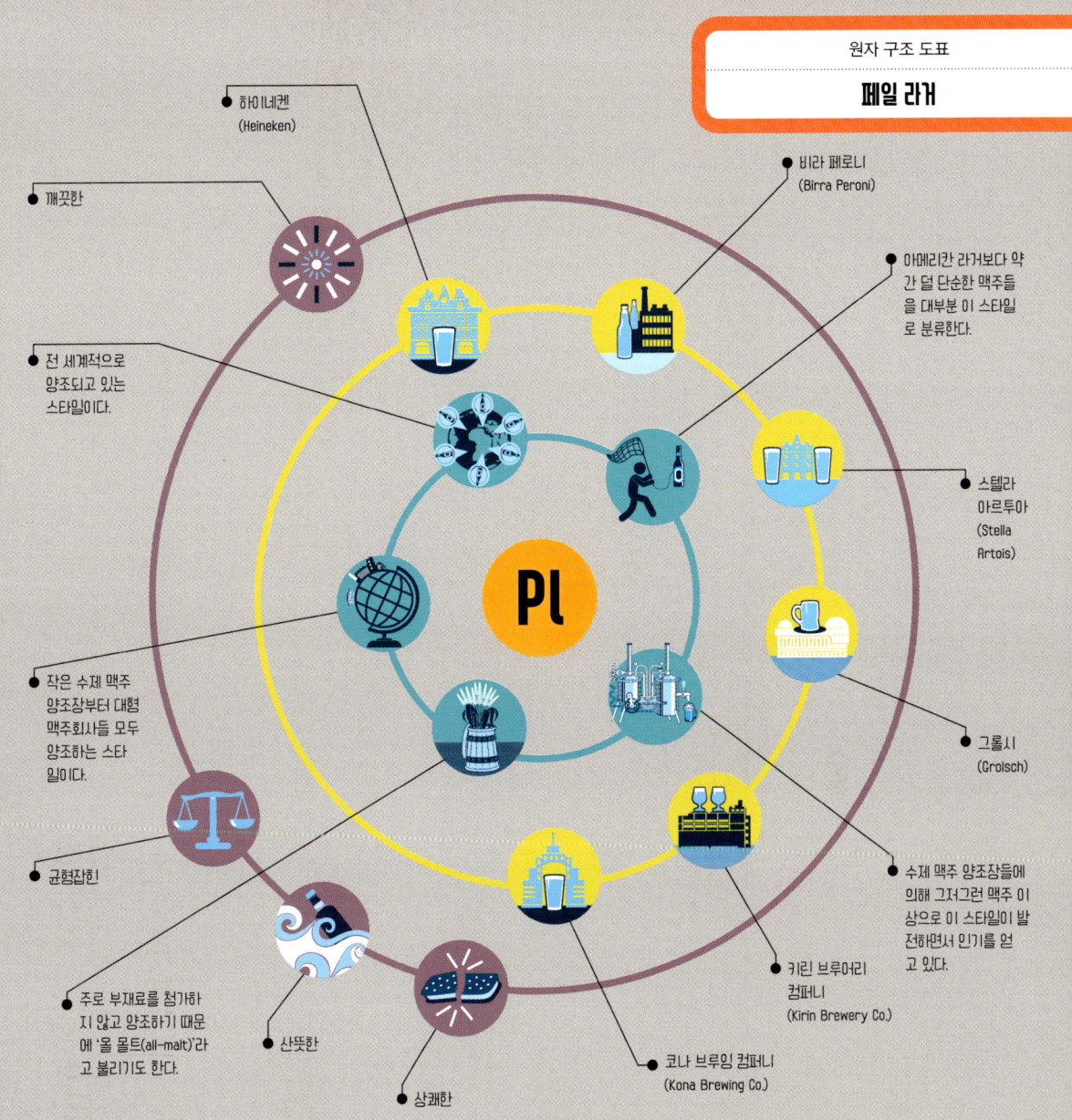

유래 **미국**
색 **2-5 SRM**
알코올 도수(ABV) **6.25-9%**
쓴맛(IBU) **12-23**
잔 **파인트, 머그**

아메리칸 몰트 리쿼 American Malt Liquor

설탕으로 알코올 도수를 높이다

가격 대비 알코올 도수를 극대화시키는 목적으로 개발된 스타일이다. 때문에 저렴하고, 알코올 도수가 높으며, 드라이하다. 아메리칸 라거와 여러모로 비슷한 맛이지만 높은 알코올 도수가 차별화된다. 설탕을 부재료로 더해 알코올 도수를 9도까지 높인다. 단순하게 설탕만 첨가되기 때문에 원가가 저렴해 일반적인 캔이나 병 대신 40아운즈(약 1.2리터) 병에 담아 판매된다. 가볍고 엷은 노란색이나 황금색을 띤다. 알코올 냄새에 각종 곡물 향이 나는 것이 일반적이다. 끝에 단맛이 남기도 하고 약간 쓴맛이 날 수도 있다. 맛이나 향 대신 알코올 도수만 높인 맥주라 일반적으로 음식과 함께 페어링하지 않는다.

추천 맥주

스틸 리저브(Steel Reserve) 더 스틸(The Steel Brewing Co., 미국)
'래'이라고 도 불리는 이 맥주는 몰트 리쿼에 연관된 부정적인 이미지를 피하고자 '도수를 높인 라거'라고 홍보했다.

콜트 45 몰트 리쿼(Colt 45 Malt Liquor) 팝스트(Pabst Brewing Co., 미국)
처음으로 높은 알코올 도수를 가장 대대적으로 그리고 중점적으로 홍보하기 시작한 맥주이다.

올드 잉글리시 800(Olde English 800) 밀러(Miller Brewing Co., 미국)
투명한 노란색에 거품층이 없다. 곡물 향이 강하게 나고, 알코올 냄새도 맡을 수 있다. 쌉싸름하고 알코올 도수를 느낄 수 있는 맛이다.

원자 구조 도표
아메리칸 몰트 리쿼

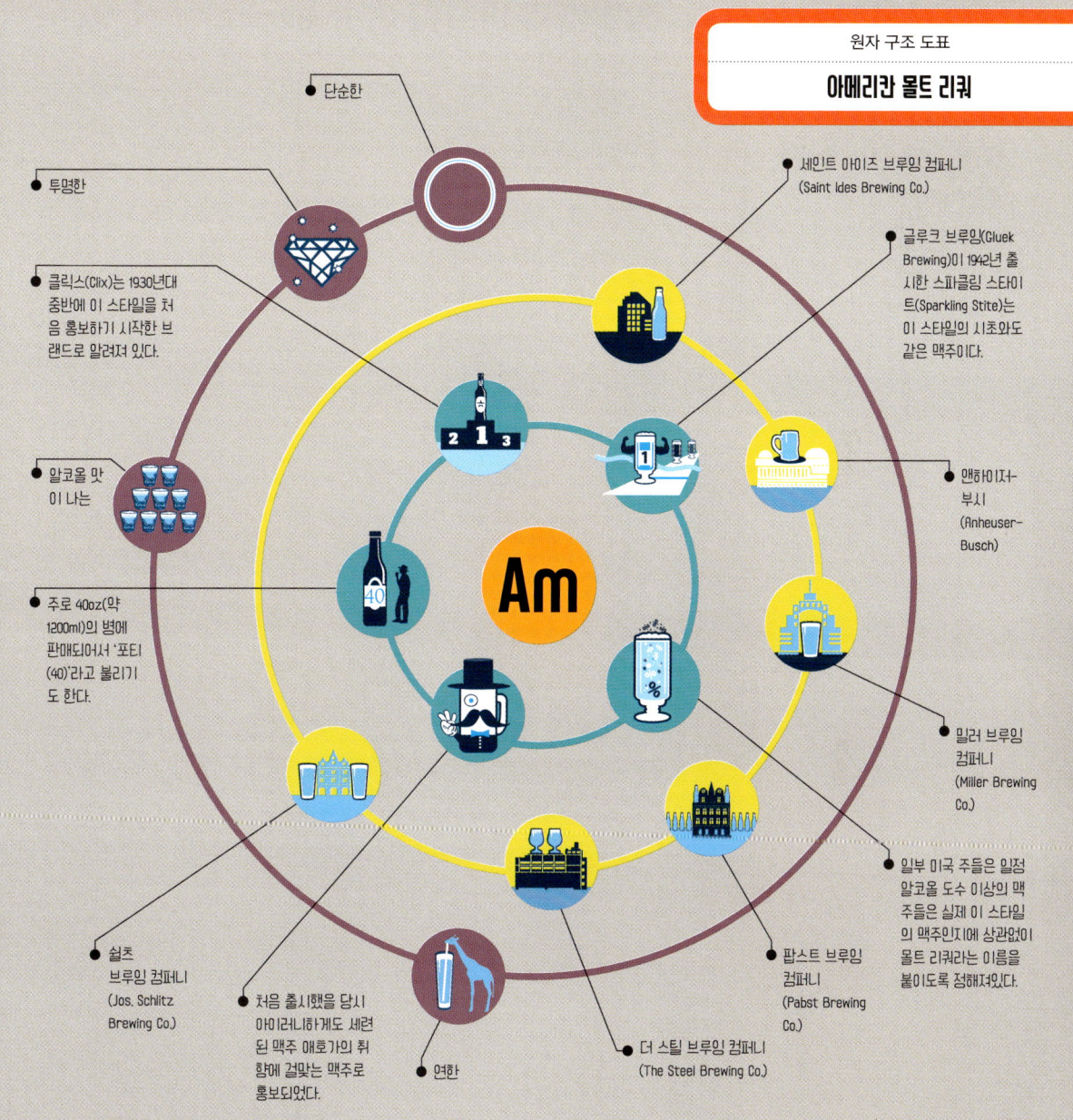

프리-프로히비션 라거 Pre-Prohibition Lager

유래 **미국**
색 **3-5 SRM**
알코올 도수(ABV) **3.5-6%**
쓴맛(IBU) **25-40**
잔 **필즈너, 파인트**

재발견된 스타일

1920년 1월 16일, 미국에 금주법이 제정되면서 미국 맥주의 판도는 돌이킬 수 없는 변화를 겪게 되었다. 13년 뒤 금주법이 폐지되면서 미국 양조사들은 다시 양조를 할 수 있게 되었지만, 전에 비해 맥주들이 풍미를 잃고 부재료에 많이 의존하게 되었다. 많은 사람들이 이 스타일을 아메리칸 라거와 같은 스타일이라고 혼동하는데, 최근 미국 수제 맥주 시장의 발달로 이 스타일에 대한 연구가 다시 진행되면서 재발견되고 있다. 홉이 많이 들어가는 것이 특징이며, 아메리칸 라거보다 훨씬 쓴맛이 강하다. 쌀이나 옥수수 같은 부재료를 첨가하기도 하지만, 여전히 바디감과 몰트의 맛은 아메리칸 라거보다 잘 보존되어 아메리칸 라거의 대안으로 제격이다.

추천 맥주

세션 프리미엄 라거(Session Premium Lager)
풀 세일(Full Sail Brewing Co., 미국)
'스터비(stubby)'라는 하프 파인트 잔(약 320ml)에 서빙된다. 레몬 맛이 나서 맛과 산뜻함 모두를 갖췄다.

셸스 디어 브랜드(Schell's Deer Brand)
어거스트 셸(August Schell Brewing Co., 미국)
어거스트 셸의 대표 맥주로, 원래는 '오리지널(Original)'이라는 이름으로 판매되었다. 실제 금주법 이전부터 양조되던 레시피이다. 깔끔하고 간소한 맛이다.

배치 19(Batch 19) 쿠어스(Coors Brewing Co., 미국)
금주법 이전에 양조되던 레시피를 21세기에 현대적으로 재해석했다. 깊은 황금색에 홉으로 균형을 잘 잡았다.

프리-프로히비션 라거 165

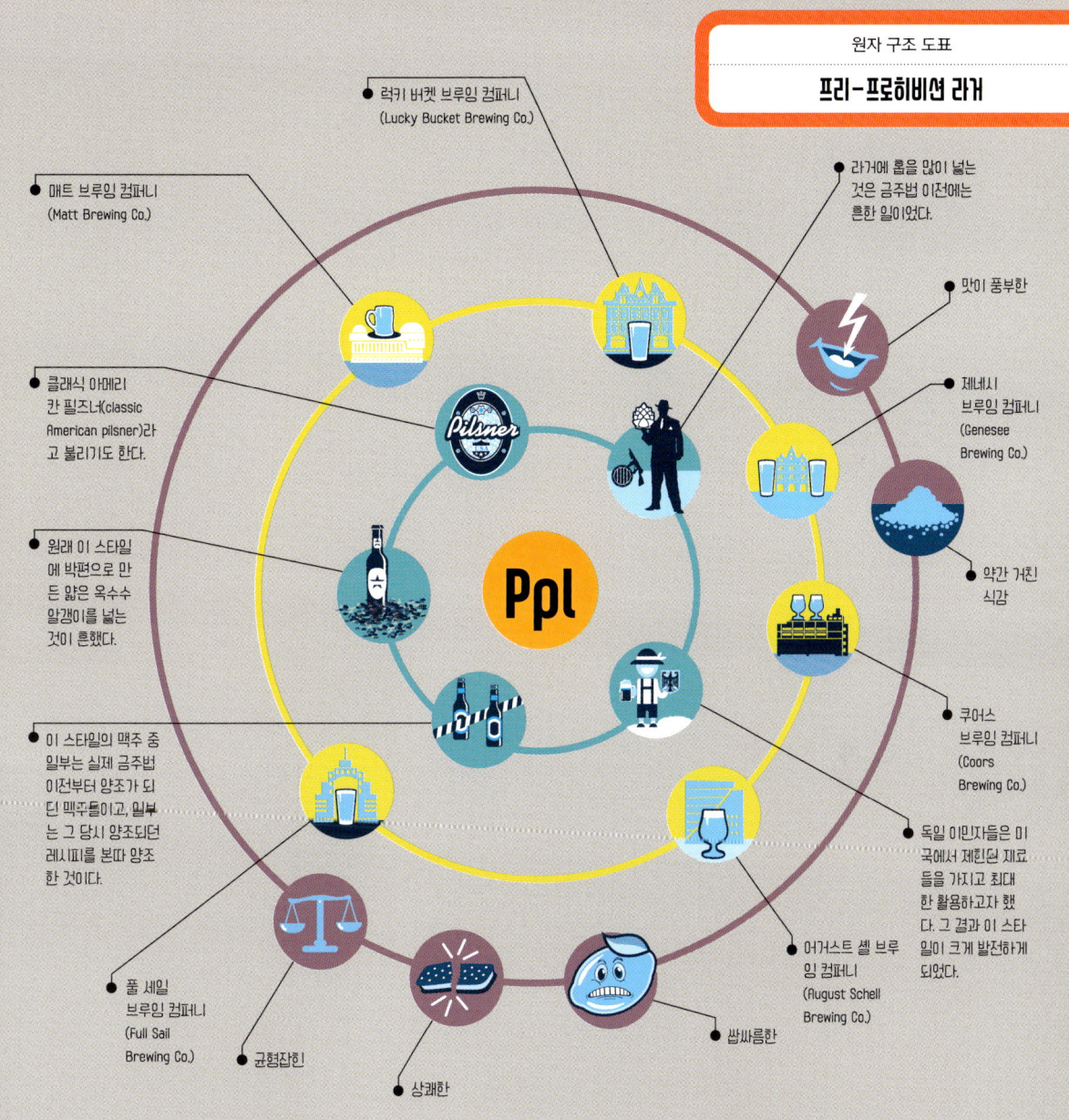

원자 구조 도표
프리-프로히비션 라거

어울리는 음식

| 소시지 | 햄버거 | 샐러드 | 케이준 음식 |

아메리칸 블론드/골든 에일 American Blonde/Golden Ale

유래 **미국**
색 **3-6 SRM**
알코올 도수(ABV) **3.8-6%**
쓴맛(IBU) **15-28**
잔 **파인트, 머그**

여름을 대표하는 스타일

지루한 맥주에서 벗어나고자 하는 사람들에게 추천할 만한 맥주! 처음부터 끝까지 산뜻한 맛이라 더운 여름에 마시기 좋은 스타일이다. 부드럽고 충분한 탄산감에 기본으로 깔려있는 달콤한 몰트 베이스에 플로럴 또는 레몬 향이 나는 홉을 더해 너무 쓰지 않다. 부담없이 시도하기·좋고 다양한 맛을 낼 수 있다. 독일의 쾰시 스타일과 비교할 만하다.

추천 맥주

섬머 러브(Summer Love) 빅토리(Victory Brewing Co., 미국)
여름에 갈증을 해소하기 최적의 맥주. 약간 쓰면서 플로럴과 레몬 향으로 산뜻하다.

소머서트(Somersault) 뉴 벨지엄(New Belgium Brewing Co., 미국)
살짝 불투명한 황금색에 폭신한 거품층이 생긴다. 신선한 시트러스와 플로럴, 그리고 허브 향이 섞인 홉 향이 난다.

트와일라잇 섬머 에일(Twilight Summer Ale)
데슈츠(Deschutes Brewery, 미국)
산뜻하면서 맛이 지나치게 가볍지 않다. 허브와 레몬 향이 섞인 홉을 사용해 끝맛이 깔끔하다.

아메리칸 블론드/골든 에일 167

원자 구조 도표
아메리칸 블론드/골든 에일

- 스카 브루잉 컴퍼니 (Ska Brewing Co.)
- 코나 브루잉 컴퍼니 (Kona Brewing Co.)
- 수제 맥주 입문자가 마시기 좋은 맥주이다.
- 쾰시와 비슷한 특성들을 가졌다.
- 빅토리 브루잉 컴퍼니 (Victory Brewing Co.)
- 이 스타일은 다양한 홉을 사용할 수 있는데, 이는 독일산 홉만을 사용하는 쾰시와 다른 점이다.
- 데슈츠 브루어리 (Deschutes Brewery)
- 부담없이 마실 수 있는
- '섬머(여름)'라는 단어가 자주 사용되는데, 스타일 고유의 산뜻함과 청량감을 강조하기 위함이다.
- 밝은
- 뉴 벨지엄 브루잉 컴퍼니 (New Belgium Brewing Co.)
- 산뜻한
- 레몬
- 이 스타일의 맥주는 주로 늦은 봄, 또는 이른 여름에 출시된다.

Ab

어울리는 음식

| 샐러드 | 가벼운 요리 | 생선 |

크림 에일 Cream Ale

유래 **미국**
색 **3-10 SRM**
알코올 도수(ABV) **4.5-5.5%**
쓴맛(IBU) **15-25**
잔 **파인트**

금주법 이후 재기를 꿈꾸다

'라거링(lagering)' 과정이 지금보다 어려웠을 때 아메리칸 라거를 에일처럼 양조한 스타일이다. 금주법 이전까지만 해도 풍부한 탄산감에 산뜻한 맥주로 각광받았지만 13년의 긴 금주법 기간을 거치면서 아메리칸 라거와 별반 다르지 않은 '그저그런' 스타일로 변했다. 하지만 소형 양조장들이 이 스타일에 다시 관심을 가지면서 이 스타일의 변화를 꾀하고 있다. 색은 옅은 노란색부터 짙은 황금색까지 다양하며 산뜻하면서 쓴맛이 살짝 느껴진다. 복합적인 맛은 아니지만, 역시 여름에 즐기기 좋은 맥주임은 틀림없다.

추천 맥주

스포티드 카우(Spotted Cow) 뉴 글래러스(New Glarus Brewing Co., 미국)
이 스타일 중 가장 맛있는 맥주라 해도 과언이 아니다. 처음에는 과일과 홉 맛으로 시작하다가 몰트가 중심이 되는 맛으로 이어져 끝맛은 산뜻하다. 놀랍도록 복합적인 맥주이다.

섬머 솔스티스(Summer Solstice) 앤더슨 밸리(Anderson Valley Brewing Co, 미국)
'어른들을 위한 크림 소다'로 홍보된 이 맥주는 부드럽고 산뜻해 부담없이 마실 수 있다.

스윗 액션(Sweet Action) 식스포인트(Sixpoint Brewery, 미국)
어느 한 분류에 딱 들어가는 맥주는 아니지만, 크림 에일에 가장 가깝다. 매콤하고 과일 향이 나는 조합에 여전히 쉽게 마실 수 있는 맥주이다.

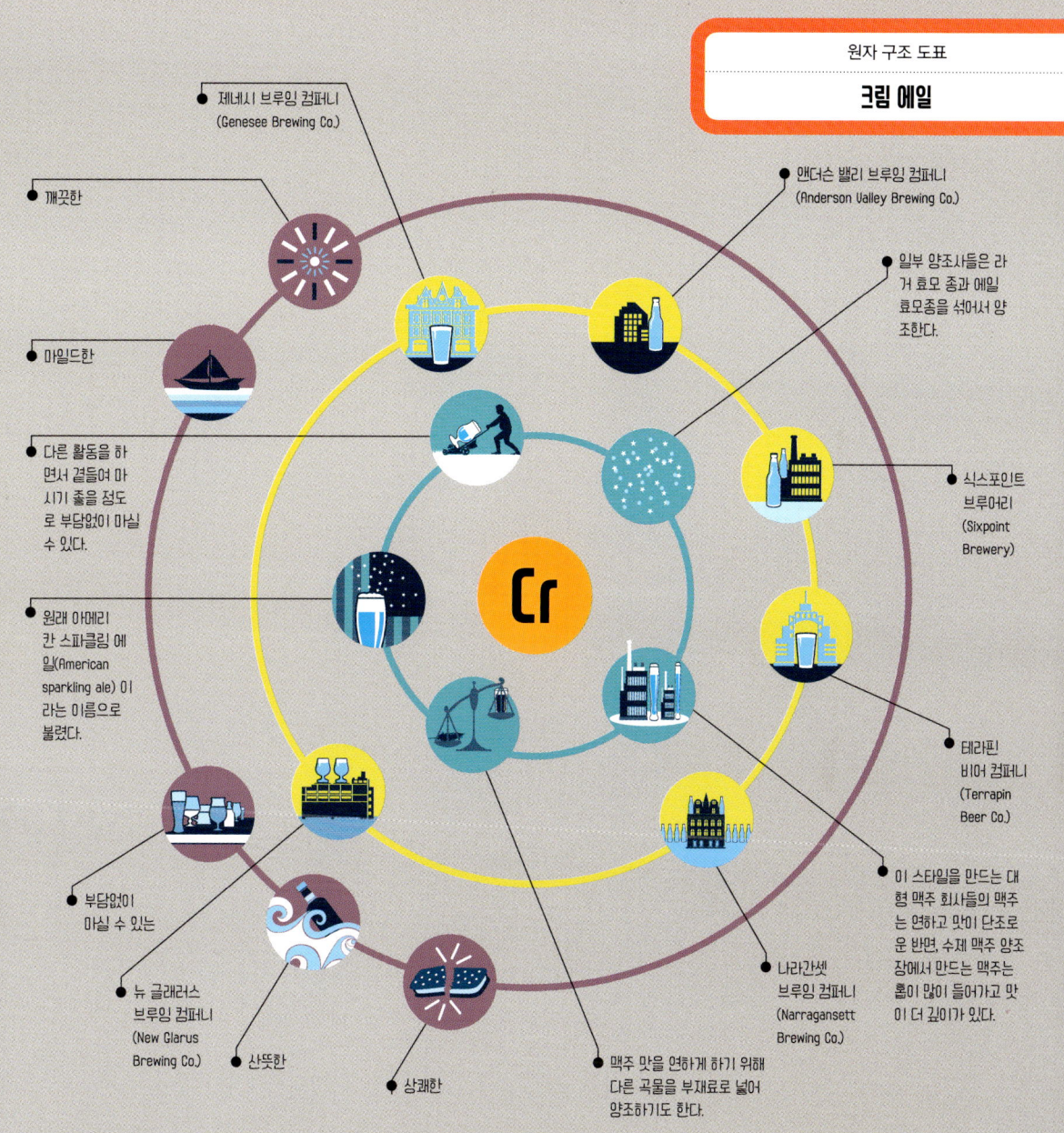

글루텐 프리 Gluten-free

> 베이스의 스타일이 무엇인가에 따라 색깔, 알코올 도수, 서빙하는 잔이 달라진다.

글루텐이 빠진 맥주

사람들의 식이 요구사항이 늘어나고 달라짐에 따라 이에 맞춘 맥주들이 출시되고 있다. 출시되는 스타일도 점점 다양해지고 있어 밀에 들어있는 글루텐을 소화하지 못하는 사람들에게는 이 스타일이 반가울 것이다. 보통 이런 사람들은 일정량 이상의 글루텐을 섭취하지 못하는데, 맥주의 맛을 유지하면서 글루텐 함유량을 낮추는 것은 처음에는 굉장히 어려운 일로 여겨졌다. 하지만 최근에는 글루텐 프리 맥주들을 중점적으로 생산하는 양조장들이 생겨나면서 글루텐 함유량은 줄이고 맥주맛은 살린 맥주들이 출시되고 있다.

추천 맥주

프레리 패스 에일(Prairie Path Ale) 투 브라더스(Two Brothers Brewing Co., 미국)
플로럴 향과 허브 향이 도는 홉을 사용했고, 보리를 베이스로 사용했다. 부담 없이 마실 수 있는 맥주이다.

샤크파로(Shakparo) 스프리커(Sprecher Brewing Co., 미국)
사탕수수와 기장으로 양조한 맥주이다. 아프리칸 스타일로 홍보가 되는데, 달콤하고 과일 맛이 나는 것이 특징이다. 상쾌하고 가벼워 더운 날씨에 마시기 좋다.

페일 에일(Pale Ale) 오미션(Omission Beer, 미국)
글루텐 프리라는 것을 감안하지 않더라도 충분히 맛있는 페일 에일이다. 오렌지 색이 돌며 처음에 홉 맛이 강하게 느껴지지만 끝맛은 시트러스와 캐러멜 몰트를 더 느낄 수 있다.

글루텐 프리 171

원자 구조 도표
글루텐 프리

- 도그피쉬 헤드 브루어리
  (Dogfish Head Brewery)

- 위드머 브라더스 브루잉
  (Widmer Brothers Brewing)

- 레이크프런트 브루어리에서 처음 정부 인증을 받은 글루텐 프리 맥주를 생산했다.

- 글루텐 프리 맥주들은 어떤 베이스 스타일로 만들어지냐에 따라 맛이 달라진다.

- 오미션 비어
  (Omission Beer)

- 뉴 플래닛 비어
  (New Planet Beer)

- 투 브라더스 브루잉 컴퍼니
  (Two Brothers Brewing Co.)

- 스프리커 브루잉 컴퍼니
  (Sprecher Brewing Co.)

- 글루텐 프리라고 해서 글루텐이 아예 없는 것은 아니다. 아주 소량의 글루텐만 있는 맥주도 글루텐 프리로 분류할 수 있다.

- 이 스타일의 맥주들은 보통 사용되는 몰트 대신 쌀이나 메밀 등을 부재료로 사용해 양조한다.

베이스의 스타일에 따라 어울리는 음식이 달라진다.

아메리칸 스타일 위트 American Style Wheat

유래 미국
색 3-6 SRM
알코올 도수(ABV) 4-5.5%
쓴맛(IBU) 15-30
잔 바이젠, 파인트

독일의 밀맥주를 미국식으로 재해석하다

더 좋은 맥주를 만들기 위해 지속적으로 노력하는 미국에서 탄생한 가볍고 산뜻하며 쉽게 다가갈 수 있는 스타일이다. 독일의 대표적인 밀 맥주 바이스비어를 미국식으로 만든 스타일이다. 가볍고 산뜻한 맥주를 선호하는 미국인들의 기호에 맞췄다. 색은 밝은 황금색에 풍부한 거품층이 생긴다. 적당한 탄산감이 눈에 보이며 향은 밝고 과일 향이 도는 홉 향이 난다. 독일의 바이스비어와는 달리 정향이나 바나나 향은 나지 않고 홉 맛은 더 강하게 느껴진다. 가벼움은 유지하면서 부드럽고 크리미한 느낌이다. 수제 맥주의 세계로 많은 이들을 입문시킨 스타일이다.

추천 맥주

앵커 섬머 비어(Anchor Summer Beer) 앵커(Anchor Brewing Co., 미국)
여과되어 깨끗하고 산뜻해 이 스타일의 척도라고 생각되는 맥주이다.

312 어번 위트(312 Urban Wheat) 구스 아일랜드(Goose Island Beer Co., 미국)
황금색의 두터운 거품층이 생긴다. 처음부터 끝까지 갓 구운 빵, 시트러스, 견과류, 그리고 허브 향이 섞인 맛이다.

리틀 섬핀 섬핀 에일(Little Sumpin' Sumpin' Ale)
라구니타스(Lagunitas Brewing Co., 미국)
홉과 밀의 완벽한 균형을 이루며 부드럽고, 쌉싸름하며, 쉽게 넘어가는 맥주이다.

아메리칸 스타일 위트 173

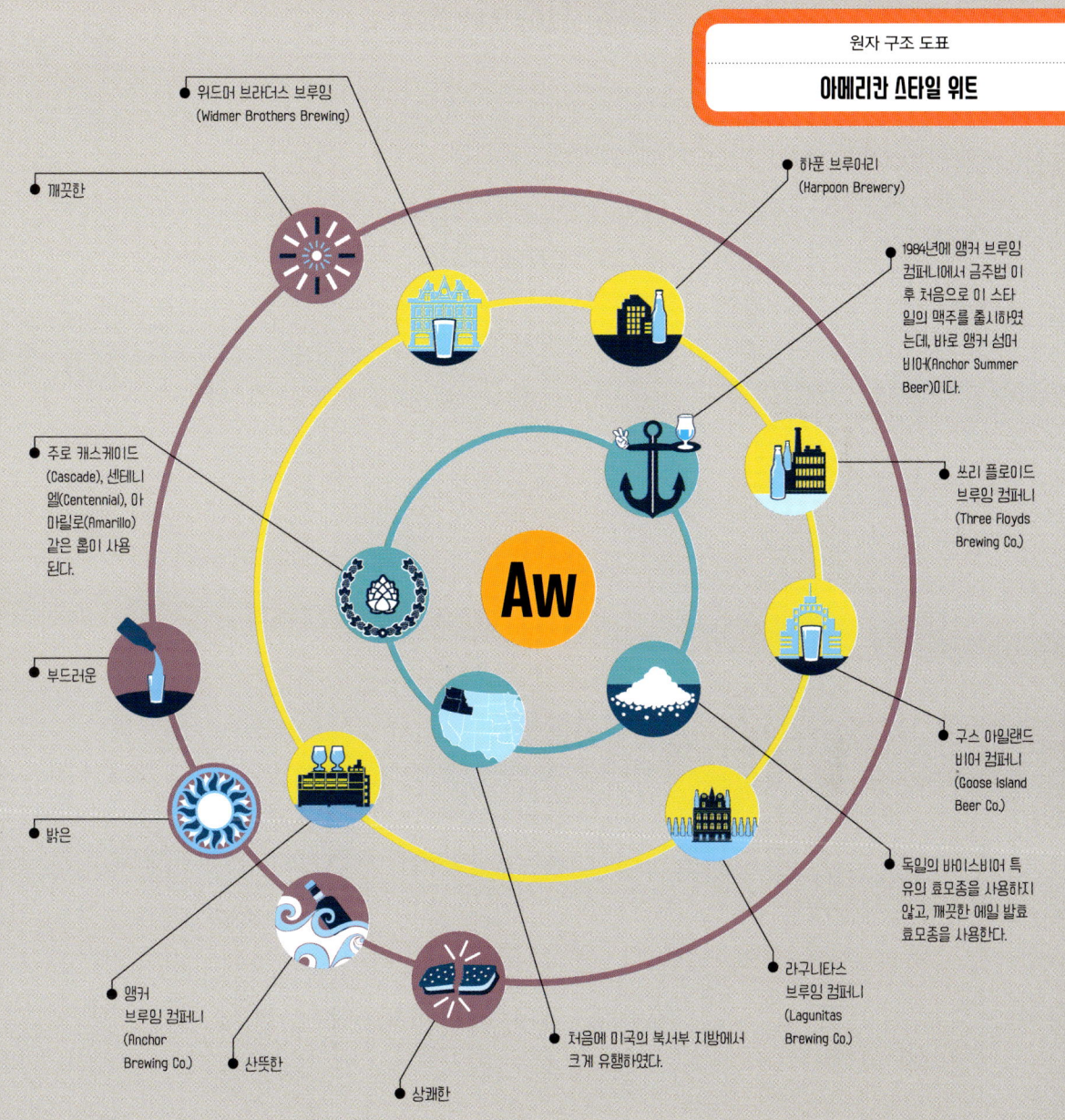

원자 구조 도표
아메리칸 스타일 위트

어울리는 음식

| 샐러드 | 멕시칸 음식 | 태국 음식 | 가벼운 해산물 요리 |

라이 비어 Rye Beer

유래 **미국**
색 **3-6 SRM**
알코올 도수(ABV) **4-9%**
쓴맛(IBU) **15-30**
잔 **파인트**

새로운 맛에 도전하다

고전적인 호밀 맥주를 현대적으로 재탄생시키는 것은 양조사들에게 새로운 도전으로 여겨졌다. 껍질이 없는 호밀을 맥아즙에 사용하면 자칫 너무 끈적끈적해져 양조할 수 없는 상태에 이르기 때문이다. 그래서 미국의 양조사들은 호밀의 맛을 최대한 살리면서 양조할 수 있는 방법을 찾았다. 그 결과, 밝은 금색에서 갈색이 도는 크리미한 맥주가 탄생하게 되었다. 마시면 호밀 맥주 특유의 톡 쏘는 맛을 느낄 수 있는데, 상쾌하고 청량감을 느끼기 좋다. 일부 맥주들은 유난히 홉 맛이 강하기도 한데, 그런 홉의 맛을 호밀 몰트가 잘 잡아준다.

추천 맥주

레드 라이 IPA(Red's Rye IPA) 파운더스(Founders Brewing Co., 미국)
캐러멜, 로스팅된 몰트, 그리고 매콤한 호밀 맛이 난다. 홉은 밝고 솔 향이 돌아 쌉싸름한 맛을 더한다.

라이 온 라이(Rye-On-Rye) 블레바드(Boulevard Brewing Co., 미국)
알코올 도수가 12%로 이 스타일 중에서 굉장히 센 맥주이다. 시트러스 향이 도는 홉에 매콤한 호밀 바디로 균형을 잡았다. 위스키 배럴에 숙성시키면 더욱 복합적인 맛이 살아난다.

케인 앤드 에벨(Cane and Ebel) 투 브라더스(Two Brothers Brewing Co., 미국)
호박빛이 도는 이 맥주는 균형이 잘 잡히고 부담없이 마시기 좋다. 시트러스, 달콤한 몰트, 그리고 살짝 매콤한 호밀 몰트를 맛볼 수 있다.

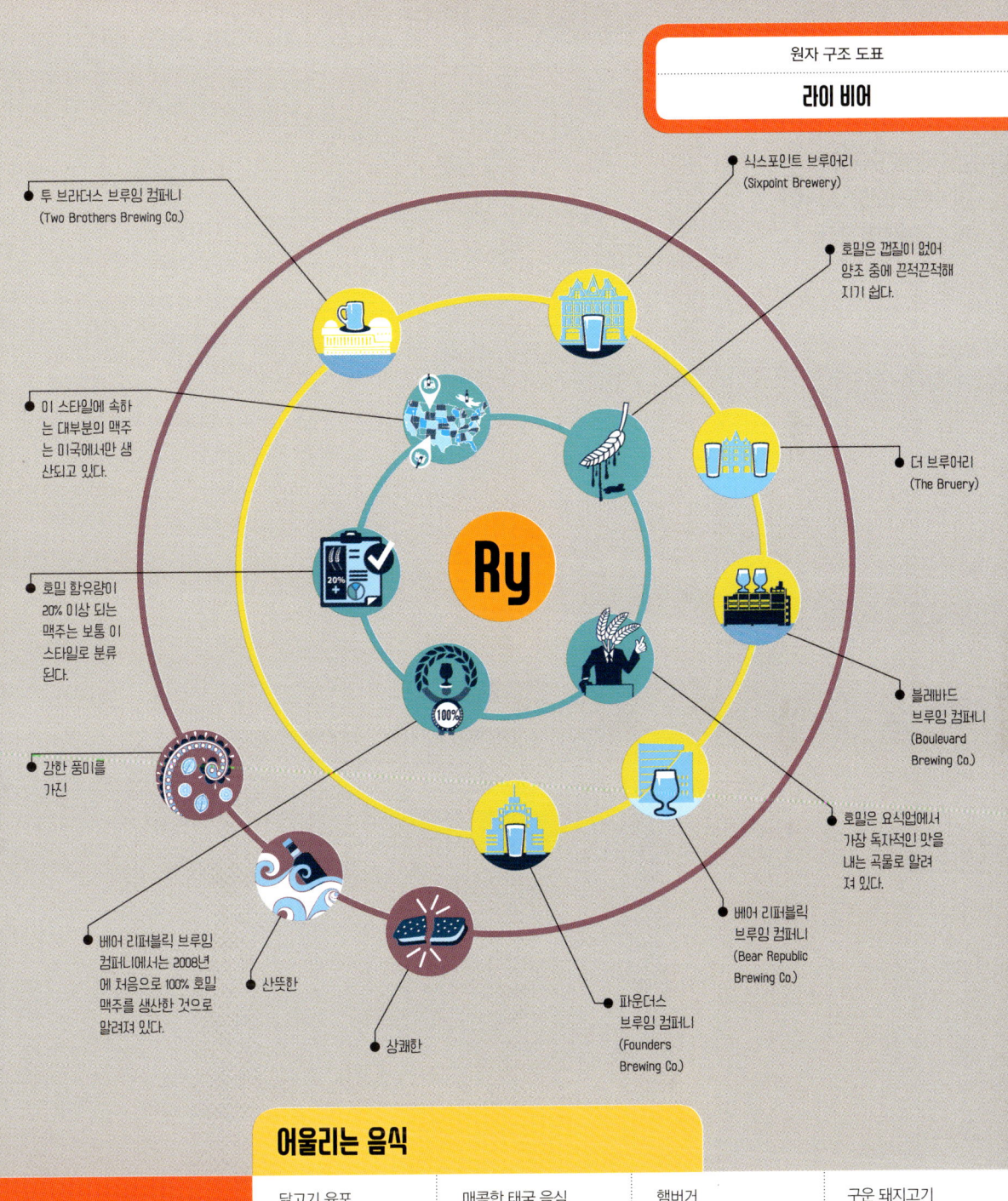

아메리칸 페일 에일 American Pale Ale

유래 **미국**
색 **5-14 SRM**
알코올 도수(ABV) **4.5-6.2%**
쓴맛(IBU) **30-45**
잔 **파인트, 머그**

미국 맥주계의 큰손

1980년 시에라 네바다 브루어리가 이 스타일을 처음 개발하면서 이후 많은 미국 맥주들의 기본 스타일이 되었다. 영국식 페일 에일을 미국식으로 재해석한 이 맥주는 미국의 수제 맥주 붐을 주도하는 주역이 되었다. 현재 많은 미국의 양조장들이 이 스타일을 기본 맥주로 양조하고 있다. 깊은 황금색이나 구릿빛에 가까운 색에, 홉을 아끼지 않고 넣어 오렌지, 자몽, 레몬 같은 과일 향과 솔과 풀 향이 섞인 쓴맛을 처음부터 끝까지 느낄 수 있다. 캐러멜 맛이 섞인 몰트 맛이 홉의 맛을 잘 받쳐준다. 산뜻하면서 맛이 풍부한 스타일이다.

추천 맥주

페일 에일(Pale Ale) 시에라 네바다(Sierra Nevada Brewing Co., 미국)
시간이 지나도 절대적인 클래식. 부드럽고 쌉싸름하면서 시트러스와 솔, 플로럴 향이 섞인 아로마가 특징이다.

버닝 리버(Burning River) 그레이트 레이크스(Great Lakes Brewing Co., 미국)
솔과 시트러스 향이 섞인 캐스케이드 홉을 사용해 캐러멜 맛이 섞인 몰트에 풍미를 더했다.

미러 폰드 페일 에일(Mirror Pond Pale Ale) 데슈츠(Deschutes Brewery, 미국)
잘 양조된 예 중 하나이다. 빵과 시트러스가 섞인 홉 향이 깔끔하고 산뜻한 바디감으로 이어진다.

아메리칸 페일 에일 177

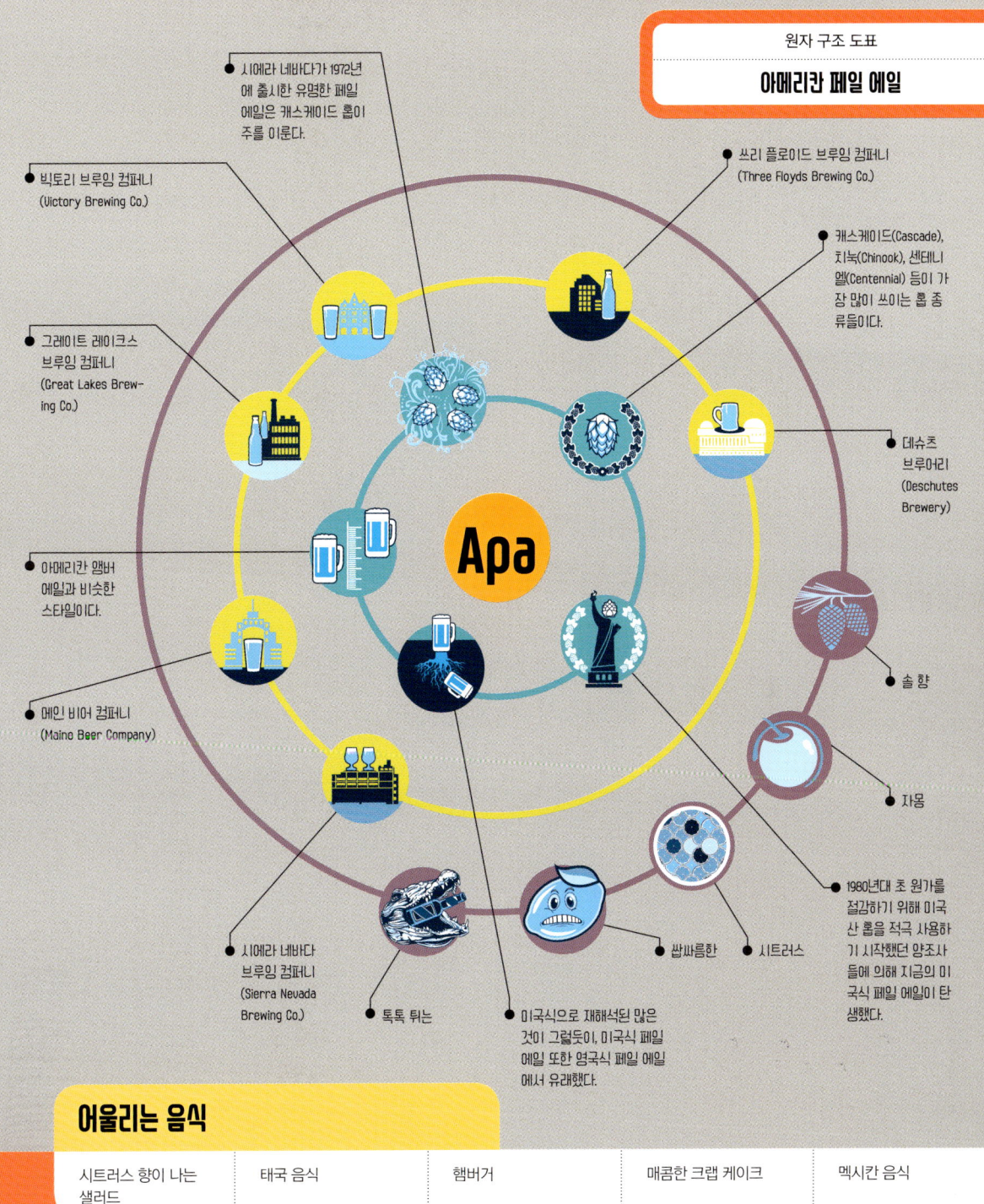

원자 구조 도표
아메리칸 페일 에일

어울리는 음식				
시트러스 향이 나는 샐러드	태국 음식	햄버거	매콤한 크랩 케이크	멕시칸 음식

아메리칸 IPA American IPA

유래 **미국**
색 **6-15 SRM**
알코올 도수(ABV) **5.5-7.5%**
쓴맛(IBU) **40-70**
잔 **파인트, IPA잔**

균형 대신 대담한 맛을 추구하다

영국식 IPA에 뿌리를 둔 이 스타일은 이제는 미국에서 가장 인기 있는 수제 맥주 스타일로 자리매김했다. 미국의 어디를 가도 아이피에이를 찾는 것은 어려운 일이 아니다. 그만큼 양조사들간 경쟁도 치열해져 더 쓰고, 더 강렬한 맛으로 승부하는 맥주들이 늘고 있다. 이제까지 다른 스타일들이 집중하던 홉과 몰트의 균형 대신 홉의 양을 극대화시켜 향과 맛을 과감하게 끌어올렸다. 색도 깊은 황금색부터 구릿빛이 도는 붉은색까지 다양하다. 시트러스, 플로럴, 솔 향이 코를 자극하며 강한 홉 맛이 혀를 자극한다. 홉이 많이 들어가는 만큼 몰트의 양도 늘어나야 되며, 몰트의 프로필이 맛의 중심을 잡아주는 역할을 한다.

추천 맥주

 **투 하티드 에일(Two Hearted Ale)** 벨스(Bell's Brewery, 미국)
센테니얼 홉만을 사용해 만든 이 맥주는 시트러스와 솔 향이 강하게 나면서도 몰트의 양을 아끼지 않아 기분 좋은 맛이 난다.

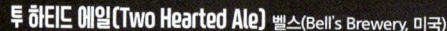 **스톤 IPA(Stone IPA)** 스톤(Stone Brewing Co., 미국)
혀에 부드럽게 달으면서 쌉싸름한 맛은 극대화시켰다. 몰트의 맛보다는 새콤하고 쌉싸름한 홉 맛이 훨씬 강하게 난다.

60분 IPA(60 Minute IPA) 도그피쉬 헤드(Dogfish Head Brewing Co., 미국)
맥아즙을 끓이는 60분 동안 지속적으로 홉을 첨가하기 때문에 이런 이름을 얻었다. 솔과 시트러스가 어우러진 맛이 가장 강하게 나지만, 달콤한 몰트 베이스도 맛볼 수 있다.

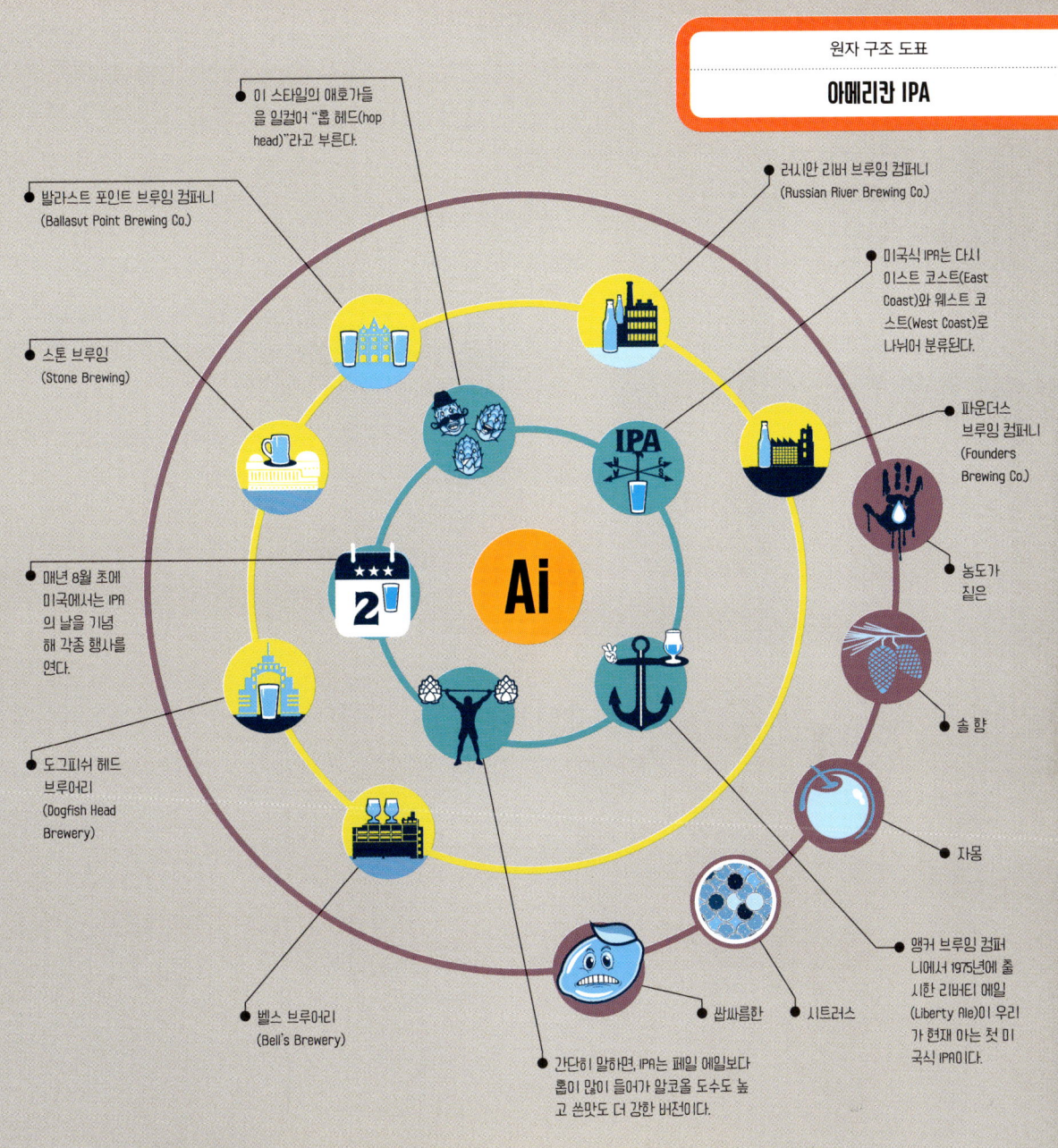

웨트 홉 Wet Hop

유래 **미국**
색 **맥주에 따라 다양하다**
알코올 도수(ABV) **5-7%**
쓴맛(IBU) **35-70**
잔 **파인트**

갓 수확한 맥주

가을에 생산되는 미국 맥주 스타일 중 가장 홉이 많이 들어가는 맥주 중 하나이다. 페일 에일을 베이스로 하고 24시간 이내 수확한 홉을 더한다. 보통 이뤄지는 홉의 건조 과정을 거치지 않아 신선하고 홉 맛이 강하게 나는 맥주가 탄생한다. 색은 깊은 황금색부터 호박색 사이이며, 베이스가 어떤 맥주냐에 따라 맛이 다양해지지만, 솔, 자몽, 오렌지, 또는 허브 향이 섞여 나는게 일반적이다. 신선함이 코와 혀에서 모두 느껴지며, 몰트보다는 홉이 주인공이 되는 맥주이다.

추천 맥주

노던 헤미스피어 하베스트 홉 에일(Northern Hemisphere Harvest Wet Hop Ale)
시에라 네바다(Sierra Nevada Brewing Co., 미국)
이 스타일의 전형적인 맥주이다. 오렌지, 자몽, 솔 향이 어우러진 아로마에 처음부터 끝까지 쓴맛이 이어진다.

프레시 홉(Fresh Hop) 그레이트 디바이드(Great Divide Brewing Co., 미국)
레몬으로 시작해 쌉싸름한 시트러스 맛으로 이어지는 이 맥주는 몰트로 균형을 잡아 혀에 닿는 느낌이 부드럽고 좋다.

홉 트립(Hop Trip) 데슈츠(Deschutes Brewery, 미국)
강렬한 시트러스와 허브 향이 나는 홉을 사용해 쌉싸름한 맛이 많이 남는다. 달콤한 몰트로 균형을 잡았다.

웨트 홉 181

원자 구조 도표
웨트 홉

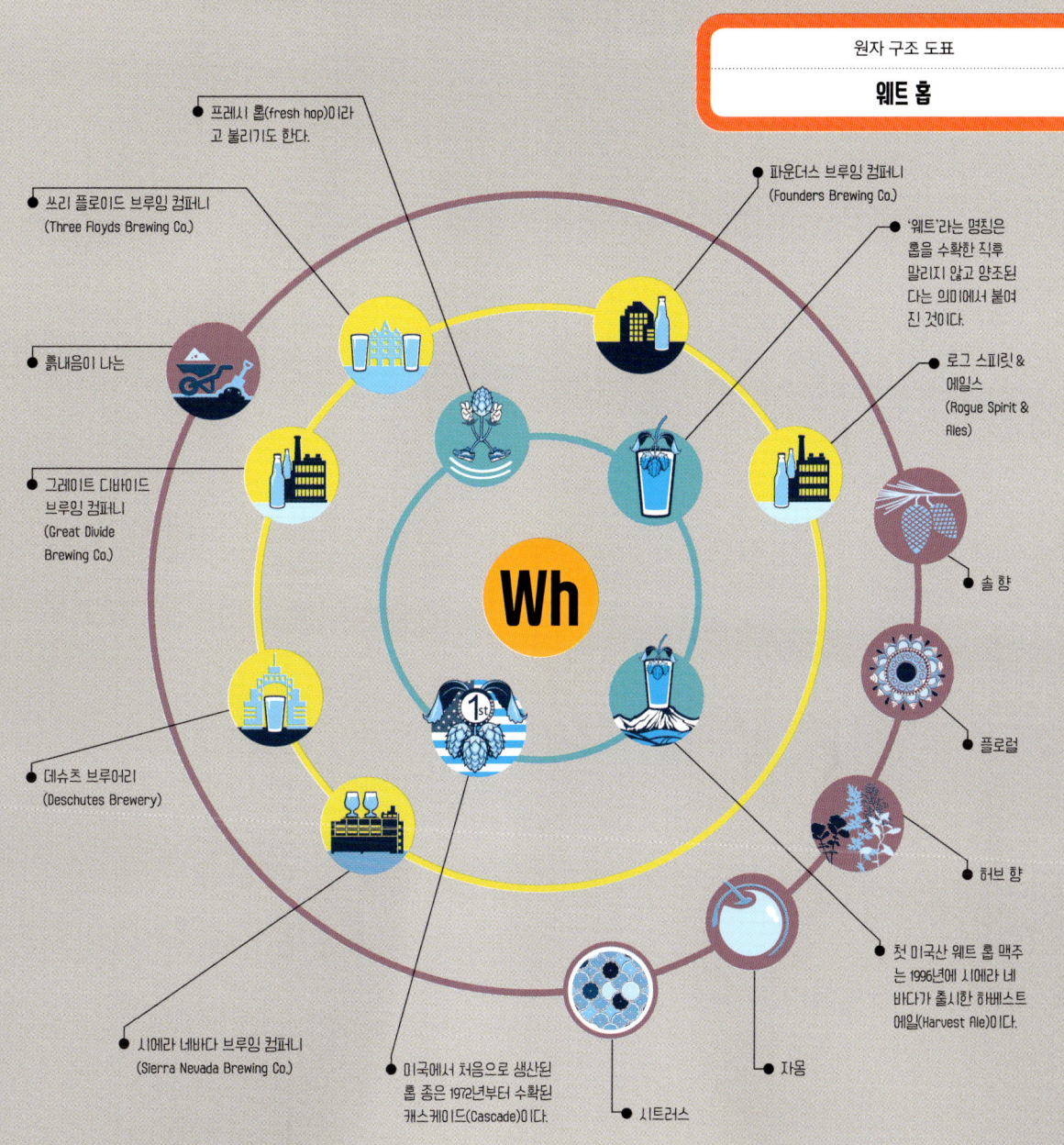

어울리는 음식

| 인도 카레 | 태국 음식 | 체다 치즈 | 만체고 치즈 |

유래 **미국**
색 **6-15 SRM**
알코올 도수(ABV) **5.5-7.5%**
쓴맛(IBU) **40-70**
잔 **파인트, 머그**

싱글 홉 IPA Single Hop IPA

위기를 극복하다

2007년과 2008년에 갑작스러운 홉 부족 현상으로 인해 홉 가격이 뛰자 양조사들은 홉 비용을 최대한 절감하면서 미국식 아이피에이 특유의 맛을 유지할 수 있는 방법을 찾기 시작했다. 싱글 홉 IPA를 정확히 분류하자면 미국식 IPA의 소분류라고 할 수 있지만, 따로 적을 만큼 맛의 변화를 주는 경우가 많아 따로 분류했다. 홉 종류가 다양해지면서 한 가지 홉의 특색 있는 맛을 최대한 강조하고자 한 스타일이다.

추천 맥주

미켈러 시리즈(Mikkeller Series) 미켈러(Mikkeller, 덴마크)
이 혁신적인 덴마크 양조장은 계속 발전하는 싱글 홉 IPA 시리즈를 출시하는데, 각 맥주들의 쓴맛(IBU)이 1000이다.

스파이스 오브 라이프 시리즈(Spice of Life Series)
식스포인트(Sixpoint Brewery, 미국)
이 시리즈는 열두가지 홉 종류에 중점을 두고 한 달에 한 가지 맥주를 출시한다. 베이스 맥아즙과 레시피는 바꾸지 않고 오로지 들어가는 홉 종류만 바꾸는 것이 특징이다.

좀비 더스트(Zombie Dust) 쓰리 플로이드(Three Floyds Brewing Co., 미국)
미국 워싱턴 주에 있는 야키마 밸리(Yakima Valley)에서 생산되는 시트라 홉만을 사용한 페일 에일이다. 자몽, 오렌지, 망고 맛이 풍부하다.

원자 구조 도표

싱글 홉 IPA

- 보스턴 비어 컴퍼니 (The Boston Beer Co.)
- 쓰리 플로이드 브루잉 컴퍼니 (Three Floyds Brewing Co.)
- 흙내음이 나는
- 한 가지 홉만을 쓰면 양조사들이 그 홉의 향과 맛과 같은 특성에 집중해서 맥주를 양조하게 된다.
- 홉의 학명은 Humulus Lupulus 이다.
- 식스포인트 브루어리 (Sixpoint Brewery)
- 솔 향
- 홉 특유의 맛을 살리고 비교하기 위해 양조사들은 똑같은 베이스에 다른 홉을 써가며 다양한 버전을 만들기도 한다.
- 플로럴
- 자몽
- 플라잉 도그 브루어리 (Flying Dog Brewery)
- 미켈러 (Mikkeller)
- 홉은 시계방향으로 굽어지면서 위로 자란다.
- 쌉싸름한
- 시트러스
- 싱글홉이라고 홍보되지는 않아도 한가지 홉만을 사용해 양조한 맥주들은 여럿 있다. 벨스 브루어리의 투 하티드 에일(Two Hearted Ale), 데슈츠의 미러 폰드 페일 에일(Mirror Pond Pale Ale)이 대표적인 예이다.

Si

어울리는 음식

| 태국 음식 | 햄버거 | 멕시칸 음식 | 인도 카레 |

아메리칸 앰버 라거 American Amber Lager

유래 미국
색 6-14 SRM
알코올 도수(ABV) 4.8-5.5%
쓴맛(IBU) 18-30
잔 파인트, 머그, 필즈너

유럽의 필즈너에 답하다

1980년대에 필즈너에 인기에 힘입어 미국의 양조사들도 미국을 대표할 만한 라거를 개발하기로 했다. 이제는 호박색이 도는 대부분의 미국 라거가 이 스타일에 속하게 되어 구분이 애매해졌다. 스타일의 기원은 오스트리아지만 그 뒤로 완전 미국식으로 재해석되어 비슷한 점은 별로 없다(물론 비엔나 라거와 구분이 잘 안 가는 맥주들도 있다). 몰트는 빵 맛보다는 캐러멜 맛이 더 강하고, 홉은 미국식 홉의 특징인 솔과 시트러스 향이 잘 어울리는 종류를 사용한다. 색은 밝은 호박색에서 구리색 사이를 띠고, 거품층의 단단함은 맥주에 따라 차이가 많다.

추천 맥주

브루클린 라거(Brooklyn Lager) 브루클린 브루어리(Brooklyn Brewery, 미국)
미국식 홉의 시그니처와도 같은 솔과 플로럴 향이 먼저 강하게 난다. 그 뒤에 크리미하고 캐러멜 맛이 진하게 나는 바디로 이어져 혀에 드라이하게 남는다.

트라디셔널 라거(Traditional Lager) 잉링(Yuengling Brewery, 미국)
미국에서 가장 오래된 양조장 중 하나인 잉링의 대표 맥주이다. 밝고 깨끗한 호박색에 부드럽고 달콤한 곡물 맛이 나는 몰트가 깔끔하고 살짝 시트러스한 홉과 어울려 맛있다.

리버웨스트 스타인 비어(Riverwest Stein Beer)
레이크프런트(Lakefront Brewery, 미국)
꽤 오래 유지되는 거품층에 크리미한 호박색 바디가 자리한다. 혀에 부드럽게 달고 홉은 시트러스와 우디한 향이 섞였다. 몰트는 달콤하고 캐러멜 맛이 중심이 된다.

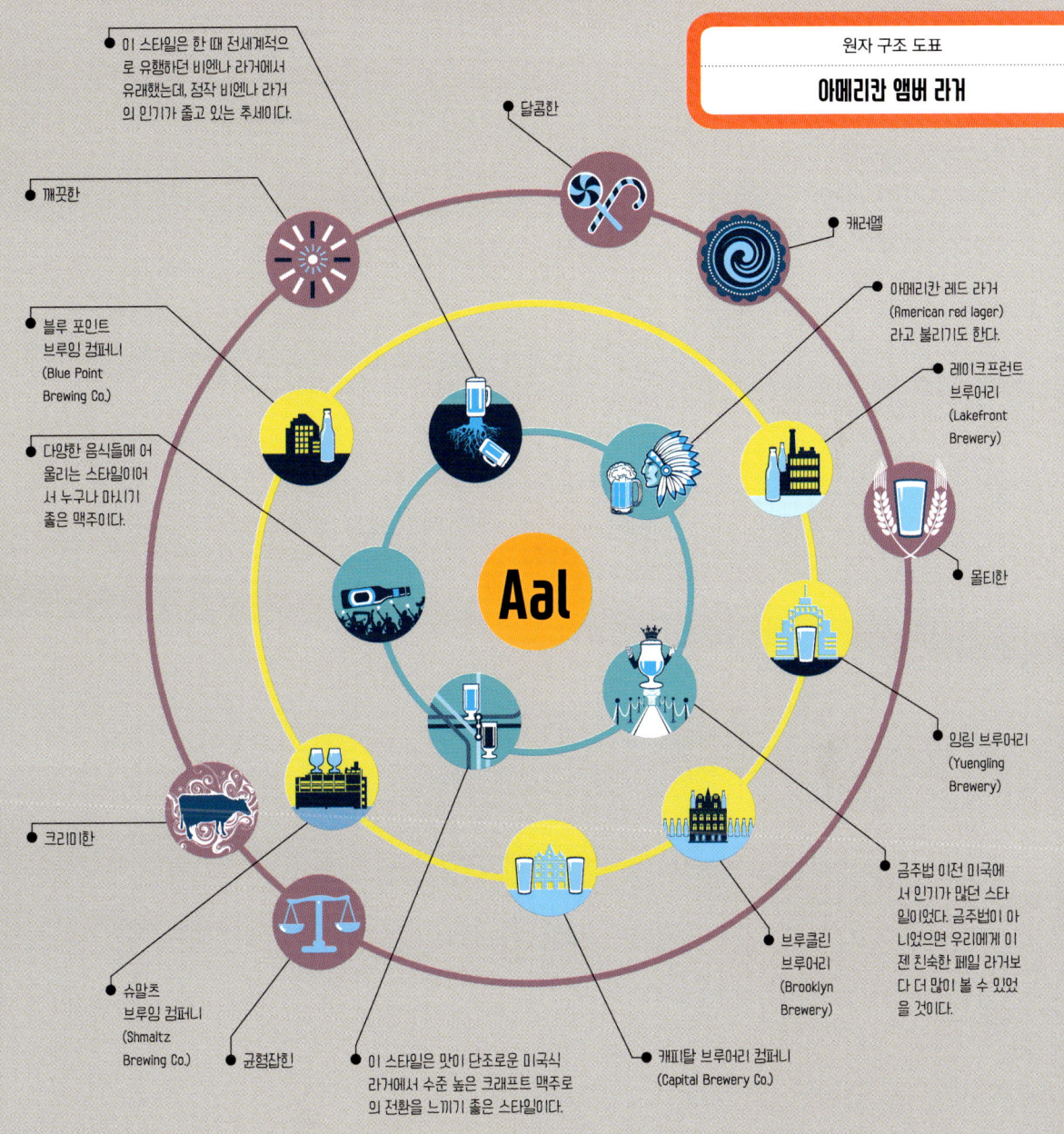

더블/임페리얼 IPA Double/Imperial IPA

유래 미국
색 8-15 SRM
알코올 도수(ABV) 7.5-10%
쓴맛(IBU) 60-120
잔 스니프터, 튤립, 큰 와인잔, 파인트

홉이 전부가 되는 스타일

미국에서 IPA의 인기가 오르면서 홉의 쓴 맛에 매료되는 사람이 늘어갔다. 이런 사람들의 기호를 맞추기 위해 개발된 스타일이다. 임페리얼 버전인만큼 알코올 도수도 높고 홉도 그만큼 더 많이 들어간다. 세계에서 가장 많은 종류의 홉이 생산되는 미국인만큼 맛의 조합은 끝도 없다. 색은 오렌지 빛이 도는 황금색부터 구리색까지 다양하며, 오래 지속되는 황백색 거품층이 생긴다. 자몽 같은 시트러스, 솔, 플로럴 향이 섞여 나며, 이는 홉 맛의 프로필에서도 느껴진다. 홉이 강렬한만큼 캐러멜 맛이 나는 몰트가 중심을 잘 잡아줘야 한다. 알코올 도수가 높지만 의외로 맛에 잘 가려진다.

추천 맥주

플라이니 더 엘더(Pliny the Elder) 러시안 리버(Russian River Brewing Co., 미국)
이 스타일의 대표적인 맥주이다. 홉 맛이 강하게 나고 과감한 쓴맛이 자몽과 솔 향과 함께 어우러져 있다.

홉슬램 에일(Hopslam Ale) 벨스(Bell's Brewery, 미국)
미국의 중부 지방에서 유명한 벨스에서 만든 겨울 시즈널 맥주. 시트러스와 플로럴 홉 향이 코를 찌르고 약간 달콤한 캐러멜 맛이 나는 몰트를 중심으로 자몽과 쓴 홉 맛으로 마무리된다.

90분 IPA(90 Minute IPA) 도그피쉬 헤드(Dogfish Head Craft Brewery, 미국)
90분은 양조 중에 홉을 더한 시간을 뜻한다. 60분과 120분 버전이 있는데, 90분 버전이 가장 먼저 만들어졌다. 복합적인 홉의 조화와 함께 이를 잘 받쳐주는 달콤한 몰트 맛을 느낄 수 있다.

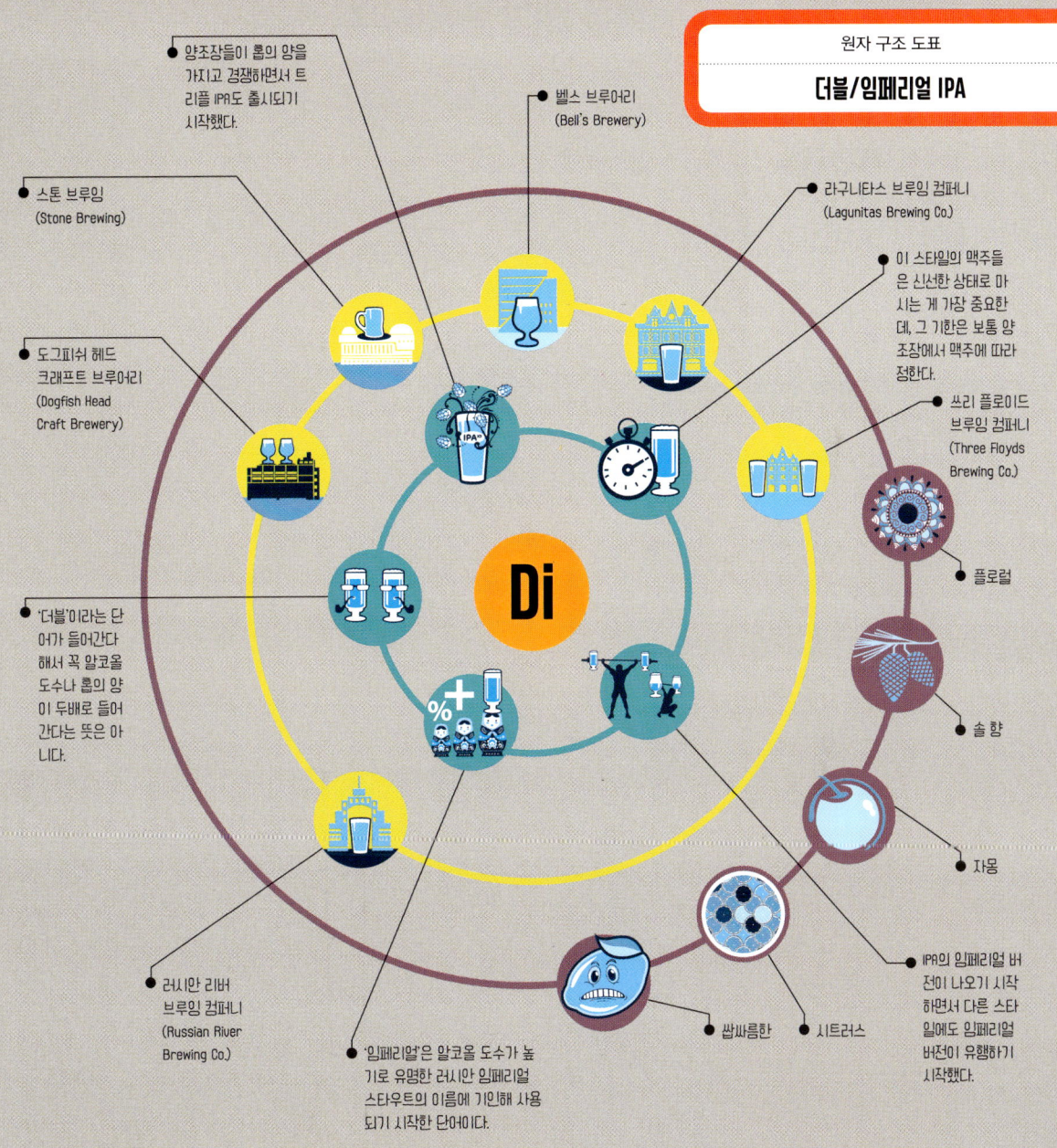

펌킨 에일 Pumpkin Ale

유래 **미국**
색 **6-12 SRM**
알코올 도수(ABV) **5-6%**
쓴맛(IBU) **10-15**
잔 **파인트**

가을에 즐기는 묘미

미국의 고유 맥주 중 하나이다. 많은 미국 양조장들이 가을이 되면 어김없이 출시하는 스타일이다. 엷은 오렌지색부터 깊은 구리색까지 다양하며, 주로 황갈색 거품층이 생긴다. 호박 향을 중심으로 정향, 육두구, 계피, 피망, 또는 생강 향이 섞여 난다. 맛도 아로마와 비슷한 맥락으로 이어지는데, 뜨거운 사이다(사과주)처럼 향신료 맛이 날 수도 있고, 호박 파이처럼 단 맛이 날 수도 있다. 홉은 다른 미국 맥주들처럼 그렇게 강하지만은 않고, 몰트의 단맛을 조절할 정도로만 들어간다.

추천 맥주

펌킹(Pumking) 서던 티어(Southern Tier Brewing Co., 미국)
사탕 같이 달콤하다. 부드럽고 무게감 있게 넘어간다. 달콤한 호박 향이 8.5%의 높은 알코올 도수를 잘 커버한다.

펀킨 에일(Punkin Ale) 도그피쉬 헤드(Dogfish Head Craft Brewery, 미국)
양조장이 생기기 전부터 양조되던 레시피이다. 부드럽고, 달콤하며, 약간 매콤하다.

나이트 아울 펌킨 에일(Night Owl Pumpkin Ale)
엘리시안(Elysian Brewing Co., 미국)
이 스타일의 표준 같은 맥주이다. 실제 호박과 호박씨를 사용해 이 스타일의 특색 있는 맛을 잘 살렸다.

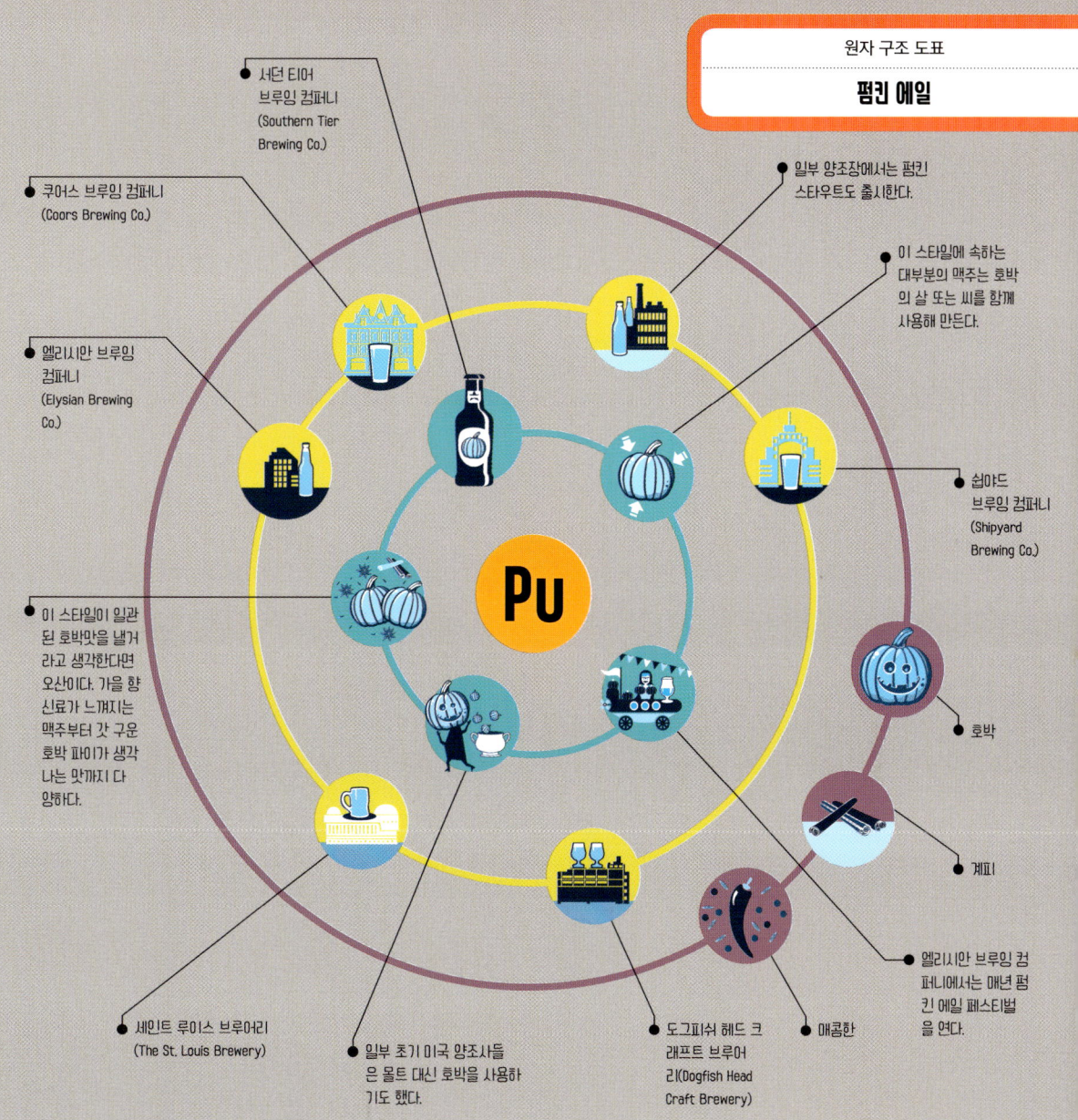

아메리칸 앰버 American Amber

유래 **미국**
색 **10-17 SRM**
알코올 도수(ABV) **4.5-6.2%**
쓴맛(IBU) **25-40**
잔 **파인트**

붉은 몰트

'레드 에일(red ale)'이라고도 불린다. 많은 페일 에일 스타일이 그렇듯이 호박색 맥주 중 다른 스타일에 분류되기 어려운 맥주들이 여기에 속한다. 이 스타일에 속하는 맥주들은 보통 어둡고 붉은 빛이 도는 페일 에일들이다. 다른 페일 에일에 비해 몰트에 더 힘을 주고, 캐러멜 맛이 더 진하고, 바디감이 더 중후한 것이 특징이다. 몰트 뿐만 아니라 홉 맛도 적당히 나는데, 이 때 사용되는 홉은 주로 자몽, 시트러스, 솔, 플로럴 향이 나는 미국산 홉이다. 다양한 입맛을 충족시키기에 좋은 스타일이다.

추천 맥주

팻 타이어(Fat Tire) 뉴 벨지엄(New Belgium Brewing Co., 미국)
미국 수제 맥주 시장의 붐을 이끈 맥주 중 하나이다. 부드럽고 자극적이지 않은 맛이다. 수제 맥주 입문자가 시도하면 좋은 맥주!

너겟 넥타르(Nugget Nectar) 트로그스(Troegs Brewing Co., 미국)
홉을 아끼지 않고 넣은 호박색 맥주. 너겟 홉을 사용해 홉의 쓴맛을 살리면서 너무 부담스럽지 않은 맛을 추구한다.

루드리히스 레드 실 에일(Ruedrich's Red Seal Ale)
노스 코스트(North Coast Brewing Co., 미국)
몰트와 홉을 아끼지 않고 사용했다. 맛이 풍부하고 균형이 잘 잡혀있다. 시트러스, 캐러멜, 솔과 같은 상록수 향이 난다.

아메리칸 앰버 191

원자 구조 도표
아메리칸 앰버

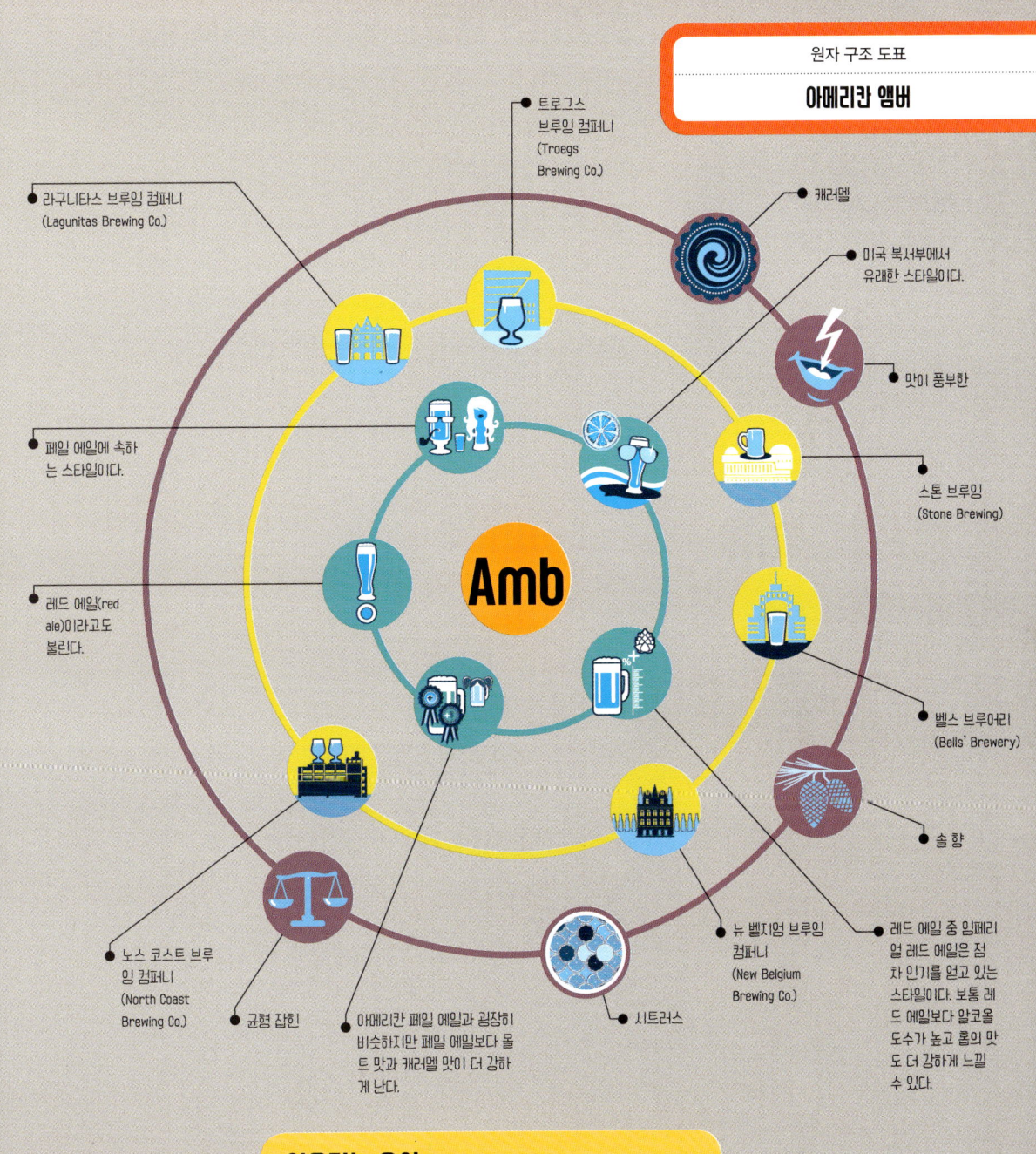

어울리는 음식

햄버거 · 구운 닭 요리 · 매콤한 음식 · 체다 치즈

아메리칸 와일드 에일 American Wild Ale

유래 미국
색 2-26 SRM
알코올 도수(ABV) 5.5-10%
쓴맛(IBU) 20-40
잔 튤립, 샬리스, 고블렛

무지개 같은 색과 맛

호불호가 확실히 갈릴 만한 스타일이다. 에일에 주로 들어가는 효모종 대신 다른 미생물들을 첨가해 자연발효를 시킨다. 이 미생물들은 예상하지 못한 강렬한 맛들을 만들어낸다. 색 또한 사용한 미생물에 따라 달라지는데, 황금색부터 깊은 붉은색, 심지어는 짙은 갈색까지 나올 수 있다. 거품층도 맥주에 따라 천차만별이지만, 주로 적당하게 남는 흰색 거품층이 생긴다. 향과 맛은 풍미가 남다른데, 시큼하고 신 맛이 강하게 나기도 하고 허브 향이 강하게 나는 머스크 향이 주를 이룰 수도 있다. 굉장히 복합적인 맛이라 꼭 한번은 시도해봐야 할 스타일이다.

추천 맥주

↓ **서플리케이션(Supplication)** 러시안 리버(Russian River Brewing Co., 미국)
이 스타일의 선구자 같은 러시안 리버에서 만든 이 맥주는 시큼한 체리, 머스크 향, 그리고 다른 과일 맛을 섞은 과감한 조화이다. 꼭 한번 시도해봐야 할 맥주!

↓ **르 테루아(Le Terroir)** 뉴 벨지엄(New Belgium Brewing Co., 미국)
불투명한 금색에 시큼한 향이 난다. 정제되지 않은 신맛의 조화가 인상깊은 맛이다.

↓ **큐베 드 톰(Cuvee de Tomme)** 로스트 에비(The Lost Abbey, 미국)
베이스는 브라운 에일을 사용하고, 이를 체리와 브레타노마이세스(Brettanomyces)라는 야생 효모종과 함께 배럴에 숙성해서 만든다.

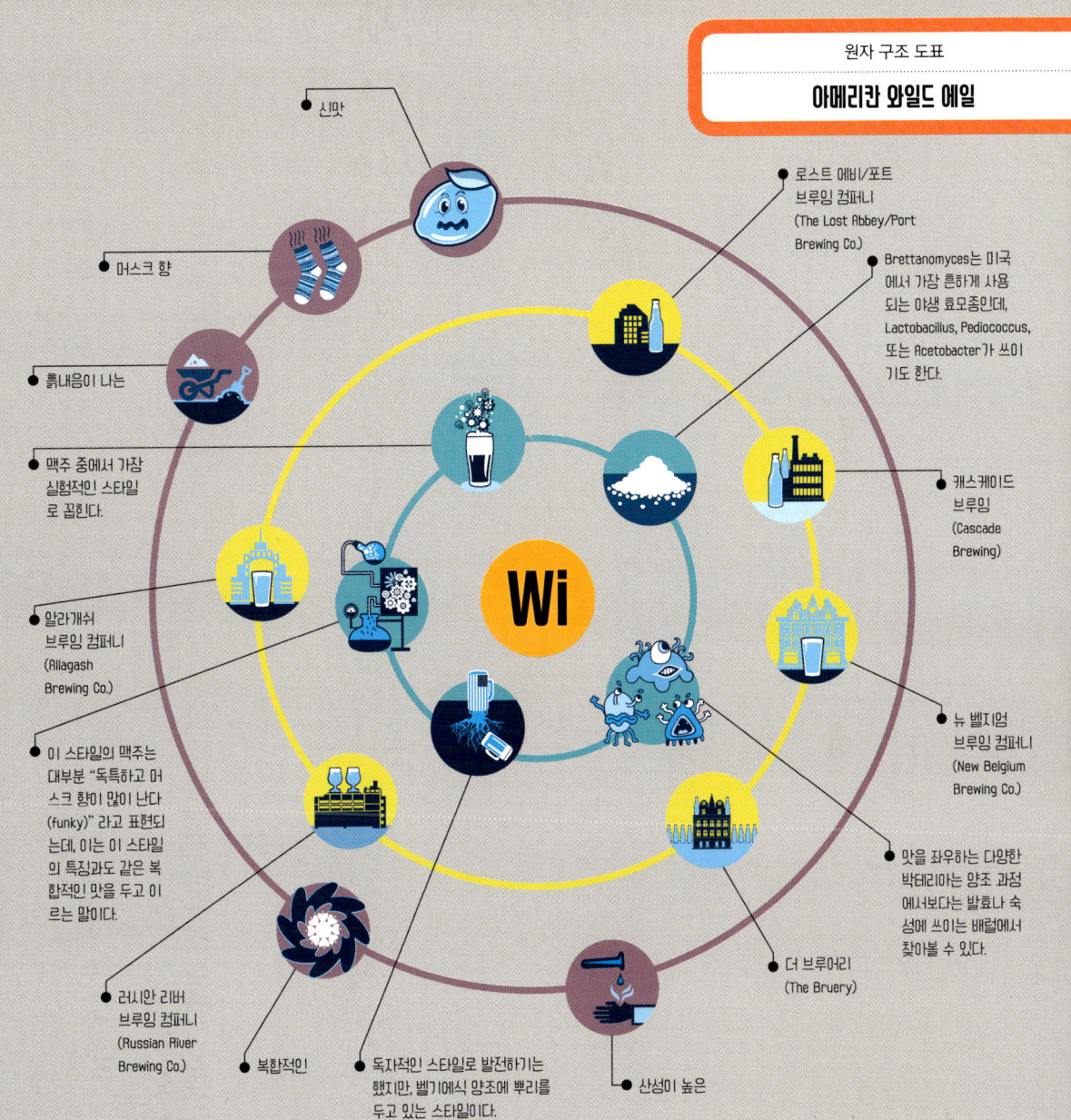

캘리포니아 커먼 California Common

유래 **미국**
색 **10-14 SRM**
알코올 도수(ABV) **4.5-5.5%**
쓴맛(IBU) **30-45**
잔 **파인트**

라거를 따뜻한 온도에서 발효하다

1800년대 미국 캘리포니아에 골드 러시로 인해 채광자들이 몰려들자 가난했던 이들을 위해 만들어진 맥주이다. 냉장보관을 하는 것이 어려웠던 환경이라 양조사들은 얕은 용기에서 발효해 더 빨리 식도록 했다. 라거 효모를 사용하지만 발효온도가 따뜻한 편이라 에일 같은 과일 향이나 맛이 나기도 한다. 깊은 황금색에서 깊은 호박색 사이의 색이 나며 탄산감이 많은 것이 특징이다. 미디엄 바디감에 부드럽다. 나무 향과 허브 향이 나는 홉 맛이 쌉싸름하지만, 짙은 몰트로 균형을 잡는다. 오늘날 앵커 스팀 비어(Anchor Steam Beer)가 이 스타일의 명맥을 사실상 이어가고 있다.

추천 맥주

앵커 스팀 비어(Anchor Steam Beer)
앵커 브루잉 컴퍼니(Anchor Brewing Co., 미국)
'스팀(steam)'이라는 단어를 맥주 스타일에 쓸 수 있는 유일한 맥주이다. 몰트와 홉의 존재감이 둘 다 뚜렷해 쌉싸름한 피니시가 오래도록 남는다.

풀스팀 라거(Fullsteam Lager) 풀스팀(Fullsteam, 미국)
나무, 빵, 캐러멜 향이 나며, 부담없이 마실 수 있고 간단하면서 산뜻한 맛이다.

스팀 엔진 라거(Steam Engine Lager) 스팀웍스(Steamworks Brewing Co., 미국)
달콤한 캐러멜 맛이 나는 몰트와 잘 어울리는 매콤한 홉을 사용한다. 콜로라도에 위치한 스팀웍스 양조장에서 만든다.

캘리포니아 커먼 195

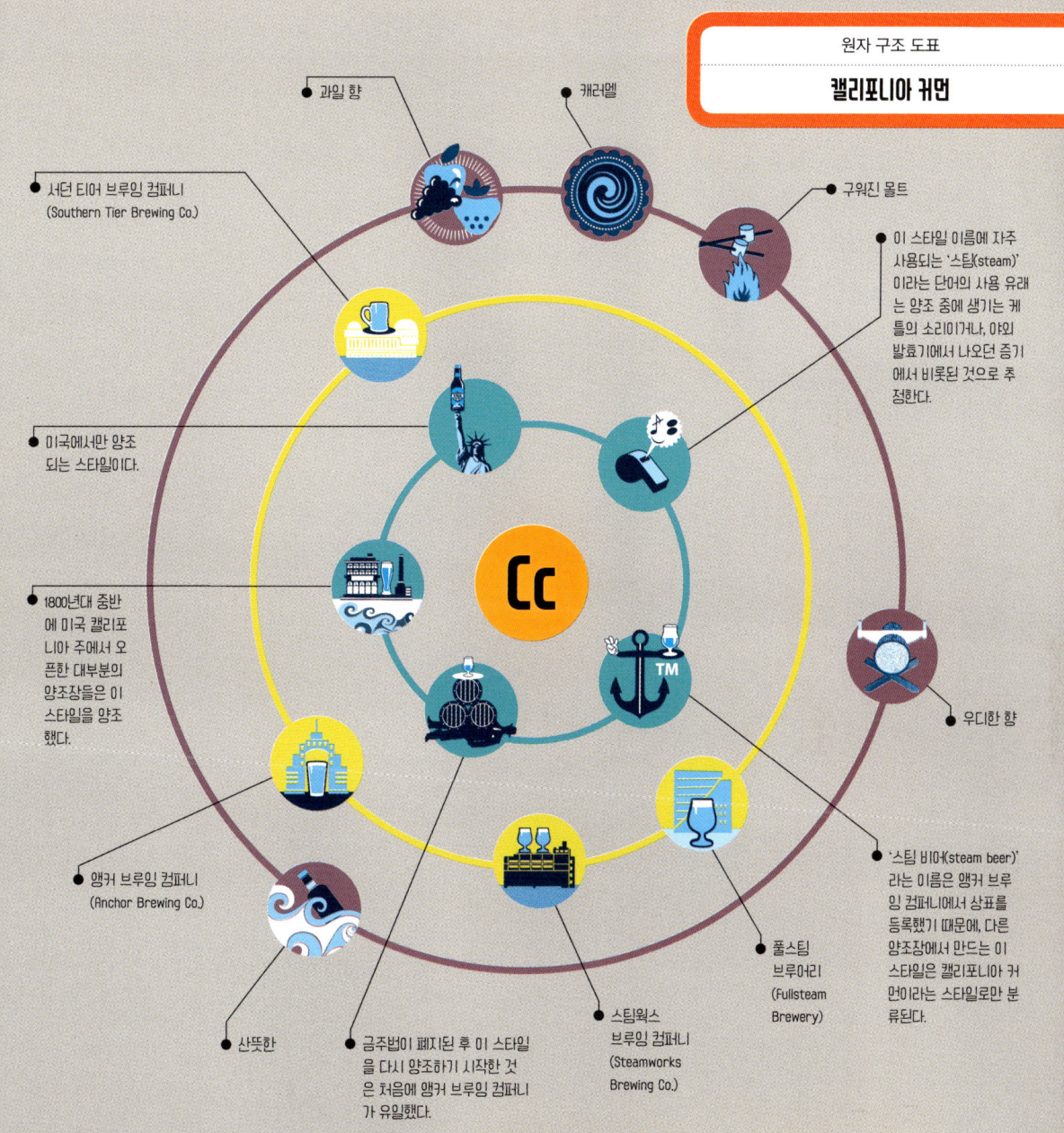

원자 구조 도표
캘리포니아 커먼

- 과일 향
- 캐러멜
- 구워진 몰트
- 서던 티어 브루잉 컴퍼니 (Southern Tier Brewing Co.)
- 이 스타일 이름에 자주 사용되는 '스팀(steam)'이라는 단어의 사용 유래는 양조 중에 생기는 케틀의 소리이거나, 야외 발효기에서 나오던 증기에서 비롯된 것으로 추정한다.
- 미국에서만 양조되는 스타일이다.
- 1800년대 중반에 미국 캘리포니아 주에서 오픈한 대부분의 양조장들은 이 스타일을 양조했다.
- 우디한 향
- 앵커 브루잉 컴퍼니 (Anchor Brewing Co.)
- 산뜻한
- 금주법이 폐지된 후 이 스타일을 다시 양조하기 시작한 것은 처음에 앵커 브루잉 컴퍼니가 유일했다.
- 스팀웍스 브루잉 컴퍼니 (Steamworks Brewing Co.)
- 풀스팀 브루어리 (Fullsteam Brewery)
- '스팀 비어(steam beer)'라는 이름은 앵커 브루잉 컴퍼니에서 상표를 등록했기 때문에, 다른 양조장에서 만드는 이 스타일은 캘리포니아 커먼이라는 스타일로만 분류된다.

어울리는 음식

| 스테이크 | 멕시칸 음식 | 부드러운 치즈 |

프루트 비어 Fruit Beer

유래 미국
색 5-50 SRM
알코올 도수(ABV) 2.5-12%
쓴맛(IBU) 5-70
잔 파인트, 큰 와인잔, 머그, 플루트

과일이 맥주의 중심이 되다

살구, 수박, 딸기, 산딸기, 체리, 블루베리, 사과, 귤. 얼핏 들으면 시장에서 볼 수 있는 과일들을 나열해 놓은 것 같지만, 사실 맥주로 만들 수 있는 과일들 중 일부이다. 양조사의 창의성이 중요한 스타일인데, 미묘한 맛을 살리거나 과일의 맛의 강렬하게 극대화시킬 수도 있고, 때로는 블렌딩을 통해 새로운 맛을 발견해낼 수도 있기 때문이다. 맥주라고 믿을 수 없을 만큼 달거나, 과일맛이 강하게 나거나, 혀를 내두를 정도로 시큼할 수도 있다. 점차 발전하고 있는 스타일 중 하나로, 밀 맥주 형태가 제일 흔한데, 이는 미국산 밀이 과일과 함께 맥주로 만들기 특히 적합하기 때문이다.

추천 맥주

라스베리 타르트(Raspberry Tart) 뉴 글래러스(New Glarus Brewing Co., 미국)
루비색에 엷은 분홍색 거품층이 있다. 라즈베리 맛이 강하게 나고, 시큼하지만 산뜻한 맛이다.

스매시드 블루베리(Smashed Blueberry) 쉽야드(Shipyard Brewing Co., 미국)
커피와 초콜릿 맛을 블루베리와 섞어 의외의 맛있는 조합이 탄생했다.

오가닉 애프리콧(Organic Apricot)
새뮤얼 스미스(Samuel Smith's Old Brewery, 영국)
이름에서 알 수 있듯 살구맛에 약간 시큼하고 빵 맛이 나는 효모를 더해 맥주 같지 않은 맥주가 탄생했다.

프루트 비어 197

원자 구조 도표
프루트 비어

- 매직 햇 브루잉 컴퍼니 (Magic Hat Brewing Co.)
- 새뮤얼 스미스 올드 브루어리 (Samuel Smith's Old Brewery)
- 미국 오리건 주 포틀랜드에서는 매년 이 스타일을 기념하는 맥주 페스티벌이 열린다.
- 맛은 과일에 따라 다르지만, 해당 과일의 맛이 강하게 나야 이 스타일로 분류된다.
- 아비타 브루잉 컴퍼니 (Abita Brewing Co.)
- 과일을 더할 때는 시럽 형태로 넣을 수도 있고, 생과일을 그대로 넣고 양조할 수도 있다.
- 유니브로우 (Unibroue)
- 뉴 글래러스 브루잉 컴퍼니 (New Glarus Brewing Co.)
- 람빅과 베를리너 바이스 스타일 맥주에는 몇 세기 전부터 양조 과정에 과일을 첨가하기 시작했다.
- 쉽야드 브루잉 컴퍼니 (Shipyard Brewing Co.)
- 뉴 글래러스에서 만드는 위스콘신 벨지안 레드(Wisconsin Belgian Red)라는 맥주에는 체리가 병당 500g 이상 들어간다.

Ft

어울리는 음식

치즈   디저트

이 스타일은 사용되는 과일에 따라 맛의 차이가 너무 크기 때문에 따로 테이스팅 노트가 없다.

유래 **미국**
색 **10-19 SRM**
알코올 도수(ABV) **8-12%**
쓴맛(IBU) **50-120**
잔 **스니프터**

아메리칸 발리 와인 American Barleywine

달콤한 몰트를 중심으로 홉과 알코올 도수를 더하다

미국식으로 스타일이 변하면 홉이 더 들어가고 알코올 도수가 높아지기 마련이다. 과감하고 복합적인 맛을 내는 이 스타일은 보통 깊은 호박색이나 구리색을 띠지만, 일부 맥주들은 이보다 훨씬 어두운 색을 띠기도 한다. 벨벳 같이 부드러운 느낌에, 잔을 천천히 흔들면 옆에 자국이 남는 것을 볼 수 있다. 몰트의 캐러멜 같은 달콤함이 중심이 되고, 빵 같은 맛이 나는 것이 일반적이다. 홉 프로필은 몰트보다 덜 일관적인 편이데, 어떤 맥주들은 몰트의 균형을 잡을 정도로만 홉을 더하는 반면, 일부 맥주들은 훨씬 강렬한 솔이나 시트러스 홉 맛을 내기도 한다.

추천 맥주

빅풋(Bigfoot) 시에라 네바다(Sierra Nevada Brewing Co., 미국)
처음부터 끝까지 풍미가 깊다. 향은 몰트로 시작하지만 과감한 홉의 조합으로 이어진다. 쌉싸름한 맛이 오래 남는다.

베헤모스(Behemoth) 쓰리 플로이드(Three Floyds Brewing Co., 미국)
대담하고 달콤한 몰트맛이 추운 겨울날 함께하기 좋은 맥주이다. 쓰리 플로이드에서 1월에만 출시하는 맥주로, 알코올 도수는 10%로 높다.

올드 러피안(Old Ruffian) 그레이트 디바이드(Great Divide Brewing Co., 미국)
홉이 많이 들어갔지만, 과일과 캐러멜 맛이 나는 몰트도 아끼지 않았다. 크리미하고 부드러워, 홀짝거리며 마시기 좋다.

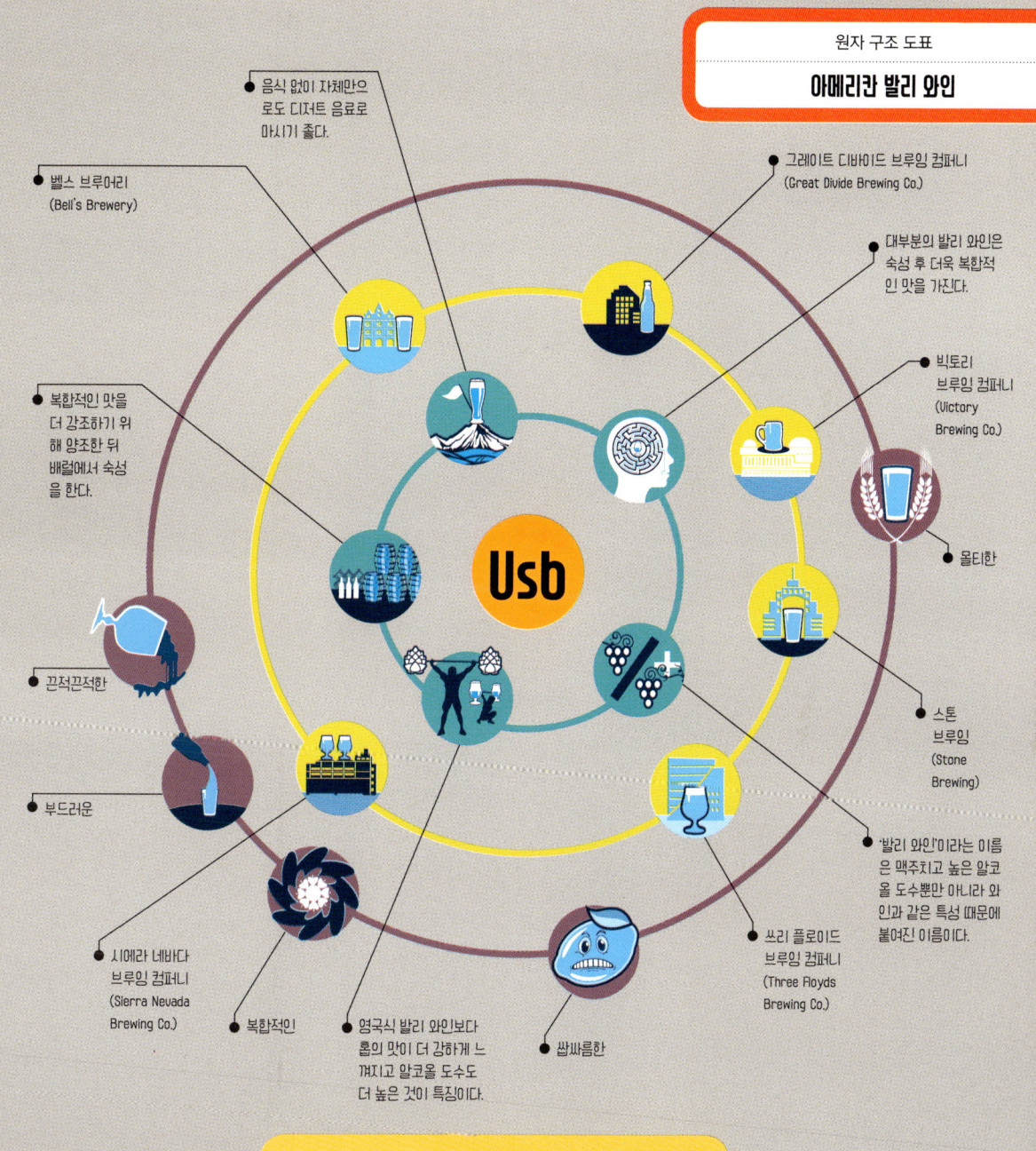

아메리칸 스트롱 에일 American Strong Ale

유래 **미국**
색 **15-35 SRM**
알코올 도수(ABV) **7.5-13%**
쓴맛(IBU) **45-80**
잔 **스니프터**

대담한 맛을 자랑하다

영국식 올드 에일과 비슷한 점이 많지만, 역시 홉이 더 두드러진 스타일이다. 다른 스타일로 분류되기 어려우면서 색이 어둡고 끈적하며 알코올 도수가 높은 맥주들이 대부분 이 스타일로 분류된다. 흑색에 가까운 어두운 갈색을 띠는게 일반적이며, 붉은 빛이 돌기도 한다. 캐러멜 맛이 나는 달콤한 몰트로 중심으로 홉으로 균형을 잡지만, 홉의 쓴맛은 두드러지지 않는다. 홉이 많이 들어간 일부 임페리얼 IPA들이 이 스타일에 속하기도 한다. 결국, 알코올 도수가 높고 과감한 맛을 내는 맥주들이 이 스타일에 속한다고 생각하면 된다.

추천 맥주

↓ **애로건트 배스터드 에일(Arrogant Bastard Ale)** 스톤(Stone Brewing, 미국)
달콤한 몰트와 대담한 홉의 조합으로 의외의 균형잡힌 맛을 선사한다.

↕ **브라운 슈가(Brown Shugga')** 라구니타스(Lagunitas Brewing Co., 미국)
라구니타스의 망친 실험 결과물 중 하나가 될 뻔한 이 맥주는 이제는 시즌 한정판 맥주로 사랑받고 있다. 아낌없이 넣은 흑설탕이 달콤한 몰트 맛을 살린다.

↓ **XS 데드 가이 에일(XS Dead Guy Ale)** 로그(Rogue Ales & Spirits, 미국)
같은 양조장에서 만드는 마이바크를 베이스로 시트러스 홉을 더해 만든 맥주이다. 구릿빛에 크림 같은 캐러멜, 달콤한 빵 맛이 더해졌다.

아메리칸 스트롱 에일

원자 구조 도표

Asa

- 헤어 오브 더 독 브루잉 컴퍼니 (Hair of the Dog Brewing Co.)
- 알코올 도수가 높은
- 배럴에 숙성되는 경우가 많다.
- 알코올 도수가 높아 대부분 오랜 기간 보관하기 용이하다.
- 이 스타일에 속하는 대부분 맥주들은 특별 출시로만 만나볼 수 있는 경우가 많다.
- 복합적인
- 강렬한
- 로스트 애비/포트 브루잉 컴퍼니 (The Lost Abbey/Port Brewing Co.)
- 라구니타스 브루잉 컴퍼니 (Lagunitas Brewing Co.)
- 미국 콜로라도주 볼더에서는 매년 스트롱 에일 페스티벌이 열리는데, 알코올 도수가 8% 이상 되는 맥주만 참가할 수 있다.
- 로그 에일 & 스피릿 (Rogue Ales & Spirits)
- 몰티한
- 스톤 브루잉 (Stone Brewing)
- 식후주로 마시기 좋다.
- 파이어스톤 워커 브루잉 컴퍼니 (Firestone Walker Brewing Co.)

어울리는 음식

| 고기 스튜 | 강한 맛의 치즈 | 디저트 |

아메리칸 브라운 에일 American Brown Ale

유래 **미국**
색 **18-35 SRM**
알코올 도수(ABV) **4.3-6.2%**
쓴맛(IBU) **20-40**
잔 **파인트**

클래식한 영국 맥주를 미국식으로 재해석하다

브라운 에일 특유의 달콤하고 견과류 맛이 나는 점은 유지하면서 더 센 스타일로 승화시켰다. 색은 어두운 갈색에 얕은 베이지색 거품층이 생긴다. 아로마에서 몰트와 홉 모두를 느낄 수 있는데, 몰트는 주로 초콜릿, 캐러멜, 견과류 향이 나고, 홉은 신선한 시트러스 향이 난다. 맛도 이와 비슷한 맥락으로 의외의 조합을 만들어내는 경우가 많은데, 커피맛을 더하거나 초콜릿맛을 강조하기도 하고, 홉 프로필을 더 강조해 쓴맛을 더 강조하기도 한다. 잉글리시 브라운 에일과 가벼운 포터 사이에 있는 스타일이라고 생각하면 쉽다.

추천 맥주

브루클린 브라운 에일(Brooklyn Brown Ale)
브루클린 브루어리(Brooklyn Brewery, 미국)
영국 북부와 남부 브라운 에일을 블렌딩한 결과물이라고 한다. 부드럽고 부담없이 마실 수 있으면서도, 과일, 초콜릿, 캐러멜, 그리고 커피 맛이 어우러져 복합적이다.

인디언 브라운 다크 IPA(Indian Brown Dark IPA)
도그피쉬 헤드(Dogfish Head Craft Brewery, 미국)
홉이 많이 들어가 알코올 도수도 높다. 캐러멜 몰트와 플로럴 홉의 균형을 잡았다.

벤더(Bender) 설리(Surly Brewing, 미국)
부드럽고 복합적인 맛이다. 바닐라와 초콜릿의 단맛과 홉의 쓴맛의 균형을 잘 잡았다.

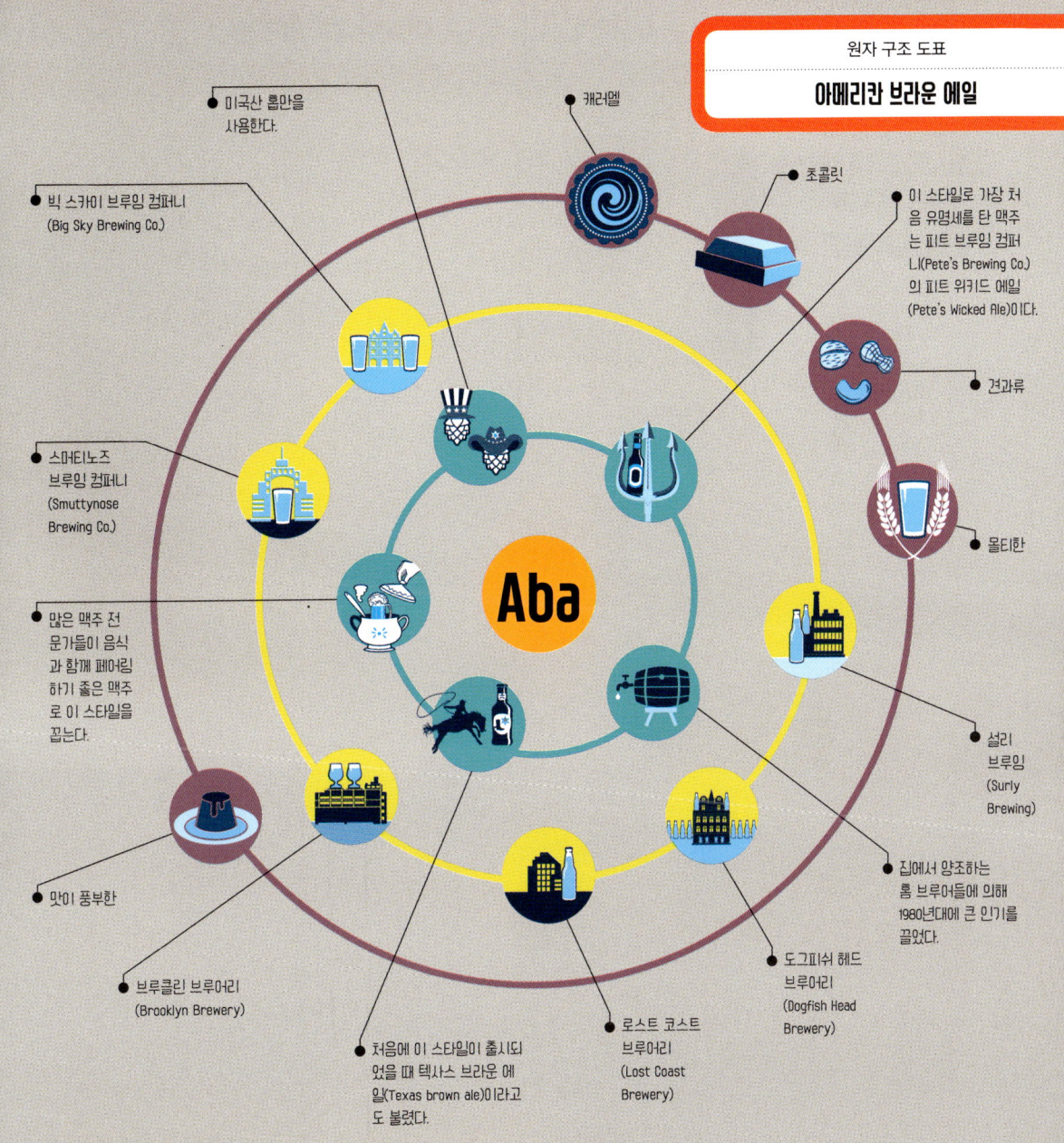

아메리칸 포터 American Porter

유래 **미국**
색 **22-35 SRM**
알코올 도수(ABV) **4.8-6.5%**
쓴맛(IBU) **25-50**
잔 **파인트, 노닉 파인트**

두 얼굴의 맥주

영국식 포터에 기반을 두고 있지만, 영국식 포터보다 맛이 훨씬 다양하다. 색은 갈색부터 흑색까지 어두운 편이다. 많은 맥주들이 로스팅된 몰트와 캐러멜, 커피, 초콜릿이 섞인 깊은 향을 내지만, 일부는 홉을 훨씬 강조하기도 한다. 많은 미국식 맥주들이 그렇듯이, 맥주에 달콤한 바닐라 맛부터 쓴맛이 강한 홉, 또는 모닥불에서 나는 훈제 향까지 극적인 요소들을 더하기도 한다. 이 스타일의 대표적인 예들은 미디엄 바디감이 복합적인 맛을 선사한다.

에드먼드 피츠제럴드(Edmund Fitzgerald)
그레이트 레이크스(Great Lakes Brewing Co., 미국)
흑색에 가까운 깊은 갈색에 황갈색 거품층이 자리한다. 초콜릿, 커피, 로스팅된 몰트에 플로럴 홉을 더해 균형 잡히면서 쌉싸름한 피니시로 이어지는 맥주가 탄생했다.

포터(Porter) 파운더스(Founders Brewing Co., 미국)
크리미하고 로스팅된 커피와 초콜릿 향이 섞여 난다. 홉의 쓴맛으로 균형을 잡았다.

스모크드 포터(Smoked Porter) 알래스칸 브루잉 컴퍼니(Alaskan Brewing Co., 미국)
일년에 한 번씩만 양조되는 맥주이다. 미국에 스모키 비어, 즉 훈제 향이 나는 맥주를 유행시킨 맥주이기도 하다. 너무 부담스럽지 않게 달콤한 훈제 향은 이 스타일에 풍미를 더한다.

아메리칸 포터 205

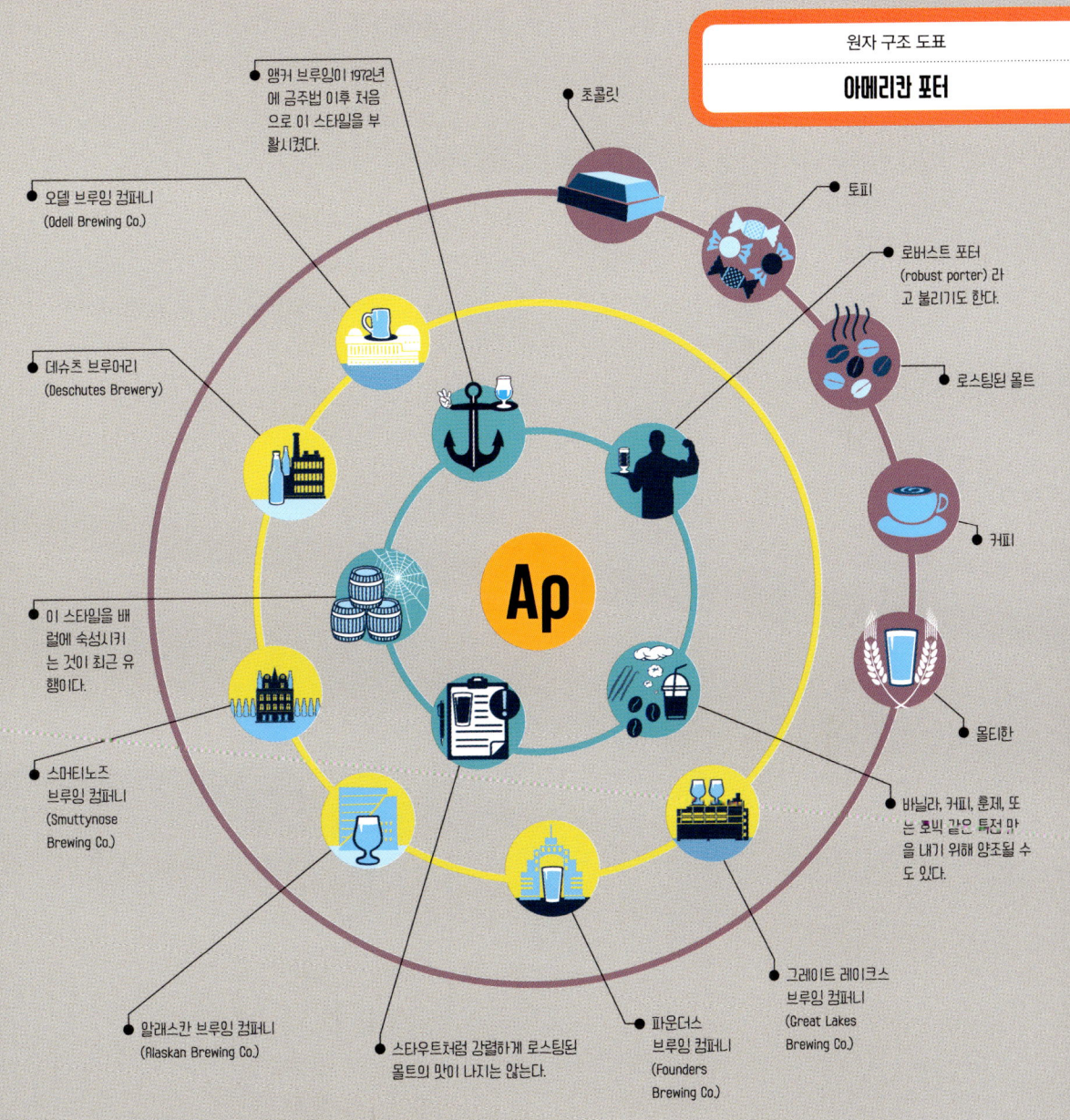

원자 구조 도표
아메리칸 포터

- 앵커 브루잉이 1972년에 금주법 이후 처음으로 이 스타일을 부활시켰다.
- 초콜릿
- 토피
- 로버스트 포터 (robust porter) 라고 불리기도 한다.
- 오델 브루잉 컴퍼니 (Odell Brewing Co.)
- 로스팅된 몰트
- 데슈츠 브루어리 (Deschutes Brewery)
- 커피
- 이 스타일을 배럴에 숙성시키는 것이 최근 유행이다.
- 몰티함
- 스머티노즈 브루잉 컴퍼니 (Smuttynose Brewing Co.)
- 바닐라, 커피, 훈제, 또는 호박 같은 특전 맛을 내기 위해 양조될 수도 있다.
- 알래스칸 브루잉 컴퍼니 (Alaskan Brewing Co.)
- 스타우트처럼 강렬하게 로스팅된 몰트의 맛이 나지는 않는다.
- 파운더스 브루잉 컴퍼니 (Founders Brewing Co.)
- 그레이트 레이크스 브루잉 컴퍼니 (Great Lakes Brewing Co.)

어울리는 음식

| 바베큐 | 그릴에 구운 고기 | 그뤼에르 치즈 | 치즈케이크 |

블랙 IPA Black IPA

- 유래 **미국**
- 색 **25-35+ SRM**
- 알코올 도수(ABV) **6-9%**
- 쓴맛(IBU) **50-80**
- 잔 **파인트**

로스팅된 몰트로 만든 IPA

최근에 새로 개발된 스타일 중 하나이다. 미국 양조계의 창의성과 혁신적인 양조 개발법을 보여주는 대표적인 예이다. 미국의 맥주 애호가들은 홉이든 몰트든 늘 강한 프로필을 가진 맛을 선호했는데, 이 스타일은 로스팅된 몰트의 초콜릿 같이 달콤한 맛과 미국 북서부의 특색인 강렬한 시트러스 홉을 섞어 독특한 맛을 낸다. 쌉싸름한 오렌지 맛과 솔 향에 초콜릿, 커피, 혹은 감초 맛이 섞여 난다. 의외의 맛의 조합이지만, 과감한 시도가 성공한 대표적인 케이스이다.

추천 맥주

스톤 서브라임리 셀프 라이츄어스 에일 (Stone Sublimely Self-Righteous Ale)
스톤(Stone Brewing, 미국)
2007년에 시즌 한정으로 생산되기 시작했지만, 얼마 안되어 스톤의 주요 스테디셀러 맥주 중 하나가 되었다. 불투명한 흑색에 강렬한 홉 향이 코와 혀를 자극한다.

이니퀴티 임페리얼 블랙 에일 (Iniquity Imperial Black Ale)
서던 티어(Southern Tier Brewing Co., 미국)
짙은 색이 주는 예상과 달리 9%의 높은 알코올 도수를 잘 커버하는 가벼운 바디감을 자랑한다. 솔과 시트러스 향이 짙은 홉을 사용해 스타일의 특성을 잘 살렸다.

우키 잭 (Wookey Jack) 파이어스톤 워커(Firestone Walker Brewing Co., 미국)
처음에는 쌉싸름한 시트러스 향이 가장 강하게 나지만, 첫 모금은 매콤한 호밀 맛이 나는 바디로 이어진다. 균형 잡힌 맛으로 의외로 부담없이 마실 수 있는 맛이다.

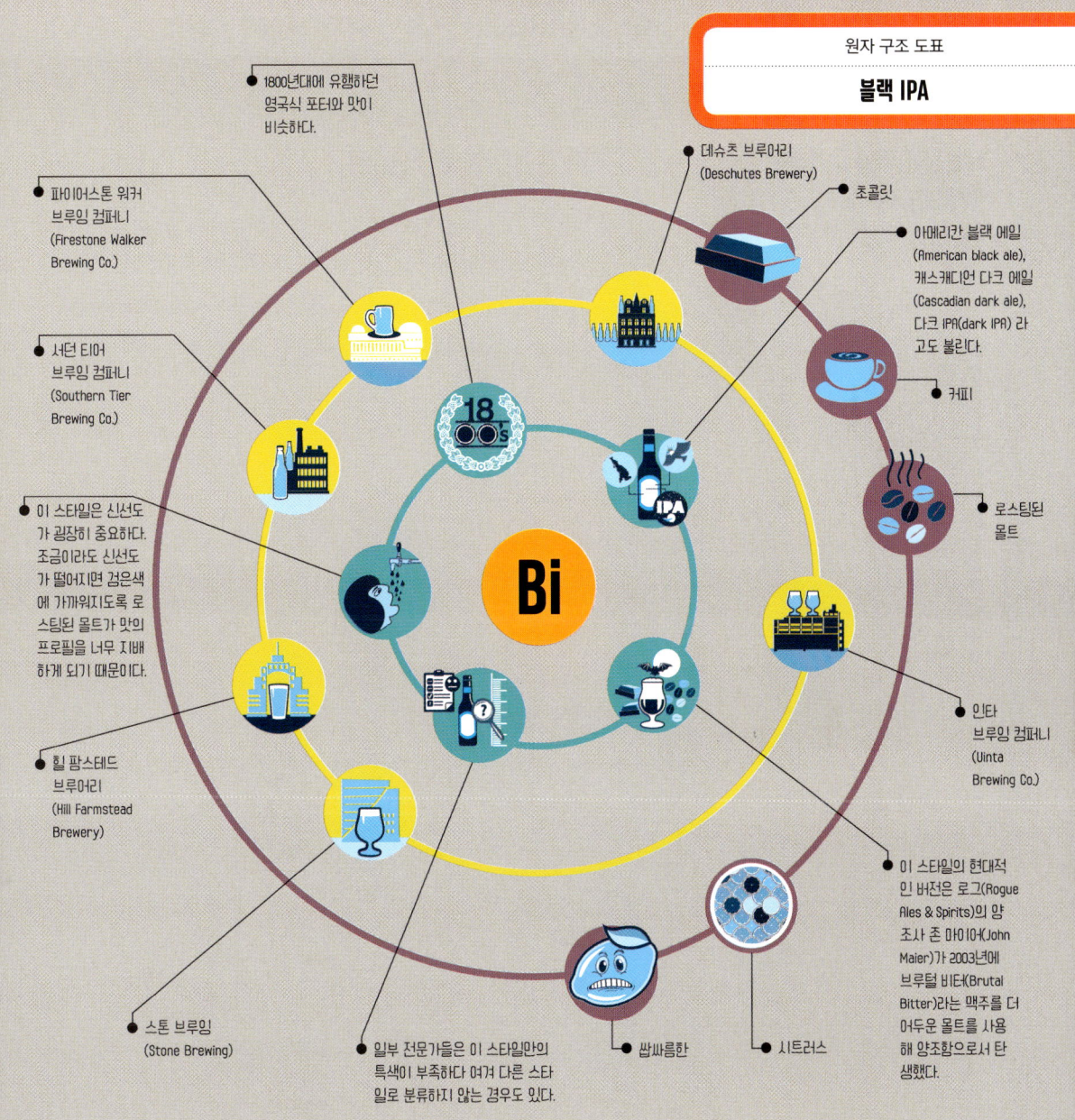

배럴 에이징 맥주 Barrel Aged Beers

유래 미국
색 10-50 SRM
알코올 도수(ABV) 5-15%
쓴맛(IBU) 40-100
잔 스니프터, 튤립

배럴에서 향과 맛을 극대화시키다

배럴에서 숙성되는 모든 맥주들이 이 분류에 속하는 것은 아니지만, 이 스타일에 대한 수제 맥주계의 폭발적인 관심은 이 스타일이 구현할 수 있는 맛의 다양성을 대변한다. 기본 베이스로 쓸 맥주를 양조한 후 나무 배럴에서 일정 기간 숙성을 거치는데, 이 때 베이스로 쓰인 맥주와 어떤 배럴에서 숙성됐느냐에 따라 색부터 아로마, 맛의 프로필까지 천차만별로 달라질 수 있다. 베이스 스타일은 라거부터 색이 엷거나 어두운 에일 모두 사용할 수 있지만, 보통 어둡고 풍미가 깊은 맥주들이 베이스로 사용된다. 배럴은 보통 다른 술을 담았던 오크 배럴을 사용해 전에 담긴 술의 풍미가 결과물에 미묘한 맛과 향을 더한다.

추천 맥주

버번 컨트리 스타우트(Bourbon Country Stout)
구스 아일랜드(Goose Island Beer Co., 미국)
구스 아일랜드는 미국에서 배럴 숙성을 가장 먼저 실험적으로 시도한 양조장 중 하나이다. 배럴에서 숙성된 이 러시안 임페리얼 스타우트는 스모키한 오크, 초콜릿, 바닐라, 캐러멜이 섞인 복합적인 맛을 낸다.

비티피케이션(Beatification) 러시안 리버(Russian River Brewing Co., 미국)
야생효모종을 사용하는 것으로 유명하다. 러시안 리버는 다양한 배럴 에이징 맥주 라인업을 생산하는 것으로 유명한데, 이 황금색 맥주 역시 오크로 만든 와인 배럴에서 만들어진다.

라 로하(La Roja) 졸리 펌킨(Jolly Pumpkin Artisan Ales, 미국)
플랜더스 에일에 영감을 받아 만들어진 이 맥주의 베이스는 아메리칸 와일드 에일이다. 오크 배럴에서 숙성되어 약간 불투명한 붉은 갈색을 띠고 단맛과 신맛의 균형을 잘 잡았다.

원자 구조 도표
배럴 에이징 맥주

알라개시 브루잉 컴퍼니
(Allagash Brewing Co.)

파이어스톤 워커 브루잉 컴퍼니
(Firestone Walker Brewing Co.)

미국에서는 한 번 버번을 숙성한 배럴은 다시 버번을 숙성하는 데 사용할 수 없다는 법이 있다. 그래서 한 번 숙성에 사용된 배럴들은 맥주 양조장들에 넘겨져 맥주 숙성에 사용된다.

졸리 펌킨 아티잔 에일
(Jolly Pumpkin Artisan Ales)

스니프터에 서빙되는 배럴 에이징 맥주들은 식후주로 마시기 좋다.

Bg

미켈러
(Mikkeller)

구스 아일랜드 비어 컴퍼니
(Goose Island Beer Co.)

배럴에서 숙성하는 기간 동안 다양한 맛이 더해지는데, 버번, 위스키, 와인, 셰리주, 때로는 테킬라 맛이 가미가 되기도 한다.

러시안 리버 브루잉 컴퍼니
(Russian River Brewing Co.)

나무로 만든 배럴이 가장 많이 사용이 됐었지만, 1950년대부터 스테인리스 배럴로 숙성하기 시작했다.

맥주의 베이스 스타일에 따라 어울리는 음식이 달라진다.

유래 미국
색 8-55 SRM
알코올 도수(ABV) 7-40%
쓴맛(IBU) 30-100
잔 스니프터(하이퍼),
　 베이스 스타일에 따라
　 다른 잔을 사용(임페리얼)

임페리얼과 하이퍼 맥주 Imperial and Hyper Beers

맥주의 극한을 끌어올리다

수제 맥주의 대표적인 트렌드라면 맛이 강해질수록 좋은 맥주라는 인식이 늘어나고 있다는 것이다. 임페리얼 러시안 스타우트와 임페리얼 IPA에 대한 거의 맹목적인 예찬론이 그런 인식의 결과물일 것이다. 이런 기호에 맞추기 위해 양조사들은 브라운 에일, 포터, 바크, 심지어는 필즈너 같이 다른 베이스 스타일에도 임페리얼 버전들을 만들기 위해 노력했다. 임페리얼 버전을 만든다는 것은 홉과 몰트의 양을 늘려 알코올 도수를 높인다는 의미이다. 제대로만 하면 베이스 스타일보다 복합적이고 과감한 맛을 만들어낼 수 있다. 임페리얼 버전을 한 단계 더 승화시키면 하이퍼 버전이 탄생하는데, 하이퍼 버전들은 평균 알코올 도수가 14%이고, 일부 맥주는 40%까지 올라가기도 한다.

추천 맥주

쉽렉 포터(Shipwreck Porter) 아카디아(Arcadia Brewing Co., 미국)
복합적이고 풍미가 깊으며 부드럽다. 포터지만 많은 스타우트들이 이런 깊이 있는 색과 맛, 바디감을 이뤄내지 못한다. 알코올 도수가 12%이다.

120분 IPA(120 Minute IPA) 도그피쉬 헤드(Dogfish Head Brewing Co., 미국)
홉 폭탄같은 레이블 이미지는 이 맥주의 맛을 가늠할 수 있게 한다. 단 과일 맛이 부드러워 18%라는 알코올 도수가 믿기지 않을 정도로 부드럽게 넘어간다.

택티컬 뉴클리어 펭귄(Tactical Nuclear Penguin)
브루독(BrewDog, 스코틀랜드)
브루독의 자체 맥주인 패러독스(Paradox)를 베이스 맥주로 사용한다. 맥주를 얼려 알코올 도수를 32%까지 끌어올렸다.

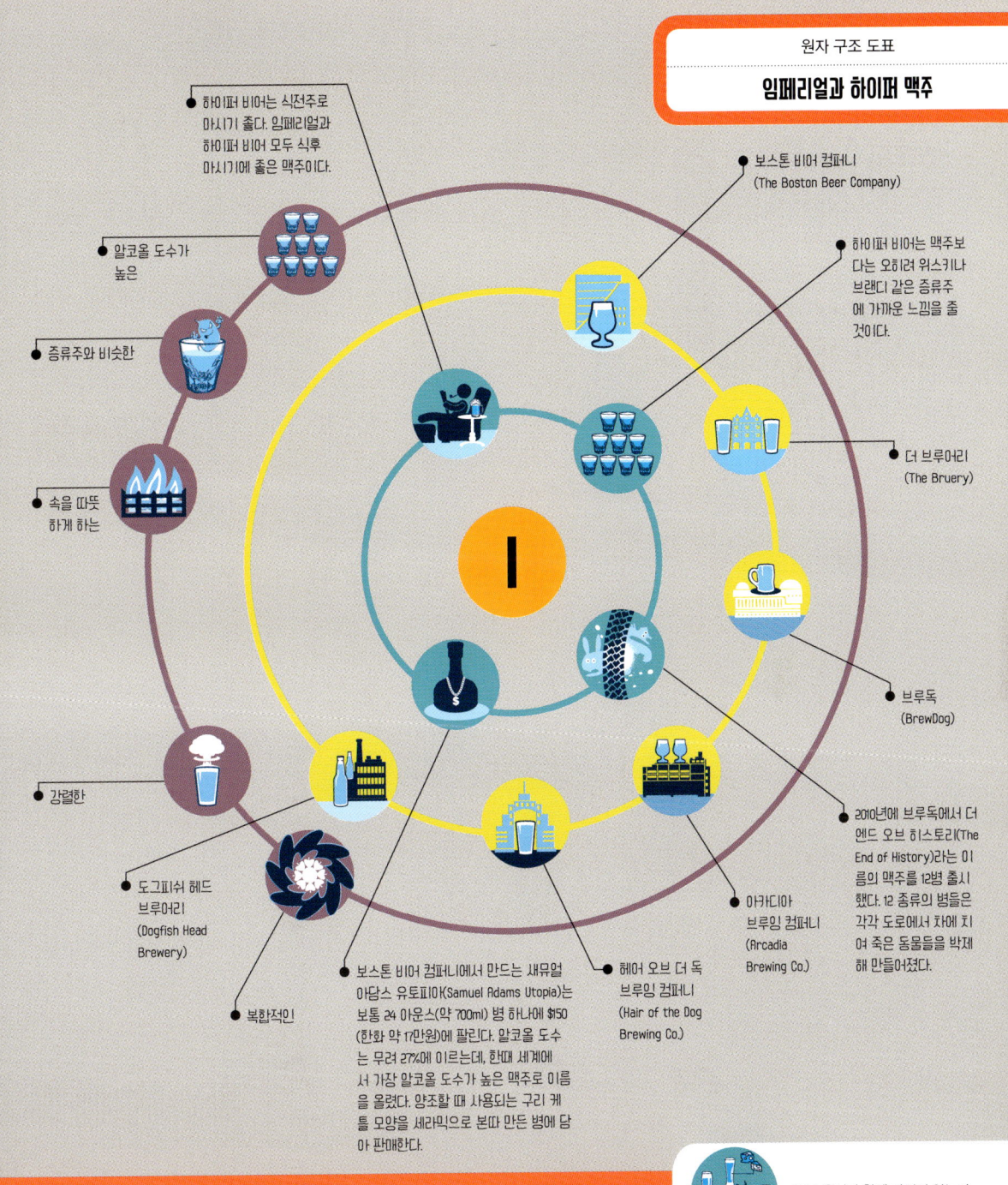

아메리칸 스타우트 American Stout

유래 **미국**
색 **30-40 SRM**
알코올 도수(ABV) **5-12%**
쓴맛(IBU) **35-75**
잔 **스니프터, 파인트**

미국식 창의력

미국인들이 영국식 스타일을 재해석하는 테마는 비교적 단순하다 : 알코올 도수를 높이고 홉의 쓴맛도 높이자. 보기에는 사촌격인 영국식 스타우트와 매우 비슷한 어두운 색에 끈적끈적한 질감이 있지만, 맛은 전혀 다르다. 홉을 더한 것뿐만 아니라 에스프레소, 초콜릿, 바닐라, 커피, 라즈베리, 그리고 체리 맛의 조화로 다채로운 맛을 선사한다. 최근에 이 스타일을 배럴에 숙성하는 경우가 많은데, 버번, 럼, 위스키 등을 담던 배럴에 숙성시켜 더욱 과감한 맛을 만든다. 인기가 많은 더블 스타우트는 알코올 도수를 높였을 뿐만 아니라 맛의 풍미도 더욱 깊게 만든 스타일이다.

추천 맥주

스타우트(Stout) 시에라 네바다(Sierra Nevada Brewing Co., 미국)
부드럽고 맛이 풍부하다. 홉의 쓴맛과 강한 몰트 맛의 균형을 잘 맞췄다. 이 스타일의 클래식한 맥주이다.

브렉퍼스트 스타우트(Breakfast Stout) 파운더스(Founders Brewing Co., 미국)
수마트라와 코나 커피를 섞어 로스팅 향이 다크 초콜릿과 섞여 쌉싸름한 맛이 끝까지 남는다.

초콜릿 스타우트(Chocolate Stout) 로그(Rogue Ales & Spirits, 미국)
벨벳처럼 부드럽고 강한 초콜릿 맛이 난다. 끝맛은 달콤쌉싸름하다.

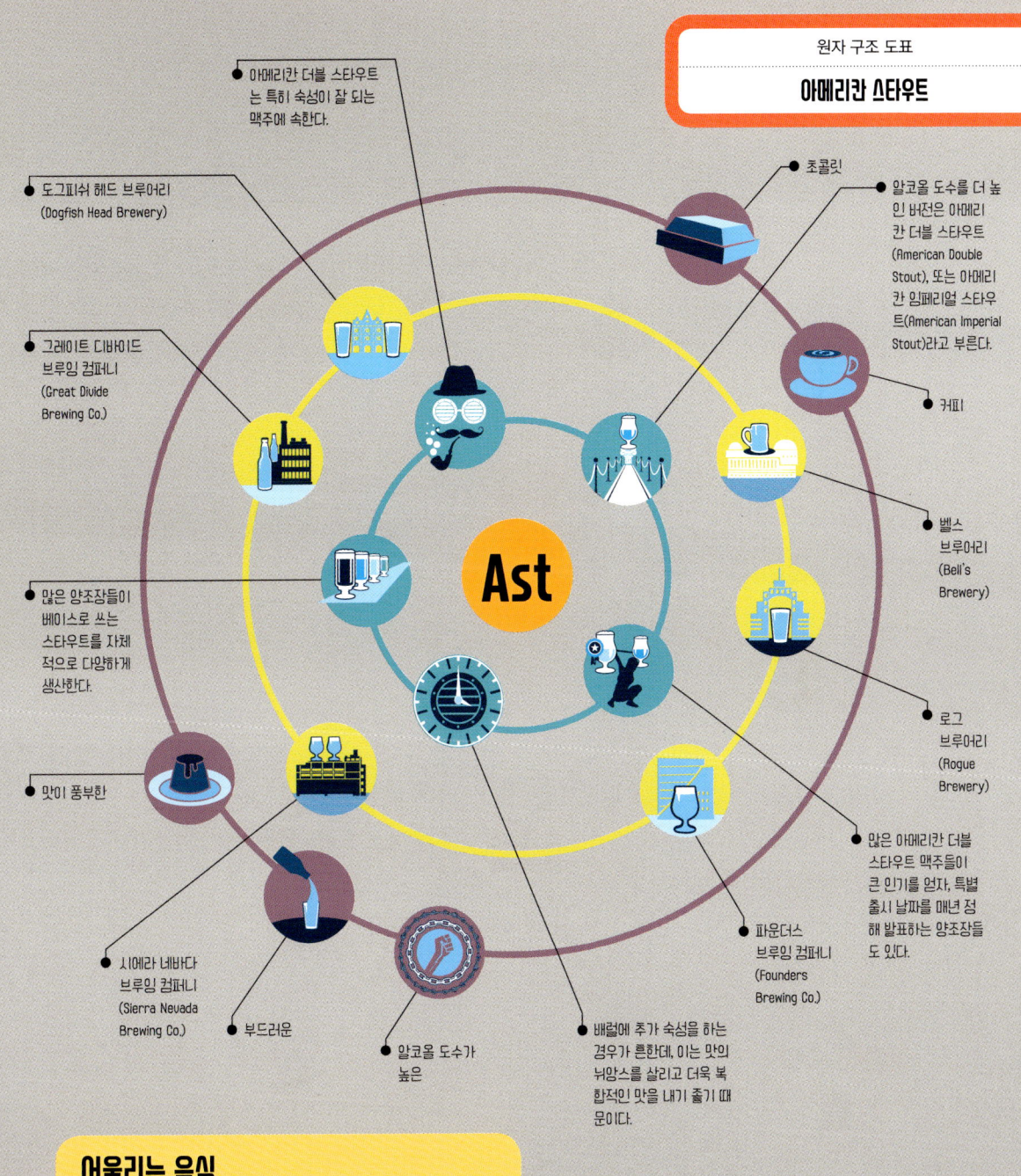

역자의 말

몇 년 전에 프라하를 처음 방문하기 전만 해도, 나는 맥주를 그저 '단조롭고 맛없는 술' 정도로 인식하는 '맥알못'이었다. 많은 사람들이 프라하를 매혹적인 야경의 도시, 아르데코 양식의 아름다운 건물들이 가득한 사랑스러운 도시로 기억하는 반면, 나에게 프라하는 맥주의 도시로 각인되어 있다. 그만큼 나에게 맥주와 처음 사랑에 빠지게 한 도시에서의 기억들이 생생하다. 특이하게도 체코에서는 생맥주를 어두운 색의 다크 라거와 색이 엷은 라이트 라거를 섞은 제자니(Řezané) 형태로 많이 판다. 물보다 값이 싼 것에 혹해서 발음하기도 힘들고, 별로 좋아하지도 않던 맥주를 주문한 나는 첫 모금을 마시고 예상 외의 맛에 당황했다. '이게 정말 맥주라고?!'

지금까지 약 800가지가 넘는 맥주를 마셔봤을 만큼 자타공인 맥주 애호가가 된 나를 처음 맥주의 세계에 입문시킨 맥주는 혀를 찌르는 아이피에이도, 깊고 달콤한 맛의 스타우트도 아닌, 체코 어디에서도(그리고 이제는 한국에서도) 쉽게 볼 수 있는 코젤(Kozel)의 라거였다. 몇 개월 뒤 미국에 돌아간 후에는 더욱 다양한 맥주의 세계에 매료되었고, 여행할 때마다 그 지역의 양조장들을 방문하는 재미에 푹 빠지게 되었다. 그렇게 나는 와인만큼이나 다양한 맥주의 세계에 처음 발을 들여놓게 된 것이다.

내가 맥주를 좋아하고 알아가게 된 계기는 이처럼 단순하고 의외의 곳에서 생겼다. 그리고 이 책을 든 당신도 분명 예상하지 못한 계기가 있었거나 생길 수 있으리라 생각한다. 최근에 우리나라에도 다양한 맥주가 수입되어 전보다 다양한 경험을 할 수 있는 기회가 생겼다. 좋은 맥주는 좋은 사람들과의 좋은 인연을 만들어주고, 시원하고 맛스러운 인생의 벗이 될 수 있을 것이라고 확신한다. 이 책이 독자들의 맥주 여정에 조금이라도 도움이 될 수 있기를 바라며, 독자들의 많은 사랑을 받기를 기원한다.

2018년 2월

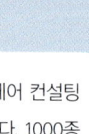

박혜진

미국 카네기 멜론 대학(Carnegie Mellon University)에서 경제학을 전공한 뒤, 한국에서 헬스케어 컨설팅부터 수제 맥주 회사 마케팅까지 다양한 직장을 거치는 동안 맥주에 대한 애정만은 변하지 않았다. 1000종이 넘는 맥주를 마셔본 경험으로 맥주 소믈리에와도 같은 씨세론(Cicerone®) 프로그램의 맥주 서버 자격증(Certified Beer Server)을 획득하였다.

맥주 인포그래픽

1판 1쇄 발행 2018년 3월 5일
1판 3쇄 발행 2022년 3월 25일

저자 | Michael Larson
역자 | 박혜진
발행인 | 김길수
발행처 | (주)영진닷컴
주소 | 서울특별시 금천구 가산디지털1로 128
       STX-V타워 4층 401호
등록 | 2007. 4. 27. 제16-4189호

2019. (주)영진닷컴

ISBN 978-89-314-5696-7

*이 책에 실린 내용의 무단 전재 및 무단 복제를 금합니다.